Die Kerne

Felix Huby und Hartwin Gromes

Die Kerners
Eine Familiengeschichte

Roman

KLÖPFER&MEYER

Dieses Buch enthält erzählte und dokumentierte Überlieferungen aus der Geschichte und den Geschichten rund um die Familie Kerner von der Französischen Revolution bis zum Ende des Königreichs Württemberg.

Inhalt

Auf dem hohen Asperg 9
Auf nach Straßburg 20
Eine Rede und ein revolutionärer Akt 31
Nach Paris! Nach Paris! 36
Georg – der Revolutionär 42
Maulbronn – Auf dem Weg ins Großherzogtum
    Toskana 51
Bewegte Tage in Florenz 66
Zwischen Napoleon und Pestalozzi 77
Abschied von der Politik – ein neues Leben
    in Hamburg 94
Zwei Ärzte – Justinus bei Georg in Hamburg 105
Der verhinderte Revolutionär 116
Justinus und sein Rickele 127
Tübinger Lehrjahre 138
Das Ende der Harmonie 147
Die lange Heimkehr nach Württemberg 160
1812 – Ein König verliert seine Armee 169
»Ist denn Politik das Höchste im Leben?« 180
Der Gutsherr auf dem Schnaitberg 192
Abschied von Rickele 209
Neun Monate Minister 213

Die kleine Tony und ihr Onkel Justinus 226
Die Seherin von Prevorst 236
Justinus' letzte Tage 244

EPILOG
Tony Schumacher zieht um und gerät ins Sinnieren . . . 247

Zeittafel – die Kerners und ihre Zeit 255
Literatur 269

Auf dem hohen Asperg

Justinus Kerner kletterte aus der Kutsche und atmete tief durch. Sein Blick glitt über die Ebene bis hinüber zum sanft ansteigenden Engelberg, hinter dem das Städtchen Leonberg lag. Zu seinen Füßen, am Südhang des kegelförmigen Aspergs, lag ein Weinberg. Es war ein milder Vorfrühlingstag.

»Wie gut, dass wir nicht zu Fuß hier herauf mussten, und dann auch womöglich noch durch das steile Schwitzgässle.« Kerner zeigte auf einen schmalen Weg, der in engen Windungen vom Tal heraufführte. »Kennen Sie die Geschichte, warum der Asperg der höchste Berg Württembergs sein soll?«

Der Kutscher Josef schüttelte den Kopf, holte zwei Eimer Wasser vom Brunnen und hängte wortlos zwei Hafersäcke an die Spitze der Deichsel, damit sich seine Pferde, die nach dem steilen Anstieg erschöpft wirkten, ein wenig gütlich tun konnten.

»Das wurde ein achtjähriger Bub in der Schule gefragt«, fuhr der Dichter Kerner fort.

»Welches der höchste Berg Württembergs sei?« Der Kutscher schnäuzte sich.

»Sage ich doch. Der Bub hat geantwortet: der Asperg.«

»Und wie ist er darauf gekommen?«, Josef wirkte nicht besonders interessiert.

»Weil …«, hat der Schüler geantwortet, »weil mein Onkel zwei Jahre gebraucht hat, bis er hinauf und wieder herunter war.« Kerner gab ein glucksendes Lachen von sich, wobei sein stattlicher Bauch wackelte.

Josef dachte ein paar Augenblicke nach und stimmte dann in das Lachen ein, was sich bei ihm allerdings wie ein kleiner Hustenanfall anhörte. »Nicht schlecht!« Er tätschelte den Hals des Pferdes auf der Kutscherseite und fragte: »Wie lang wird's denn bei Ihnen dauern, Herr Doktor?«

»Nicht lang. Ein Stündchen vielleicht.« Justinus Kerner griff in die Innentasche seines schwarzen Gehrocks und zog ein Büchlein heraus. »Wollen Sie solange etwas lesen?«

Der Kutscher schüttelte den Kopf. »Sie wissen doch: Mit dem Lesen hab ich's nicht so. Ich setz mich in den Wagen und lass meine Gedanken spazieren gehen.«

Kerner sah den stattlichen Mann an. Der Kutscher arbeitete nun schon seit Jahren für ihn, den Arzt und Dichter, und ging zudem seinem Beruf als Schreiner und Totengräber nach. Manchmal, wenn Justinus mit guten Freunden in seinem Garten saß, erlaubte er sich den Scherz: »Der Josef und ich, wir arbeiten Hand in Hand.« Er schätzte den Mann und nahm es ihm nicht krumm, dass er sich so gar nicht für seine literarischen Arbeiten interessierte. Jetzt nickte Kerner ein paar Mal. »Auch gut! Das mache ich oft, meine Gedanken spazieren schicken.«

Dann ging er zu dem eisenbeschlagenen Tor und zog am Glockenseil. Ein Wächter in einem blauen Uniformrock öffnete. Er musterte den Besucher aufmerksam. »Sie sind der Herr Doktor Justinus Kerner?«

»Ja, ich bin angemeldet.«

Sein Gegenüber verbeugte sich. »Vom Büro des Königs, ich weiß.«

Der Direktor des Gefängnisses höchstselbst hatte den Wachmann angewiesen und ihm gesagt, der Besucher sei ein berühmter und bei Hofe sehr wohl gelittener Arzt und Schriftsteller. Der Gefangenenwärter hatte noch nie etwas von dem Mann gehört. Und als der Direktor sagte, er hat zum Beispiel »Preisend mit viel schönen Reden …« und »Wohlauf, noch getrunken den funkelnden Wein …« gedichtet, meinte er: »Mr denkt gar net, dass mr für so was extra einen Dichter braucht«, um dann schnell hinzuzufügen: »Also i könnt so was net!« Jetzt sah er den Besucher voller Respekt an. »Kommen Sie bitte. Ihr Herr Sohn wartet in der Sprechstube, und der Herr Direktor dät Sie dann auch gern noch kennenlernen.«

Draußen war es an diesem Apriltag des Jahres 1851 schon angenehm warm gewesen. Aber hier, in dem engen Gang aus grob behauenem Stein, fröstelte Justinus. Der Wärter ging schweigend voraus. Sie passierten Gittertüren, hinter denen apathisch wirkende Männer auf ihren Strohschütten saßen oder lagen. Wie mochte für so einen der Tag vergehen? Er selbst, dessen Tage bis an den Rand gefüllt waren, tags mit der Behandlung seiner Patienten, abends in Gesellschaft seiner Freunde und Dichterkollegen bei angeregten Gesprächen, nachts im Schein einer Öllampe an seinem Schreibtisch, wenn er an einer neuen Geschichte oder einem Gedicht tüftelte, konnte sich das nicht vorstellen.

Die Sprechkammer lag hinter einer schweren Eichentür – ein kahler, feuchter Raum mit einem Tisch und zwei einfachen, dreibeinigen Hockern. Theobald war schon da. Er stand auf und ließ sich von seinem Vater umarmen. Der

Sohn war gezeichnet von der mehrmonatigen Festungshaft über den Winter. Seine Wangen waren eingefallen, seine bleiche Gesichtsfarbe verriet, dass er lange Zeit nicht an die frische Luft gekommen war.

Theobald war in sarkastischer Laune und rezitierte zur Begrüßung eine Parodie auf Goethes Mignon-Lied, die momentan unter den Häftlingen die Runde machte:

> Kennst du den Berg mit seinem Wolkensteg –
> Asperg? Gut Württemberg hie alleweg.
> Da droben sitzt die Demokratenbrut
> In Kerkern büßend ihren Übermut.
> Kennst du ihn wohl? – Da hin, da hin
> Musst endlich, Freund, du auch nun einmal ziehn.

»Sehr komisch, die Nachrichten vom Hausberg der schwäbischen Intelligenz«, sagte Justinus. »Aber ernsthaft: Hat das wirklich sein müssen?« Er ließ sich ächzend auf einem der beiden Hocker nieder.

»Was heißt jetzt ›sein müssen‹?«

»Das Volk aufwiegeln. Du! Mein Sohn! Dein Onkel Georg hätte seine Freude an dir gehabt!«

»Ja, ja! Aber mein Onkel Karl, Gott hab ihn selig, weniger, ich weiß. Immerhin hat Georg es geschafft, dass er in die Schweiz ins Exil gehen konnte. Möchtest du das jetzt von mir auch? Oder möchtest du, dass ich wieder nach Straßburg zurückgehe?«

Justinus winkte ab. »Ich will dich bei deiner Familie zurückhaben«, sagte er.

Wortlos schob Theobald seinem Vater ein Blatt Papier hin. Justinus griff danach, überflog den Text und las dann laut:

So war es und wird's ewig sein:
Wer Freiheit liebt, den sperrt man ein,
Das für ihn Luft und Sonnenlicht
Nur karg, zerhackt durch Gitter bricht;
Doch wer mit feigem Sklavensinn
Die Tyrannei nimmt schmeichelnd hin,
Den Nacken kammerdien'risch beugt,
Ein stets zufriedenes Lächeln zeigt,
Das ist fürwahr der gute Mann,
Dem freien Lauf man gönnen kann.

Der Vater legte das Papier auf den Tisch zurück. »So dichtet man in der Wut. Aber für dich besteht kein Anlass, so zornig zu sein. Im Gegenteil.« Justinus zog einen zusammengefalteten Brief aus der Innentasche seines Gehrocks und schob seinerseits dem Sohn das Blatt zu. »Das hat mir Wilhelm, Graf von Württemberg, geschrieben.«

Theobald las mit ironisch verzogenem Gesicht: »Lieber Justinus, Herzensfreund! Dein Sohn ist begnadigt. Jetzt soll aber auch dein Herr Sohn endlich einmal vernünftig werden und von dem tollen Getriebe fortan abstehen.«

»Du siehst«, sagte Justinus Kerner, »der König erlässt dir vier Monate deiner Festungshaft, wie mir sein Bruder hier schreibt. Ob verdient oder nicht, sei einmal dahingestellt.«

»Unverdient natürlich!« Theobald lachte auf. »Behandelt werde ich wie ein Erstklässler, nicht wie ein zweifacher Familienvater und promovierter Arzt.«

»Frag dich doch, warum das so ist. Ein bisschen Demut stände dir schon ganz gut an.«

»Das da«, Theobald warf den Brief mit einer verächtlichen

Geste auf den Tisch, »ist doch nicht ohne dein Zutun geschehen.«

»Ich habe für dich den Pegasus geritten und zu Ostern meinem König ein kleines Gedicht geschickt.«

»Das will ich gar nicht erst hören.«

»Doch, doch. Du sollst es hören, du zweifacher Familienvater und Freund des roten Hecker.« Justinus stand auf, stellte sich in Positur und begann sein Gedicht »An meinen König« zu rezitieren. Es war nicht ganz klar, ob seine Darbietung ironisch gemeint war, oder ob hier der mittlerweile eingefleischte Monarchist zu seinem Bürgerkönig sprach:

> Darf ich in diesen heil'gen Tagen,
> Wo Gott getilgt der Menschen Schuld,
> An Dein Herz eine Bitte wagen?
> Gestützt auf dieses Herz und Huld,
>
> Bitt ich für einen, der voll Reue
> Schmerzvoll in seinem Innern fühlt,
> Dass einst auch er mit Bürgertreue
> In jener wirren Zeit gespielt.
>
> Ich, der in jener Zeiten Harme
> Mein Lied gewidmet nur dem Thron,
> Ich breite bittend meine Arme
> Nach Dir, – um ihn –, es ist mein Sohn.
>
> Befrei ihn aus des Kerkers Banden,
> Und fühlen wird gerührt er dann,
> Wie Freiheit, die er missverstanden,
> Allein ein König geben kann.
>
> Nicht zürnend nur wirst Du ermessen,
> Wie's Vaterherz betrübt noch liebt,

Und ein Verzeihen und Vergessen
Auch Gott so gern am Menschen übt.

Theobald applaudierte ironisch. Sein Vater setzte sich wieder. Er schien ernsthaft betrübt, als er zu seinem Sohn nun sagte: »Ich seh es dir an – es gefällt dir nicht. Genügt nicht deinen hohen ästhetischen Ansprüchen. Aber mit etwas Regimekritischem hätte ich dich nicht freigekriegt, mein Sohn.«

»Unter demokratischen Verhältnissen stelle ich mir etwas anderes vor!«

»Aha, und was?«

»Nun, dass man auch ohne besondere Beziehungen zu seinem Recht kommt.«

»Eines Tages verlangt ihr Revolutionäre noch, dass ihr für eure Umtriebe in den Adelstand erhoben werdet!«

Thobald lachte wieder. »Wie mein Onkel Karl, meinst du? Den unser guter König für treue Dienste in den Bruderkriegen gegen Preußen und Österreich geadelt hat?«

»Deine Ironie ist hier völlig unangebracht! Karl hat immerhin an unserer Verfassung mitgearbeitet. Ich habe für meine beiden Brüder stets großes Verständnis gehabt, und als Jüngster habe ich sie beide bewundert.«

»Aber nachgeeifert hast du ihnen nicht«, warf Theobald ein.

»Na ja, dem Georg schon.«

»Als Arzt vielleicht, aber doch wohl kaum als Revolutionär.«

»Du weißt ja nicht, wovon du redest! Für die Bürgerrechte habe ich mich immer eingesetzt, zusammen mit meinen Freunden Uhland und Schwab.«

»Ja, ja. Das habe ich schon hundert Mal gehört.«

»Aber du hast nicht zugehört. Und schon gar nicht darüber nachgedacht. Was machst du eigentlich den ganzen Tag hier?«

»Ich tue genau das: Ich denke nach! Und ich schreibe auf, worüber ich nachdenke.« Er hielt ein Schreibheft hoch.

»Ich bin gespannt auf die Frucht deiner Gedanken. Und wenn du hier wieder raus bist, können wir uns weiter unterhalten.« Die Tür schwang auf. Der Aufseher kam herein. »Die Besuchszeit ist vorbei, Herr Doktor. Der Herr Direktor erwartet Sie.«

»Und wann komme ich hier raus?« Theobald sah seinen Vater nun doch etwas verzagt an.

Justinus stemmte sich an der Tischkante hoch. »Du musst noch ein paar Tage ausharren, denke ich. Es sollte nicht mehr lange dauern.«

Theobald stand nun auch auf. Sein Vater reichte ihm die Hand. »Soll ich noch um irgendetwas für dich bitten beim Direktor?«

»Nicht für mich, aber du hast sie ja gesehen, die Gefangenen. Wenn du für sie ein gutes Wort einlegen könntest, um ihre Lage zu verbessern …«

»Goethes Mignon-Lied ist einfach schöner als deine Parodie. Wir sehen uns bald in Weinsberg.« Justinus ging, ohne sich noch einmal umzuwenden, aus dem Raum.

Der Direktor der Haftanstalt, ein zierlicher, kleiner Mann, dessen fliehendes Kinn durch einen Spitzbart nur unzulänglich verdeckt wurde, kam mit ausgestrecktem Arm auf Justinus Kerner zu. »Welche Ehre. Ich habe mich so sehr darauf gefreut!« Und während er dem Dichter die Hand reichte, zitierte er mit viel Pathos:

Meine Land hat kleine Städte,
Trägt nicht Berge silberschwer,
Doch ein Kleinod hält's verborgen:
Dass in Wäldern noch so groß,
Ich mein Haupt kann kühnlich legen
Jedem Untertan in Schoß.

Justinus lachte geschmeichelt. »Es ist ja schon ein halbes Menschenleben her, dass ich das geschrieben habe.«

»Aber gesungen wird es doch noch immer landauf, landab, unser geliebtes Württemberglied.«

»Aber doch wohl kaum hier oben, denke ich«, sagte Kerner.

Der Direktor lächelte sanft. »Es sind ja nicht die Schlechtesten, die hier unsere Gäste sind, wenn auch eher unfreiwillig.«

Justinus trat ans Fenster. »Wissen Sie, dass ich nicht zum ersten Mal hier oben bin? Auf meinen Wanderungen mit meinem Vater und meinen Schwestern – lang, lang ist's her – haben wir auch manchmal die Feste Asperg besucht. Aber mich hat schon damals die Vorstellung gepeinigt, dass tief unter mir der Dichter Schubart in seinem Gefängnis lag, während wir auf dem höchsten Punkt des Berges, 1.128 Fuß über dem Meer, um genau zu sein, die prachtvolle Aussicht genossen.«

Der Gefängnisdirektor lächelte. »Ja, ja, wir nennen es nicht umsonst das Belvedere. Bei gutem Wetter sieht man von hier aus einen großen Teil Württembergs: Besonders die Gefilde des unteren Neckars mit ihren Städten, Dörfern und Burgen liegen hier im schönsten Licht ausgebreitet.«

»Das haben Sie schön gesagt. Aber mich als Kind hat bedrückt, dass der arme Sänger Schubart in seiner kleinen

Zelle schmachtete, einem dunklen, verlassenen Kerker ohne Ausblick auf diese schöne Natur.«

»Das war lange vor meiner Zeit. Und als er freikam, hat ihn der gnädige Herzog gleich zum Intendanten der Hofoper gemacht – das ist doch auch was? Ohne Schuld wird der Schubart schon nicht hier gewesen sein. Es war ja nicht immer nur jugendlicher Unverstand, der die Häftlinge hierher brachte, wie bei Ihrem Sohn Theobald.«

»Nun, mein Sohn ist 33 Jahre alt und zweifacher Familienvater.«

»Aber sein Aufenthalt hier bei uns hat ja offenbar gefruchtet. Sonst hätte ihn unser geliebter König wohl kaum begnadigt.« Der Direktor wies auf ein Tischchen, auf dem eine Karaffe Rotwein und zwei Gläser standen, und lud Kerner ein, sich zu setzen. Als sie Platz genommen hatten, hob er sein Glas und zitierte erneut seinen Gast: »Wohlauf noch getrunken den funkelnden Wein.«

Justinus Kerner tat ihm mit einem zufriedenen Lächeln Bescheid. »Wissen Sie, unsere Vorfahren waren ja stets königstreu. Und ich selbst darf mich einer besonderen Zuneigung des Herrscherhauses erfreuen.«

»Da Sie von Ihren Vorfahren sprechen: Wenn ich es recht weiß, waren sie ja ursprünglich keine Württemberger.«

»Nein, es waren Religionsflüchtlinge aus dem Lande Salzburg. Aber schon die ersten, die nach Württemberg eingewandert sind, haben sich um unser Land verdient gemacht. Mein Urahn Michael war Rektor an der Lateinschule in Schwäbisch Hall und dessen Bruder Prediger am Ulmer Münster.«

Der Direktor nickte. »Mehr Württemberger kann man ja gar nicht sein.«

»Nun ja, mein Vater war Regierungsrat und Oberamtmann in Ludwigsburg und Maulbronn. Stramm königstreu natürlich. Mit den Musen hat er es freilich nicht so gehabt.«

Justinus Kerner zog das Büchlein aus der Tasche, mit dem er bei seinem Kutscher so wenig Interesse gefunden hatte. »›Der letzte Blütenstrauß‹. Meine neueste Sammlung von Gedichten. Noch nicht im Buchhandel erhältlich. Druckfrisch. Wenn ich Ihnen das verehren darf. Vielleicht findet es einen Platz in Ihrer Gefängnisbibliothek …«

Der Direktor nahm das kleine Buch entgegen wie eine teure Preziose. »Was für eine Freude! Wenn ich Sie noch um eine Widmung bitten dürfte, ein paar Zeilen von Ihrer Hand …«

»Aber gern.« Kerner schlug das Buch auf. Der Direktor reichte ihm eine Feder, nachdem er sie ins Tintenfass getunkt hatte, rief aber plötzlich: »Augenblick, Meister, das ist eine bedruckte Seite.«

Kerner stöhnte auf. »Die Augen, die Augen! Ich muss sagen, ich bin fast blind.« Dennoch schrieb er, als sein Gegenüber eine Vakatseite aufgeschlagen hatte, schwungvoll einen Gruß, seinen Namen und das Datum in das Buch.

Auf der Rückfahrt schwieg Justinus Kerner ganz gegen seine Art. Der Kutscher Josef warf immer wieder einen Blick zu ihm hinüber. Schließlich sagte er: »Hat ihr B'such denn net des bracht, was Sie sich erhofft habet?«

»Doch, schon. Aber mir geht was anderes im Kopf rum.« Kerner versank wieder in nachdenkliches Schweigen. Der Besuch auf dem Asperg hatte ihn aufgewühlt. Er hatte ihn an seinen Bruder Georg erinnert, den Revolutionär der ersten Stunde. Das lag zwar über fünfzig Jahre zurück, aber die Gedanken daran hatten Justinus Kerner nie losgelassen.

Auf nach Straßburg

»Das kannst du nicht machen!« Karl Kerner war entsetzt. »Du weißt, unser Vater hat es strengstens verboten.«

Sein Bruder Georg winkte ab. »Die Zeiten, da er seinem Willen mit Schlägen Geltung verleihen konnte, sind vorbei, Bruderherz.«

Der Jüngere war nicht überzeugt. Zu oft hatten sie beide erleben müssen, wie ihr Vater seinen Willen durchsetzte. Er prügelte schon bei geringsten Anlässen mit der Hand, mit einem in Leder gebundenen Atlas oder einem ledernen Pantoffel auf seine Söhne ein, wobei es ihm gleich war, ob er Kopf, Gesicht oder Rücken traf. Nur den Jüngsten, das Nesthäkchen Justinus, verschonte er.

»Grade deshalb, weil ich mich nicht mehr unterdrücken lassen will, reise ich nach Frankreich«, sagte Georg zu seinem jüngeren Bruder. »Da sind Egalité, Fraternité und Liberté nicht mehr nur Schlagworte, mein Lieber. Ich ziehe noch heute Abend los.«

»Das geht nicht! Der Herzog persönlich hat verfügt, dass vor sechs Uhr früh übermorgen kein Karlsschüler das Haus in die Vakanz verlassen darf.«

»Egal! Ich melde mich krank und du legst dich für mich ins Krankenzimmer. Wenn der Arzt mit der Visite kommt, meldest du dich als Georg Kerner.«

»Hör mal: Du bist 20 und ich bin erst 15 …«

Georg winkte erneut ab. »Ich war oft genug dabei. Die schauen nur rein, man muss sich melden und natürlich musst du so tun, als ob dir nichts Besonderes fehle, sonst wollen die dich womöglich untersuchen.« Georg grinste. »Außerdem bin ich zwar älter, aber nicht größer als du.«

Karl resignierte: »Und was kriege ich dafür?«

»Ich bringe dir aus Straßburg eine Revolutionskokarde mit.«

Bei Einbruch der Dunkelheit schlichen sich Georg Kerner und sein Freund Ernst von Bieberstein aus ihren Zimmern. Sie stiegen die engen Treppen zu den unteren Lehrsälen hinab, die still und verlassen dalagen. Entschlossen öffnete Georg Kerner die schmale Hintertür, deren Benutzung den Schülern und Studenten streng verboten war. Dichter Nebel lag über dem Schlossgarten. Niemand war um diese Zeit unterwegs. Bei einem Freund tauschten sie ihre Uniformen gegen Reisekleidung und machten sich sofort auf den Weg. Sie marschierten die ganze Nacht hindurch und nutzten bei Tag jede Gelegenheit, ein Stück von einem Fuhrwerk mitgenommen zu werden. Müde erreichten sie zwei Tage nach ihrer Abreise Straßburg, gerade noch rechtzeitig, ehe um sechs Uhr abends die Stadttore geschlossen wurden.

Wie viele junge Menschen in Deutschland war Georg Kerner ein glühender Anhänger der Französischen Revolution. Seit die Nachrichten über die Erstürmung der Bastille am 14. Juli 1789 in Paris die Karlsschüler erreicht hatten, verfolgten die jungen Männer dort gebannt, was im Nachbarland geschah. Auch mancher Lehrer betrachtete die Vorgänge mit Sympathie, musste diese aber vor seinen Vorgesetzten verbergen. In Frankreich überschlugen sich die Ereignisse. Die Willkürherrschaft von König und Adel schien gebrochen. Der Gouverneur von Paris wurde davongejagt und durch einen Generalrat ersetzt. Die Nationalversammlung bekam plötzlich neue Rechte, und das Königshaus garantierte ihr seinen Schutz. Die verunsicherten Truppen zogen sich in ihre Kasernen zurück. Georg Kerner sehnte nichts mehr herbei, als dass die Revolution in Frankreich auf seine Heimat übergreifen würde, damit auch in Württemberg ein freiheitliches System errichtet werden könnte.

»Was stellst du dir eigentlich vor?«, hatte sein Bruder Karl immer wieder gefragt, der ein viel nüchternerer Mensch war als sein älterer Bruder.

»Ich wünsche mir halt, dass auch bei uns jeder Mensch seinen eigenen Wert in der Gesellschaft bestimmen kann, dass nicht Despoten über uns herrschen sondern wir selbst, das Volk.«

Karl war das alles zu pathetisch, deshalb brach er die Diskussionen meist mit der Bemerkung ab, er könne nicht ewig debattieren, sondern müsse dringend lernen.

Ihr erster Weg in Straßburg führte Kerner und Bieberstein zu Oberwundarzt Frédéric Henry Becker, dessen Namen sie von einem Kommilitonen erfahren hatten. Sie wurden freundlich empfangen und verköstigt und konnten ihre erste Nacht im Hause des Mediziners verbringen. Gleich am nächsten Morgen bot Becker an, die Gäste durch das Zuchthaus und das benachbarte Armenhaus zu führen. »Da bekommt ihr eine lebendige Anschauung davon, was Gleichheit und Brüderlichkeit heutzutage bedeuten können.«

Ernst von Bieberstein wollte lieber auf eigene Faust losziehen, um die Stadt zu erkunden. Georg Kerner dagegen nahm den Vorschlag des Arztes begeistert auf.

Er war zwar zuvor noch nie in einem Zuchthaus gewesen, aber das düstere Gebäude, in das ihn sein Gastgeber schon am frühen Morgen dieses trüben Oktobertages führte, entsprach durchaus seinen Vorstellungen von einer solchen Anstalt. Drinnen freilich war alles freundlicher, als er es erwartet hatte. Saubere Zellen, deren Türen offen standen, helle Gemeinschaftsräume und eine Stimmung, die Kerner alles andere als bedrückend empfand, empfingen sie. Erstaunt stellte er fest, dass die Gefangenen gepflegt und gut ernährt wirkten. Darüber hinaus erhielten die Häftlinge Schreib-, Rechen- und Religionsunterricht. Das gleiche galt für die Insassen des Armenhauses.

Seine Erfahrungen im französischen Straßburg notierte sich Georg Kerner genau und schon in diesen Tagen nahm er sich vor, seine Erkenntnisse in eine Rede einfließen zu lassen, für die er auserwählt worden war: Am 4. November sollte er zum Namenstag des Herzogs Carl Eugen im Beisein des Herrschers den Festvortrag halten. Er kündigte Ernst von Bieberstein an: »Ich werde schonungslos die Missstände bei uns mit den vorbildlichen Einrichtungen in Frankreich vergleichen.« Bieberstein reagierte entsetzt: »Wenn du dich um Kopf und Kragen reden willst, dann mach das!«

»Wieso? Der alljährliche Redner wird zwar vom Herzog bestimmt, aber er darf sein Thema frei wählen.«

»Ja schon, aber du solltest vielleicht nicht nur frei, sondern auch klug wählen.«

»Einmal muss man damit anfangen, die Gedanken der Revolution unters Volk zu bringen«, erwiderte Georg.

»Unters Volk, ja, aber doch nicht direkt unter den Augen des Fürsten.«

»Mag sein, dass du Recht hast. Ich kann es mir ja noch mal überlegen.«

Am Abend führte Frédéric Becker seine jungen deutschen Besucher in ein Wirtshaus, wo sich Mitglieder der Gesellschaft der Freunde der Konstitution regelmäßig trafen. Während auf der Straße der Meinungsstreit oft wütend ausgetragen wurde, wobei es nicht selten zu bösen Schlägereien kam, herrschte unter den Freunden der Konstitution ein gediegener Debattenstil. Es wurde ein Diskussionsleiter bestimmt, und der erteilte den einzelnen Rednern das Wort.

»Hier tagt nur ein kleiner Kreis«, erklärte Becker seinen jungen Besuchern. »Die großen Versammlungen, zu denen oft mehrere Hundert Zuhörer kommen, finden in dem früheren Zunfthaus Lanterne statt.«

Bieberstein fragte: »Und worum geht es da?«

»Es geht um ganz konkrete Dinge. Zum Beispiel um die Ausbreitung der demokratischen Ideen, Schaffung einer patriotischen Einheit gegenüber der äußeren Gefahr, Durchsetzung des französischen Sprachgebrauchs in den Reihen des elsässischen Kleinbürgertums und um das Ende der Isolierung unserer Bevölkerung vom Mutterland Frankreich. Das Motto lautet übrigens: ›Frei Leben oder Sterben‹.«

»Und das sieht dann so aus wie hier?«, fragte Bieberstein.

»Was meinst du?« Kerner sah den Freund fragend an.

»Na, sieh dich doch um. Draußen streiten die Menschen bis aufs Blut, welches der richtige Weg sei, und die hier drin sitzen gemütlich vor ihrem Weinglas und hören sich geduldig langatmige Reden an.«

»Es kann nicht schaden« meldete sich Becker, »wenn man sich an eine Ordnung hält. Viel zu groß ist die Gefahr, dass die Revolution sich an ihren Schlagworten berauscht, statt vernünftige Konzepte zu entwickeln.«

»Da blickt man ja nicht mehr durch«, sagte Bieberstein. »Wo ist Ordnung und wo ist Revolution? Jakobiner, Girondisten, Sansculotten. Wer ist eigentlich wer?«

Becker blieb geduldig. »Ist doch klar: Die Girondisten kommen aus der Gironde. Sie vertreten den Standpunkt des gut situierten Bürgertums, sind für die Einschränkung der Königsmacht, also für eine konstitutionelle Monarchie und wollen eine Verbesserung für die sogenannten niederen Klassen erreichen.«

Darauf witzelte Bieberstein: »Und die Jakobiner, kommen die aus dem Departement Jakob?«

Becker lachte gutmütig. »Nein, die haben ihre ersten Versammlungen im Jakobinerkloster in Paris abgehalten. Es sind Republikaner, sie sind also für die Abschaffung der Monarchie und für die Einführung der allgemeinen Menschenrechte auf den Spuren Rousseaus. Und die Sansculotten«, sagte Becker zu Bieberstein gewandt, »die laufen nicht nackt rum, wie Sie vielleicht denken, sondern tragen lange Hosen statt der Kniehosen, wie sie der Adel trägt. Das sind Leute, die kommen von ganz unten: Arbeiter, kleine Handwerker, Bauern – mit einem Wort der dritte Stand. Alles klar?«

Georg rief: »Wenn die sich nun alle einig würden …«

»Dazu wird es leider nicht kommen, so wie es aussieht«, antwortete ihr Gastgeber. »Bei uns in Straßburg reden die ja noch miteinander, aber in Paris schlagen sie sich die Köpfe ein.«

Am nächsten Tag forderte Frédéric Becker seine jungen deutschen Freunde auf, mit ihm zum Altar der Freiheit zu kommen.
»Und was erwartet uns da?«, fragte Bieberstein.
»Im Juni hat dort das große Konföderationsfest stattgefunden. Wir haben das Bündnis der Patrioten von Stadt und Land gegen die Revolutionsfeinde gefeiert. Daran erinnern wir jede Woche aufs Neue.«
Die drei gingen durch das Tor im Süden der Stadt. Becker erklärte zum Spaß mit extra lauter Stimme wie ein Fremdenführer: »Hier in der Metzgerau durften die Schlachter ihr Vieh weiden lassen. Die Franzosen sagen dazu *Plain des Bouchers*. Irgendwann mussten sie weichen, und das Areal wurde Exerzierplatz der Artillerie, aber vor allem Fest- und Paradeplatz. Und hier wird nun seit Juni jede Woche *La fête de la Fédération*, also das Fest der Konföderation, gefeiert.«

Es war ein überraschend warmer und schöner Oktobertag. Die Sonne hüllte das leicht ansteigende Gelände in mildes Herbstlicht. Viele Menschen hatten sich unter den ausladenden Baumkronen im Gras niedergelassen, tranken den mitgebrachten Wein, aßen Weißbrot und Käse und plauderten angeregt. Unter einer Kastanie hatte sich eine Gruppe um einen Lautenspieler versammelt. Zu den Klängen des Instruments sangen sie die Freiheitslieder, die jetzt überall im Land zu hören waren. »Seht ihr«, rief Georg Kerner begeistert – und für Bieberstein wieder einmal viel zu pathetisch –,»diese schönen Menschen, schön, weil sie frei sind. Die Revolution ist ein einziges Freiheitsfest.«

Becker blieb ernst.»Solche Feste treiben manchmal auch seltsame Blüten.«

Aber Kerner ließ sich in seiner Begeisterung nicht stören. »Ich verstehe Sie nicht. Das alles hier ist doch nichts anderes als die ganz natürliche Freude über das freie Leben, das nun überall entstehen kann.«

Zu einer Antwort kam Becker nicht mehr. Vom oberen Teil des Hanges ertönte ein Trompetensignal. Die Gespräche und die Lieder verstummten. Die Menschen erhoben sich vom Boden und machten sich auf den Weg, als würden sie alle von einer starken Kraft angezogen. Kerner, Bieberstein und Becker reihten sich mit ein. An der höchsten Stelle des Geländes kam eine Art Tisch aus grobem Stein in ihr Blickfeld.»Das ist er – das ist der Altar der Freiheit«, sagte Becker.

Wieder ein Trompetensignal. Paare mit kleinen Kindern, ja Neugeborenen traten nach vorne. Väter und Mütter hoben ihre Kleinen hoch über den Altar.

»Was geschieht denn da?«, fragte Kerner.

»Werden die Kinder jetzt geopfert oder was?«, meldete sich Bieberstein.

Becker schüttelte nachsichtig den Kopf.»Sie werden getauft!«

»Aber doch wohl nicht im Namen des Vaters, des Sohnes und des Heiligen Geistes?«, meinte Bieberstein sarkastisch

»Nein, nein. Im Namen der Freiheit, der Gleichheit und der Brüderlichkeit. Man nennt es *baptême civique*. Ich sagte ja schon, manches treibt seltsame Blüten.«

»Also, ich finde das großartig!«, rief Kerner.»Wann wird

man endlich in Deutschland solche Altäre errichten, wann wird man denn in Deutschland auch anfangen, endlich den Himmel damit zu versöhnen, dass Jahrtausende hindurch der Geist der Sklaverei nicht von unserm Boden wich.«

Bieberstein lachte. »Stelle ich mir großartig vor: Zwischen der Hohen Karlsschule und unserem neuen Residenzschloss der Freiheitsaltar, und unser geliebter Herzog tauft seine geliebten Landeskinder im Namen der Freiheit, der Gleichheit und der Brüderlichkeit. Leider ist da nicht genügend Platz, dass sich das Volk um den Altar versammeln könnte.«

Von diesem Tag an trug Georg Kerner die blau-weiß-rote Kokarde der Revolution an seiner Mütze. Bieberstein meinte, für ihn habe das noch Zeit. Erst als sie sich am Ende der Woche wieder auf den Weg nach Stuttgart machten, fiel ihm das wieder ein. Kurz bevor sie die Grenze erreichten, blieb Bieberstein stehen. »Ich muss mir noch eine Kokarde beschaffen. So eine, wie du sie hast.«

Kerner, der inzwischen auch für seinen Bruder Karl das Zeichen der Revolution als Mitbringsel besorgt hatte, sah den Reisegefährten befremdet an. »Eine Woche lang hättest du die Gelegenheit gehabt …«

Bieberstein lächelte. »Ich will sie ja nicht tragen.«

»Und warum willst du sie dann kaufen?«

»Sie sieht so malerisch aus. Außerdem will ich unbedingt mit einer Kokarde in Stuttgart ankommen, damit ich gegenüber jedermann beweisen kann, dass ich mit dir in Frankreich war, um die Revolution zu studieren. Das würde mir doch sonst keiner glauben.«

Je näher sie der Heimat kamen, desto stiller wurde Georg Kerner. Die lebhaften Gespräche wichen einem lastenden Schweigen. Als sie über die Rheinbrücke gingen, sagte er plötzlich: »Jeder Schritt bringt mich diesem Land näher, in dem ich nicht frei bin, und dieser vermaledeiten Schule, in der ich seit meinem neunten Lebensjahr drangsaliert und kujoniert werde.«

»Ist ja nur noch ein halbes Jahr«, tröstete ihn der Freund. »Weißt du denn schon, über welches Thema du promovieren willst?«

»Keine Ahnung.«

»Aber so ganz ohne Ahnung wirst du nie ein guter Arzt werden.«

»Will ich auch gar nicht. Sobald ich diese Sklavenplantage Karlsschule hinter mir habe, gehe ich nach Paris.«

»Und was willst du dort?«

»Das fragst du noch? Ich will mich aktiv an der Befreiung der Menschheit beteiligen.«

»Na, dann: viel Glück«, antwortete Bieberstein, und die Ironie war nicht zu überhören.

Nach einer Pause fragte Kerner: »Und du? Was hast du vor?«

»Ich habe ein Angebot vom Fürsten von Nassau-Usingen, als Hofgerichtsassessor. Ich glaube, das werde ich annehmen. Und das ist natürlich erst der Anfang. Nassau-Usingen ist ein kleines Ländchen. Es wird von einem einzigen Minister regiert. Mal sehen, wie lange es dauert, bis ich das bin.«

»Nassau-Usingen? Wo ist das überhaupt?«

»Egal. Ich bin lieber im Dorf der Erste als in der Stadt einer von Vielen.«

Bei der Rückkehr in die Hohe Karlsschule verspätete sich Georg Kerner um drei Minuten. Und statt der Uniform trug er zu allem Überfluss auch noch die zivile Jacke des Freundes Bieberstein. Solche Vergehen wurden unnachsichtig geahndet. Die Strafe hieß ›Karieren‹ und bedeutete, dass der Delinquent während des Essens stehen musste und seine Speisen nicht anrühren durfte. Zudem wurde Kerner noch in den Karzer gesteckt.

Die Angst, dass er wegen seiner beiden Vergehen die Rede zu Carl Eugens Namenstag nicht würde halten dürfen, erwies sich allerdings als unbegründet.

Eine Rede und ein revolutionärer Akt

Es hatte sich in der Hohen Karlsschule herumgesprochen, dass Kerner am Namenstag des Herzogs, dem 4. November 1790, etwas Besonderes vorhabe. Und so herrschte eine erwartungsvolle Unruhe, als der Regent mit seinem Gefolge die Aula betrat. Huldvoll grüßte der Monarch nach links und rechts. Die Lehrer verbeugten sich tief vor dem Herrscher. Er nahm in einem Sessel vor der ersten Reihe Platz. Die Begrüßungsrede des Intendanten der Hohen Karlsschule, Oberst Christoph Dionysos von Seeger, glich jener der vergangenen Jahre und wurde von Carl Eugen mit einem freundlichen Lächeln quittiert.

Dann stieg Georg Kerner aufs Podium. Sorgfältig legte er die dicht beschriebenen Seiten auf das Rednerpult und suchte den Blickkontakt zum Herzog, aber der unterhielt sich mit dem Intendanten, der schräg hinter dem Herrscher Platz genommen hatte und nun weit vorgebeugt auf der vorderen Kante seines Stuhles saß. Erst als sich Kerner ein paar Mal geräuspert hatte, blickte Carl Eugen auf, und sofort begann der Student mit seiner Rede. Sein Thema: »Der mittellose Kranke«.

Die Kommilitonen, die in Erwartung eines Skandals eine revolutionäre Ansprache des Feuerkopfs Kerner erwartet hatten, wurden enttäuscht. Die Absicht des jungen Redners war es offensichtlich, dem Herzog in wohlgesetzten Worten die Idee einer staatlichen Armenfürsorge nahezubringen, wie er sie in Straßburg kennen und schätzen gelernt hatte.

»Der begüterte Privatmann vermag sich im Krankheitsfalle immer selbst zu helfen, aber nicht der mittellose Arme«, rief Kerner in den Saal. Er fasste Carl Eugen ins Auge: »Der Wille eines Fürsten könnte in einem Staat dieses Übel, nämlich die Mittellosigkeit im Krankheitsfalle, vorzüglich auf eine vollkommene Art mindern, wenn alle Glieder des Staates sich vereinigten, um nach ihrem Vermögen zur Ausführung solcher menschenfreundlichen Absicht etwas beizutragen.«

Intendant von Seeger warf ein: »Aha, unser Georg Kerner fordert eine Reichensteuer, wenn ich das richtig verstehe.«

Kerner trat neben das Pult und beugte sich etwas vor: »Ich rede über Gleichheit und Brüderlichkeit.«

Der Herzog blieb gelassen: »Eine gute Idee, aber die falschen Begriffe. Fahre Er fort!«

Es kam nicht zu dem von vielen Studenten erwarteten, ja erhofften Eklat. In seinem Vortrag war mehr von Reform als von Revolution die Rede.

Herzog Carl Eugen reichte Georg Kerner am Ende die Hand. »Bedenkenswert, durchaus bedenkenswert, junger Mann. Gratulation.« Als sich Oberst von Seeger den Glückwünschen anschließen wollte, übersah Kerner geflissentlich die Hand des Intendanten.

»Das war ja wohl nichts!«, sagte einer der Kommilitonen, als der Herzog das Haus verlassen hatte.

Ernst von Bieberstein nahm den Freund in Schutz. »Der

Inhalt war gut, aber halt verdammt verklausuliert formuliert.«

»Schwach, einfach schwach«, rief einer dazwischen.

»Dich möchte ich sehen in dieser Situation«, herrschte ihn Bieberstein an.

»Na ja«, sagte ein dritter: »Ein revolutionärer Akt war es nicht. Und ändern wird sich an den Verhältnissen durch gutes Zureden auch nichts.«

»Alles zu seiner Zeit«, warf Kerner ein. »Aber gut, wenn ihr unbedingt einen revolutionären Akt haben wollt – da habe ich eine Idee. Bin gespannt, wer bereit ist, dabei mitzumachen.«

Und dann war es so weit. Am 31. Januar 1791 war im Stuttgarter Opernhaus eine Redoute angesagt. Traditionell kamen die Besucher maskiert. Der Herzog hatte in einem Erlass verfügt, dass bei solchen Anlässen absolute Maskenfreiheit zu herrschen habe, was bedeutete, dass jede Maske erlaubt war und dass es strengstens verboten war, sich oder andere zu demaskieren. Beliebt waren diese Feste auch bei den französischen Adligen, die vor der Revolution geflohen waren, in Württemberg Zuflucht gefunden hatten und durch ihr Auftreten und ihre Eleganz das gesellschaftliche Leben bereicherten.

Den Karlsschülern war es freilich verboten, an solchen Festen teilzunehmen. Doch Kerner und seine Freunde kannten einen heimlichen Zugang zum Opernhaus, den sie an diesem Abend nutzten. Sie hatten sich kostümiert und ihre Gesichter hinter dichten Masken verhüllt. Drei von ihnen, darunter Kerner, trugen Kostüme in den französischen Nationalfarben Blau, Weiß und Rot, während Ernst von

Bieberstein einen französischen Adligen darstellte, von oben bis unten bedeckt mit unzähligen Familienwappen, in der Hand eine riesenhafte Stammbaumrolle.

Als die drei in den Farben Blau, Weiß, Rot gekleideten jungen Männer den Saal betraten, herrschte plötzlich Stille. Dann tauchte Bieberstein als Adliger auf und wurde sofort von denen, die die Trikolore verkörperten, attackiert. Sie rissen ihm die Wappen ab und schnappten sich die Stammbaumrolle, die sie wütend zerfetzten. Der aller Insignien Beraubte wurde unter dem Gejohle der Ballbesucher und zum höchsten Befremden der französischen Gäste aus dem Saal gejagt. Kaum hatte sich das Publikum beruhigt, erschien eine Gestalt mit langem Bart und schaurig ernstem Ausdruck im Gesicht, gekleidet in ein langes weißes mit einem goldenen Gürtel geschnürtes Gewand. Die geisterhafte Erscheinung trug auf dem Haupt eine Krone, hielt in der rechten Hand eine Sense und in der Linken eine Urne. Die Gestalt stand eine Zeit lang ruhig am oberen Ende der Treppe, stieg dann langsam und mit gravitätischen Schritten die Stufen herab und schritt zwei Mal durch den Saal. Schließlich stellte sie die Urne in der Mitte des Saales auf den Boden und entschwand so geheimnisvoll und ohne einen Laut von sich zu geben, wie sie gekommen war. Der maskierte Georg Kerner erschien erneut in seinem blauen Kostüm, stolperte scheinbar ungeschickt über die Urne, so dass sie zerbrach. Zum Vorschein kamen viele beschriftete Zettel, die er hoch in die Luft warf. Sie flatterten durch den Raum und wurden von den Gästen begierig aufgegriffen.

Während sich Kerner aus dem Staub machte, lasen sich die Ballbesucher die Texte vor. »Ihr, die Ihr vom Eisenarm des Despotismus geschützt Eure Mitbürger misshandelt, zittert vor ihrer Rache.« – »Bedenket Ihr Übermütigen, dass Eure Macht auf einem Vorurteile ruht.« – »Schon wanken die Throne der Stolzen und bald werden sie stürzen!«

Noch Tage danach war diese Aktion Stadtgespräch. Selbst in Straßburg erregte sie Aufsehen. Der Wundoberarzt Becker, der ahnte, wer sich die witzige Veräppelung der Royalisten ausgedacht hatte, war sehr amüsiert. Die adligen Emigranten aus Frankreich allerdings beschwerten sich tief beleidigt beim Herzog. Der ließ Nachforschungen anstellen, doch die verliefen im Sande.

Nach Paris! Nach Paris!

»Endlich frei!« Georg dachte es, sagte es immer wieder vor sich hin, schrie es laut hinaus. »Endlich frei!« Er war auf dem Weg von Straßburg nach Paris. Die Dissertation, mehr schlecht als recht zusammengeschustert, war geschrieben und angenommen worden, von der Verlobten Auguste hatte er tränenreich Abschied genommen – die Abschiede würden sich im Laufe der nächsten Jahre häufen, die Tränen, zumindest seinerseits, eher abnehmen. Den Vater hatte er nach langem Hin und Her überzeugt, dass er seine medizinischen Kenntnisse nur in Straßburg weiterentwickeln könne. Straßburg stand in den gebildeten Kreisen Württembergs wegen der dortigen Universität, die in Medizin und Chirurgie großes Ansehen genoss, hoch im Kurs. Georg bekam so nicht nur den väterlichen Segen auf den Weg, sondern außerdem auch ein herzogliches Stipendium.

Wie sein Vater schon befürchtet hatte, besuchte Georg aber weniger die Operationssäle der Universität als die revolutionären Clubs. Er war glücklich darüber, dass ihn die Gesellschaft der Freunde der Konstitution ganz offiziell zu ihrem Mitglied ernannt hatte. Schon im Jahr zuvor, als ihn Fédéric Becker bei der Gesellschaft eingeführt hatte, war es der heißeste Wunsch Kerners gewesen, dazugehören zu dürfen. Schon bald nach seiner Ankunft in Straßburg hatte er dies geschafft. Das wurde allerdings dank eines gut funktionierenden Spitzelsystems bald auch in Stuttgart bekannt. Georg verlor die väterliche Unterstützung und die des Herzogs – beides auf immer.

Frei von allem, ohne Verpflichtungen gegenüber dem Elternhaus und dem Vaterland, aber auch ohne Geld, machte sich Georg Kerner an einem kühlen Novembertag 1791 mit vierzig Pfund Gepäck auf dem Rücken zu Fuß auf den Weg von Straßburg nach Paris. Für den Weg brauchte er zehn Tage. Statt von Rotwein, Käse und Weißbrot ernährte er sich die ganze Reise über hauptsächlich von Milch, die er sich von Bauern erbettelte. Immer wieder machte er unterwegs Station und verbrüderte sich mit Gleichgesinnten. Im Jakobinerclub zu Chalons sur Marne hielt er eine große Rede. Er beeindruckte seine Zuhörer gewaltig, sie amüsierten sich aber auch über ihn, denn sein perfektes Französisch war stark schwäbisch gefärbt. Trotzdem bestürmten ihn seine Zuhörer, in der Stadt zu bleiben. Georg Kerner lehnte ab. »Ich muss nach Paris, ich muss in die Stadt, in der die revolutionär gesinnten Menschen ein neues Kapitel der Menschheitsgeschichte aufschlagen werden.«

Am 15. November erreichte er die französische Hauptstadt. In der Tasche hatte er Empfehlungsschreiben der Straßburger Jakobiner, sie sollten ihm die Türen zu den wichtigsten Clubs öffnen. Den Kontakt zur württembergischen Kolonie fand er rascher als gedacht. Einer seiner schwäbischen Landsleute empfahl ihm, den Club in der Rue de la Croix aufzusuchen.

Die Nacht brach schon herein. Ein scharfer Sturm fegte durch die Straßen und Gassen der Stadt, wirbelte Staub und Blätter auf und fuhr Kerner mit solcher Wucht ins

Gesicht, dass er sich, eine Schulter nach vorne gereckt, den Kopf tief gesenkt, mit all seiner Kraft dagegen stemmen musste. Keinen Hund jagte man bei einem solchen Wetter aus dem Haus. Und nun begann es auch noch zu regnen. Immer wieder geriet er mit seinen Füßen in Unrat, der sich unter den Fenstern der niedrigen Häuser sammelte. Als er in die Rue de la Croix einbog, schloss ein Mann zu ihm auf. »Wohin soll's denn gehen, kleiner Mann?«, fragte er, und als Kerner antwortete. »Bin nur so unterwegs«, lachte der andere und sagte auf Deutsch: »Du kommst aus Deutschland. Man hört es. Und wenn ich mich nicht täusche, aus dem Schwabenland.«

Kerner blieb stehen und drückte den Hut mit einer Hand in die Stirn, damit ihn der Sturm nicht herunterriss.

»Wenn du zum Club der Jakobiner willst, dann komm!« Mit langen Schritten eilte der Fremde weiter. Georg Kerner hatte Mühe mitzuhalten. Vor einem schmalen Haus, das sich zwischen die anderen Gebäude zu ducken schien, hielt der Mann an und klopfte in einem bestimmten Rhythmus gegen die Tür, die sogleich aufgerissen wurde. Der Mann unter der Tür umarmte Kerners Begleiter und sah dann den Neuen misstrauisch an. »Wer bist du?«

Georg Kerner zog unter seiner Jacke das Schreiben seiner Straßburger Freunde hervor und reichte es dem Mann wortlos. Der warf einen Blick auf das Papier und nickte. »Los, komm rein!«

Der niedrige Raum war überfüllt mit Leuten, die alle gleichzeitig zu sprechen schienen. Manche schrien laut, um etwas Gehör zu finden. Kerner nahm nur einzelne Satzfetzen auf: »Argumentieren, wenn die anderen schießen?«

»Die Sansculotten haben nichts begriffen!«
»Blut muss fließen.«
»Die Girondisten wollen nur an die Macht.«
»Wir etwa nicht?«, rief einer und erntete Beifall dafür. Und er fuhr fort: »Wir haben eine Verfassung, der muss man zu ihrem Recht verhelfen!«

Kerner sah sich nach dem Mann um und bahnte sich einen Weg zu ihm.

»Du hast Recht«, sagte er zu ihm. »Jedes Wort, das du gesagt hast, ist wahr!«

Sein Gegenüber war ein vierschrötiger Kerl, drei Köpfe größer als Kerner, breitschultrig und mit einem wilden Bart in seinem geröteten Gesicht. Sein Atem war vom Alkohol geschwängert, aber er sprach klar und deutlich. »Wir brauchen ein Rechtssystem, auf das wir uns verlassen können.«

»Feiges Gewäsch!«, rief einer im Rücken Kerners. Der Neuankömmling fuhr herum und sah in ein hasserfülltes Gesicht. »Wir sind erst am Anfang der Revolution. Und ihr kollaboriert mit dem König. Der muss weg. Weg muss der! Kopf ab! Ein Königreich mit einem Parlament, Paah!« Der Mann machte eine wegwerfende Geste.

Kerner wandte sich von ihm ab und kämpfte sich durch bis zur Theke. Dort kaufte er von dem wenigen Geld, das er noch hatte, einen Becher Rotwein, nahm einen kräftigen Schluck, stellte den Becher ab, stieg auf einen Stuhl und hob beide Arme. »Freunde, Kameraden, Bürger! Bitte hört mir zu!« Er wusste selbst nicht, woher er den Mut nahm, hier einfach das Rederecht an sich zu reißen. Nach und nach verstummten die Gäste. Kerner atmete tief durch und rief dann mit einer Stimme, die in ihrer Kraft gar nicht zu der zarten Erscheinung des jungen Mannes passen wollte:

»Jetzt geht es darum, die Verfassung zu verteidigen. Es ist doch Unsinn, dass jeder weiter seine eigene Revolution machen will. Man muss die Kräfte bündeln und zu einer klaren Konstitution kommen, an die sich alle freiheitsliebenden Kräfte gebunden fühlen. Ich komme direkt aus Straßburg. Und dort schwören die Mitglieder der Konstitutionsgesellschaft, der ich seit 25. Juni 1791 die Ehre habe, anzugehören, dass sie der Nation, dem Gesetz und dem König getreu dienen wollen ...«

Eine Frau schrie: »Was ist denn das für ein komischer Vogel?«

Kerner wurde lauter: »Und wir haben geschworen, die durch die Nationalversammlung beschlossene und vom König genehmigte Verfassung nach all unseren Kräften aufrechtzuerhalten.«

Unruhe verbreitete sich. Rufe erschallten: »Nieder mit dem König!«

Noch einmal versuchte Kerner, den Tumult zu übertönen. Er schrie in die Menge: »Und wir haben geschworen: Mit Gut und Blut, jeden Bürger zu schützen und zu verteidigen, der Mut genug haben würde, die Verräter des Vaterlandes anzuzeigen ...«

»Der Deutsche soll das Maul halten. Die sollen erst einmal ihre eigene Revolution machen, bevor sie uns belehren«, schrie die Frau.

»Aber Freunde«, rief Kerner, »wir sind doch alle eine Nation – die Nation der freiheitsliebenden Weltbürger ...« Weiter kam er nicht. Einer äffte ihn nach, indem er den schwäbischen Akzent in Kerners Französisch parodierte. Gelächter und Gejohle brandeten auf.

»Runter vom Stuhl!«, wurde geschrien.

Kerner sprang auf den Boden hinab. Er trank seinen Becher in einem Zug vollends aus. Verwirrt blickte er sich um. In Straßburg war es anders zugegangen in den Clubs. Da hatte einer das Wort, und die anderen hörten ihm zu. Man war sich einig. Hier schien jeder eine eigene Meinung zu haben. Er hätte gerne weiter zu den Jakobinern gesprochen. Aber er spürte, dass er – zumindest an diesem Abend – nicht zu ihnen durchdringen würde.

Georg Kerner kämpfte sich bis zur Tür und trat hinaus. Er atmete tief durch. Der Sturm hatte ein wenig nachgelassen, doch der Regen prasselte noch immer und schwemmte den Unrat das schmale Sträßchen hinab.

Plötzlich hörte es auf zu regnen. Die dunklen Wolken rissen auf. Mondlicht fiel in die enge Gasse und ermöglichte es Kerner, den Unrathaufen auszuweichen. So hüpfte er mehr als er ging zurück zu seiner Herberge. Als er sein karges Zimmer erreichte, riss er sich die durchnässten Kleider vom Leib und rieb sich mit einem Handtuch trocken. Er war niedergeschlagen. Nun hatte er sich monatelang vorgestellt, wie er in die Hauptstadt der Freiheit einziehen würde. Er hatte sich als mitreißenden Redner gesehen, der auf einem Stuhl oder einem Tisch stehend das große Konzept einer erfolgreichen Revolution verkündete. Es würde wohl weit schwerer werden, als er es sich vorgestellt hatte.

Georg – der Revolutionär

»Sie verstricken sich in diesen unheilvollen Parteienstreit, weil Sie die politischen Zusammenhänge nicht durchschauen.« Ludovike Simanowiz schüttelte verständnislos den Kopf. Sie hatte Georg Kerner in das Palais de Lacoste nahe den Tuilerien, dem Hauptschauplatz des politischen Geschehens, zur Teestunde eingeladen. Der kleine Georg Kerner saß sehr aufrecht auf seinem Stuhl und balancierte eine Tasse in seiner rechten Hand. Er war fasziniert von dieser 35-jährigen, selbstbewussten Frau, die sich schon als Malerin einen Namen gemacht hatte. Kerner war ihr schon öfter begegnet, immer waren viele Menschen um sie herum gewesen, die alle diese Frau zu verehren schienen. Nun war er zum ersten Mal mit ihr alleine, und sie hatte sich nicht lange mit Vorreden aufgehalten. Georg räusperte sich. »Ich kann einfach diesen Fanatismus nicht mehr akzeptieren. Mittlerweile ist es doch so, dass viele Freiheitliche mit dem Gegner gar nicht mehr reden wollen. Sie argumentieren mit der Guillotine.«

»Heißt das, Sie sind nicht mehr bei den Jakobinern?«

»Doch! Sie haben mich ja in ihre Fraktion aufgenommen, obwohl sie immer über mich gelacht haben, wenn ich das Wort ergriffen habe, wegen meines schwäbischen Akzents.«

»Das ging schon meinem Jugendfreund Friedrich Schiller so. Und trotzdem wurde er Ehrenbürger der Französischen

Revolution. Wir Schwaben fallen halt überall auf. Ist doch nicht schlecht.«

»Aber auch nicht immer gut, liebe Ludovike, so darf ich Sie doch nennen?«

Sie senkte zustimmend den Kopf. »Aber immerzu, junger Freund!«

»Delaveau, der gefährlichste von allen, hat mich schon gewarnt mit einem scheinbar nur hingeworfenen: ›Die Guillotine ist permanent.‹ Und dieser Kerl war unser Lehrer für Französisch an der Hohen Karlsschule. Er hat uns für die Revolution begeistert. Sogar bei einem Maskenball in den Räumen der Stuttgarter Oper hat er mitgemacht, als Geist – in der rechten Hand eine Sense in der Linken die Urne, in der wir die stärksten revolutionären Sprüche versteckt hatten. Wegen der Beteiligung an dieser Maskerade musste er dann die Karlsschule verlassen.«

»Da habe ich aber andere Informationen.« Ludovike lächelte. »Er war beleidigt, weil der Intendant der Karlsschule, von Seeger, seiner Familie die kostenlosen Billets für's Theater gestrichen hat. Wenn ich es recht weiß, ist Delaveau aus freien Stücken gegangen.«

»Er war übrigens ein wunderbarer Lehrer. Der beste, den wir hatten. Und dieser Mann droht mir mit der Guillotine, nur weil ich den König verteidigt habe.«

»Sie als Jakobiner verteidigen den König?«

»Nicht den Monarchen, aber den Menschen. Gilt denn Brüderlichkeit nicht für alle, also auch für einen abgesetzten König?«

Ludovike nahm Georg die leere Tasse aus der Hand. »Sie sollten sich lieber Ihren medizinischen Studien widmen. Vielleicht können Sie der Menschheit als Arzt mehr nützen, als wenn Sie sich als Revolutionär von andern Revolutionären den Kopf abschlagen lassen.«

Kerner sprang auf. »Es geht mir um die große Sache, um die Heilung der Menschheit, und nicht darum, einem einzelnen Menschen einen Verband anzulegen.«

»Schauen Sie doch hinaus auf die Straßen und Plätze. Es herrscht das Chaos. Sansculotten, Girondisten, Anhänger der konstitutionellen Monarchie, die alten Royalisten und wer weiß, wer sonst noch alles: Jeder gegen jeden, und die Sitten verrohen. Da draußen toben die Kämpfe. Und Ihre Jakobiner reden vom Umbringen, als ginge es um ein paar Ohrfeigen. Der Tod ist in diesen Zeiten billig zu haben.«

»Ja, es ist schrecklich«, seufzte Kerner. »Neulich hätte es mich beinahe tatsächlich erwischt. Ich hielt mit der Nationalgarde Wache vor den Tuilerien. Wir hörten sie schon von weitem kommen. Einen Haufen zu allem entschlossener barfüßiger Sansculotten. Je näher sie kamen, umso wilder wurde ihr Geschrei. Unter meinen Kameraden breitete sich Panik aus. ›Wir sind alle verloren‹, schrie einer, warf sein Gewehr weg und rannte, was er konnte, davon. Das war wie ein Signal für die anderen. Jeder versuchte sich auf seine Weise zu retten.«

»Und Sie?«

»Ich war wie gelähmt. Ich hatte nicht die Kraft zu fliehen und zog mich erst einmal in die Wachstube zurück. Die Tür konnte ich noch abschließen. Aber schon wenige Augenblicke später donnerten die Gewehrkolben gegen das Holz. Scheiben zersprangen. Das Gebrüll der Sansculotten wurde immer schrecklicher. Ich sah mich um, und mit einem Sprung war ich unter einer hölzernen Pritsche, auf der wir uns sonst ausruhten. Im gleichen Augenblick flog die Tür auf. Ich wagte nicht zu atmen. Vor meinen Augen hatte ich die schmutzigen bloßen Füße der Sansculotten. Ich hörte, wie sie die Spinde aufrissen und begeistert waren, dass sie sich vieler Waffen bemächtigen konnten. Das hat sie abgelenkt. Keiner kam auf die Idee, unter die Bank zu blicken. Ich weiß nicht, wie lange es dauerte. Mir kam es endlos vor. Aber irgendwann zogen sie ab, ohne mich bemerkt zu haben.«

Ludovike lächelte. »Manchmal kann es eben auch ein Vorteil sein, wenn man nicht zu groß gewachsen ist.«

Georg gab das Lächeln zurück. »Aber es hilft eben nicht immer. Mein Abenteuer war nämlich damit noch nicht ausgestanden. Ich versuchte mich zu einem Freund durchzuschlagen, kam aber nicht weit. Nahe beim Schloss war ich plötzlich umringt von einer Meute aufgebrachter bewaffneter Bürger. Ich trug ja noch die Uniform der Nationalgarde. Wegen meines Akzents hielten sie mich für einen Schweizer. Auf einmal war ich ihr Feind. Sie überwältigten mich und zerrten mich in einen düsteren Hinterhof. In meiner Todesangst fiel mir ein, dass ich in meiner Hosentasche noch immer dieses Empfehlungsschreiben der Straßburger Jakobiner hatte. Ich schrie: ›Haltet ein. Ich bin einer von euch, und ich kann es euch beweisen.‹ Für einen Moment wurde es ruhig. Ich gab dem Anführer das Papier. Der starrte ratlos darauf und wandte sich dann zu den anderen um: ›Kann einer von euch lesen?‹ Aber dazu wollte sich zunächst keiner bekennen. Ein Mädchen, das neugierig das Theater verfolgte, meldete sich schüchtern. ›Moi!‹

›Komm her!‹ befahl der Anführer und reichte ihr die Papiere. Und so wurde das Lob der Straßburger Jakobiner auf den Kameraden Georg Kerner aus Stuttgart von einem einfachen Pariser Mädchen vorgelesen. Und plötzlich haben meine Peiniger mir applaudiert und mir auf die Schulter geklopft – war ich doch einer von ihnen.«

»Wenn die gewusst hätten, dass Sie eigentlich gar kein Jakobiner mehr sind ... – was sind Sie eigentlich jetzt?«, fragte Ludovike.

»Ich bin immer ich. Nicht ich, die Parteien wechseln ihre Farbe wie die Chamäleons. Übrigens tue ich etwas für meine medizinische Weiterbildung. Ich arbeite im dänischen Krankenhaus.«

»Das ist gut! Gratuliere!«

»Von irgendetwas muss ja auch der Revolutionär leben.«

»Davon können Sie leben?«

»Nicht nur davon. Ich schreibe auch für die ›Hamburgische Neue Zeitung‹. Die gibt ein Herr Klopstock heraus. Übrigens ein Bruder des Dichters. Sehr republikanisch, das heißt für wenig Honorar. Aber Rettung ist in Sicht. Neulich hat mir unser Freund Karl Friedrich Reinhard in Aussicht gestellt, ich könne eventuell bei ihm arbeiten. Er werde vermutlich demnächst einen einflussreichen Posten im Außenministerium übertragen bekommen.«

»Den hat er doch schon«, wusste Ludovike. »Er ist seit Kurzem einer der Büroleiter im Auswärtigen Amt.«

»Im Ernst? Da muss ich ihn aber rasch ansprechen. Wir sehen uns ja gelegentlich beim Essen bei Billotte. Wenn er mich tatsächlich aufnehmen würde, könnte ich bestimmt etwas für meine Ideen tun und wäre gleichzeitig dem mörderischen Streit der Parteien entzogen.«

»Eine kluge Entscheidung!«, rief Ludovike begeistert. »Ich kenne unseren Landsmann Reinhard gut. Er ist ein Mann, der sich durch sein treffliches Herz, seinen erhabenen Geist und seine umfassenden Kenntnisse vorteilhaft auszeichnet. Stammt er nicht aus der gleichen Gegend wie Sie?«

»Doch, doch. Reinhard kommt aus Schorndorf und ich komme aus Ludwigsburg. Die Orte liegen nur ein paar Meilen auseinander.«

»Und Schiller ...«

»Kommt aus Marbach«, Kerner lachte, »das ist auch gleich um die Ecke!«

Schon am nächsten Tag um die Mittagszeit betrat Georg Kerner die Terrasse von Billottes berühmtem Restaurant, direkt an der Seine. Er sah sich suchend um und entdeckte an einem Tisch unter einem Sonnenschirm Graf Gustav von Schlabrendorf in angeregtem Gespräch mit Emmanuel Sieyès, einem Mitglied des Verfassungsausschusses. Beide gehörten zu Reinhards Freundeskreis. Der Graf wurde auf Kerner aufmerksam und winkte ihn mit einer einladenden Geste heran. »Hierher, junger Mann, setzen Sie sich. Sie sind natürlich eingeladen.«

»Zu viel der Güte«, sagte Kerner, indem er sich verbeugte.

»Papperlapapp. Sie haben doch nichts, und mir geht's gut. Ich bin ein Freund des Teilens.« Dann rief er laut: »Monsieur Billotte, ein Gedeck mehr und nochmal einen halben Liter Roten.«

Sieyès meldete sich. »Wir haben uns grade über die Zukunft der rechtsrheinischen Gebiete unterhalten. Sie kennen den jüngsten Beschluss des Nationalkonvents?«

Georg Kerner setzte sich. »Wenn ich ehrlich bin ...«

»Ist auch nicht so wichtig. Aus diesen Entschlüssen wird sowieso nie etwas.« Schlabrendorf winkte geringschätzig ab.

»Trotzdem würde es mich interessieren.« Kerner sah

Schlabrendorf fragend an. Der Graf saß breitbeinig auf seinem Stuhl, die Ellbogen lagen weit ausgestellt auf dem Tisch. Die Spitzen seines ungepflegten Bartes reichten bis unter die Tischkante. Seine wilden Haare ließen nicht allzu viel von seinem Gesicht erkennen. Allgemein nannte man ihn den Diogenes von Paris. »Sieyès wird es Ihnen erklären, wenn es Ihnen denn so wichtig ist.«

»Nun, im Wesentlichen geht es darum, dass der Konvent im Namen der französischen Nation allen Völkern, die ihre Freiheit erlangen wollen, Brüderlichkeit und Hilfe gewährt. Und die Generäle werden beauftragt, die notwendigen Befehle zu geben, um den Völkern diese Hilfe zu leisten.«

»Worte, nichts als Worte«, knurrte der Graf.

»Aber das ist genau das, was ich mir für mein Vaterland Württemberg erhoffe, dass die französischen Truppen helfen, uns von der Sklaverei des Feudalismus zu befreien«, rief Georg Kerner begeistert.

»Gefährliche Träume!« Unbemerkt von den drei Männern war Karl Friedrich Reinhard an den Tisch getreten. Er hatte die letzten Sätze gehört. »Keine Expansion! – Die natürlichen Grenzen Frankreichs sind im Westen von den Pyrenäen und im Osten vom Rhein vorgegeben.« Reinhard setzte sich. »Württemberg muss man anders helfen und nicht mit Truppen. Guten Tag, die Herren!«

»Aber in Württemberg gibt es eine revolutionäre Stimmung. Die muss man ausnutzen«, sagte Kerner.

Das Gespräch wurde unterbrochen, weil der Wirt den Wein brachte und ansagte, was seine Küche zu bieten hatte. Sie entschieden sich alle für das Coq au Vin. Schlabrendorf meldete sich zu Wort: »Ein Gutes hat ja die Revolution: Man kann in immer mehr Restaurants vorzüglich essen.«

»Was hat das mit der Revolution zu tun?«, fragte Kerner.

»Die brotlos gewordenen Köche aus den guten adligen Häusern machen nun eigene Lokale auf und kochen fürstlich für jeden …«

»Na ja, für jeden, der es bezahlen kann«, warf Reinhard ein. »Aber zurück zur Politik. Stimmungen können sich schnell ändern, Herr Kerner. Das erleben wir hier in den letzten Wochen.«

»Unsere Idee für Württemberg sieht anders aus«, mischte sich nun Sieyès ein. »Realistisch gesehen ist Württemberg ein Pufferstaat zwischen den Großmächten Frankreich und Österreich. Und Karl Friedrich denkt für die Zukunft an eine neutrale schwäbisch-schweizerische Republik. Das ist doch eigentlich auch in Ihrem Sinne, oder, Herr Kerner?«

»Wenn es denn eine Republik wäre.«

Schlabrendorf sagte: »Die Schweizer haben ja eine gewisse Übung als Republikaner.«

Kerner korrigierte: »Na ja, es sind gemäßigte Republikaner. Revolutionäre sind sie nicht gerade.«

»Immerhin haben sie sich von den Habsburgern befreit«, rief Sieyès.

Schlabrendorf kostete den Wein und wiegte den Kopf hin und her: »Geht so.«

Dann beugte er sich zu Reinhard hinüber. »Du suchst doch noch gute Leute für deine Abteilung.«

»Schon!«

»Na dann! Hier sitzt einer. Spricht fließend Französisch, wenn auch mit schwäbischem Akzent, ist ein kluger politischer Kopf … na ja, ein bisschen ein Feuerkopf. Aber der Diplomat bist ja du. Das müsste doch zusammenpassen.«

Sieyès rief. »So ist er, unser guter Schlabrendorff: Lebt

von seinem Geld, spielt von Zeit zu Zeit den Eremiten und verteilt gratis gute Ratschläge, für die ihn nachher niemand verantwortlich machen kann.«

Reinhard sah Kerner forschend an. »Würde Sie denn so eine Aufgabe interessieren?«

Und so begann die lebenslange, wenngleich nicht unproblematische Freundschaft zwischen Karl Friedrich Reinhard und Georg Kerner. Wo auch immer Reinhard in den nächsten Jahren in diplomatischen Diensten tätig war, begleitete ihn Kerner als seine rechte Hand. Er war freilich kein Beamter der Französischen Republik, sondern nur der Privatsekretär Reinhards. Auch als dieser ein Jahr später, 1795, französischer Gesandter bei den Hansestädten Hamburg, Bremen und Lübeck wurde, war Kerner an seiner Seite. Und als der Gesandte kurz nach seiner Ankunft in Hamburg Christine Reimarus heiratete, war Kerner sein Trauzeuge. 1797 wurde Reinhard zum französischen Gesandten in Florenz ernannt und bat Kerner, ihn auch dorthin zu begleiten.

Maulbronn – Auf dem Weg ins Großherzogtum Toskana

Auf ihrer Reise nach Italien 1798 machten Reinhard, dessen Frau Christine und Georg Kerner an einem sonnigen Frühlingstag in Maulbronn Station.

»Dünn bist du geworden«, rief die Mutter aus, als sie ihren Georg in die Arme schloss. »Hast du denn nicht genug zu essen in deinem Frankreich. Man hört ja schreckliche Dinge, dass dort alles drunter und drüber geht.«

Nach dem Weggang des Hofes nach Stuttgart war Ludwigsburg, die nun ehemalige Residenzstadt, in einen permanenten Winterschlaf gefallen. Die Einwohnerzahl war beträchtlich gesunken, denn die bessere Gesellschaft zog es dahin, wo der Herzog Hof hielt. Ludwigsburg war zwar Garnison geblieben, aber für einen Oberamtmann war nicht mehr viel zu tun. So hatte sich Georgs Vater nach Maulbronn versetzen lassen. Seinen geliebten Garten, in dem er seinen botanischen Interessen nachgegangen war, konnte er gegen einen noch schöneren eintauschen. Seine Frau allerdings vermisste den vertrauten Umgang mit den Freunden, obwohl Ludwigsburg und Maulbronn nur eine gute Stunde voneinander entfernt waren. Nach und nach hatten auch die Kinder, bis auf Justinus, den Jüngsten, das elterliche Nest verlassen, und so zählte sie die Tage, Stunden und Wochen, bis endlich wieder einmal einer ihrer Söhne oder die Töchter bei ihr auftauchten. Bei Georg war das eine Besonderheit, denn der trieb sich ja überall in der Welt herum. Ihr Zweitältester Karl dagegen, der mittlerweile zum Leutnant avanciert war, kam so oft er konnte aus seiner Garnison in Ludwigsburg herübergeritten, um die Eltern zu besuchen.

Und nun war endlich auch ihr Liebling und stetiges Sorgenkind Georg wieder einmal gekommen. Er hätte es sicher öfter möglich machen können, dachte die Mutter, aber sie wusste auch, wie schlecht das Verhältnis zwischen Vater und Sohn war. Und jetzt, da sich die militärischen Auseinandersetzungen mit Frankreich, in die auch Württemberg verwickelt war, verschärft hatten, stand Georg für seinen Vater erst recht auf der falschen Seite.

»Und wie geht es Auguste?«, fragte die Mutter. Nun war der Sohn so lange mit der Frau verlobt, aber zur Heirat war es in all den Jahren nicht gekommen. »Ich weiß es nicht. Sie hat mir verboten, zu schreiben«, antwortete Georg knapp. Und um das Thema nicht weiter verfolgen zum müssen, sagte er schnell: »Ich habe gute Freunde mitgebracht: Karl Friedrich Reinhard und seine Frau. Wir reisen gemeinsam nach Florenz. Er wird dort Gesandter Frankreichs und ich arbeite als sein Sekretär für ihn.«

»Und wo sind sie jetzt?«

»Im Goldenen Ochsen, ich wollte euch erst mal alleine besuchen. Wie geht es denn Vater?«

»Ach, Georg«, seufzte die Mutter, »nicht gut, nicht gut. Du findest ihn im Amtszimmer. Er wird sich freuen, wenn du ihn überraschst – vielleicht. Aber reg' ihn nicht auf. Am besten, ihr redet nicht über Politik. Seit der Besetzung durch die Franzosen ist er noch schlechter auf Paris zu sprechen.«

»Ich will es versuchen, versprechen kann ich es nicht, schließlich leben wir in Zeiten, in denen alles irgendwie politisch ist. Aber ich komme ja nicht aus Paris, sondern aus Hamburg, und gehe auch nicht nach Paris, sondern nach Italien, also kann es so schlimm nicht werden zwischen uns.« Er drückte seine Mutter noch einmal fest an sich und verließ die Küche.

Die Oberamtei von Maulbronn war ein stattliches Gebäude, einstmals als Jagdschlösschen für den Herzog von dem hoch angesehenen Architekten Schickhardt erbaut, geschmückt mit zwei Türmchen, umgeben von einem weitläufigen Garten. In allen Räumen befanden sich mächtige Bücherregale mit überwiegend naturwissenschaftlichen Werken, Teile der riesigen Bibliothek, die sich der Vater, Christoph Ludwig Kerner, über die Jahre angeschafft hatte. Seine besondere Vorliebe galt der Geographie, und so enthielt seine Büchersammlung, die über das ganze Haus verteilt war, viele Reisebeschreibungen, auch in französischer Sprache. In einem repräsentativen großen Raum, dem sogenannten Staatszimmer, war die umfangreiche Gemäldesammlung untergebracht: Landschaften, aber auch See- und Tierstücke, oft auch Kopien alter Meister. Das eigentliche Amtszimmer befand sich im Erdgeschoss, und rechts davon gab es noch ein weiteres Bibliothekszimmer, genau dort, wo ehemals nach den Jagden das Wild zerlegt worden war.

Der Vater sah auf, als sich nach kurzem Klopfen die Tür öffnete, noch ehe er hatte »Herein!« rufen können. Er kniff die Augen zusammen, stemmte sich auf die Armlehnen seines Schreibtischstuhls und kam ächzend zum Stehen.

»Sehe ich das richtig? Unser verlorener Sohn! Wo kommst du denn her?«

Mit unsicheren Schritten ging der Vater um seinen Schreibtisch herum und breitete die Arme aus.

»Ich wollte dich überraschen.« Georg bewegte sich noch nicht auf den Vater zu.

»Na, das ist dir gelungen! Komm endlich her!«

Die Umarmung geriet eher ungeschickt und flüchtig, und die beiden Männer gingen schnell wieder auf Distanz zueinander. Georg hatte sich vorgenommen, die seltene Gelegenheit zu einer Aussprache zu nutzen. Zu vieles hatte sich seit seiner Kindheit in ihm aufgestaut und war niemals zur Sprache gekommen, all die Schläge, die ungerechte Behandlung und die unverhältnismäßige Strenge. Nun stand der Mann, den er so kräftig und übermächtig in Erinnerung hatte, wie ein Schatten seiner selbst vor ihm. Offenbar hatte sich sein Magenleiden weiter verschlimmert. Er war in sich zusammengefallen. Eine hagere Gestalt, das bleiche Gesicht von tiefen Falten durchzogen. Der Arzt in Georg sah auf den ersten Blick, dass der Zustand seines Vaters nichts Gutes für die Zukunft erhoffen ließ, und so ersparte er es sich auch, zu fragen wie es ihm gehe. Er konnte es ja sehen. Er beschloss, den Gedanken fallenzulassen, den Vater wegen seiner Strenge und seinen Ungerechtigkeiten zur Rede zu stellen.

Christoph Ludwig Kerner nahm seinen Sohn in den Blick. »Ach Georg, mein Sohn, wie kommst du dir denn nun vor in deiner Heimat, hier bei deinen Feinden?«

»Ich sehe weit und breit keine Feinde, lieber Vater.«

»Setzen wir uns.« Unter einem breiten Sprossenfenster standen zwei bequeme Sessel, in denen sie sich nun niederließen. »Ich habe dir ja nach Paris geschrieben, wie deine französischen Soldaten hier bei uns gehaust haben. Es war kein schöner Anblick. Und noch viel weniger eine Empfehlung für euer neues Frankreich.«

»Das will ich dir gerne glauben«, erwiderte Georg. »Aber du musst auch wissen, dass ich mich mit meinen bescheidenen Kräften immer bemüht habe, das Beste für Württemberg zu erreichen.«

»Das Beste für Württemberg wäre es gewesen, wenn alles so geblieben wäre, wie es war. Und überhaupt ist Frieden das Beste! Deine Französische Republik ist zu sehr auf Blut gebaut, und in diesem Strom von Blut werdet ihr eure sogenannte Freiheit noch ersäufen. Euer Traum ist ein böser Traum, wehe wenn ihr daraus erwacht.«

»War die Besatzung hier denn wirklich so schlimm, Vater?«

»Vor mir hatten sie Respekt, ich spreche ja auch ihre Sprache ganz gut. Und Justinus hat sie angehimmelt, für ihn war es das große Erlebnis, diese Kerle mit den schönen Uniformen.«

»Württemberg hätte sich halt mit der Französischen Republik arrangieren sollen.«

»Unsinn!« In das bleiche Gesicht des Vaters kam etwas Farbe.

Georg wollte das Thema wechseln und fragte deshalb unvermittelt: »Wie geht es eigentlich meinem Bruder Louis?«

»Er hat sich zum Glück nicht von dir verlocken lassen, auch noch den Revolutionär zu spielen. Wie du wollte er den rutschigen Freiheitsbaum hinauf, aber es fehlt ihm deine Leichtigkeit, und deshalb wird er immer wieder auf dem Hosenboden landen. Der soll Pfarrer werden, das kann er und sonst nichts.«

Georg sagte: »Er wollte doch Kaufmann werden.«

Zum ersten Mal huschte ein Lächeln über das Gesicht des Vaters. »Ich habe ihn nach Frankfurt mitgenommen zu meinem Freund Speck, der in einer finsteren Gasse einen Spezereienhandel betreibt. Angesichts der Salz- und Farbfässer und all des Drecks dort schien ihm dieser Beruf mit einem Mal nicht mehr ganz so attraktiv. Leider hat er sich dann an dich erinnert. Er wollte nicht mehr länger ...«, und nun zitierte der Vater den Sohn Louis mit einem gepfefferten Schuß Sarkasmus, »im ›Kerker des theologischen Stifts in Tübingen schmachten. Die Erde raucht von Tyrannenblut‹, hat er mir mitgeteilt, und er meinte, dass die Zeit gekommen sei, da ein jeder, also auch er, nur noch freier Weltbürger werden sollte.«

»Aber dann ist er doch in Tübingen geblieben.«

»Das ist er. Ich habe ihm geschrieben: ›Du bist ein lächerlicher Junge. In Paris würde es dir ergehen wie in Frankfurt, als du die schmutzigen Ölfässer gesehen hast, nur dass die Köpfmaschinen dich noch wirkungsvoller abschrecken würden. Und außerdem solltest du mehr als *Vive la liberté* und *Vive la nation* auf Französisch sagen können.‹ Deine Mutter hat ihm zum Trost ein Kuchenpaket geschickt. Vielleicht war es das, was bei ihm ein Umdenken bewirkt hat. Überhaupt kommt Louis nach seiner Mutter. Er ist zu gutmütig. Und dazu kommt: Er ist auch noch ängstlich.«

»Dann ist ja alles im Lot.« Georg mochte die Debatte mit seinem kränkelnden Vater nicht weiterführen, aber Christoph Ludwig fuhr fort: »Nur dein Bruder Karl macht mir Freude. Er kämpft tapfer gegen die Franzosen für unsere gute württembergische Sache, was man von dir nicht behaupten kann.«

»So sind die Zeiten«, erwiderte Georg gelassen.

Der Vater erregte sich: »Du nimmst das als von Gott gegeben, oder was? Ihr Brüder, meine Söhne, steht euch als Feinde gegenüber. Man braucht nicht allzu viel Phantasie, um sich vorzustellen, dass ihr euch im Feld begegnet, aufeinander schießt und einer den anderen tötet.«

»Du vergisst, dass ich kein Soldat bin, und ich werde wohl auch nie einer werden.«

»Trotzdem!« Der Vater erhob sich mühsam aus seinem Sessel und trat ans Fenster. Er öffnete einen Flügel und sog die Luft tief in die Lungen. »Mir geht es nicht gut«, sagte er.

Auch Georg stand auf und trat neben ihn. »Ich werde dich nachher untersuchen, wenn du erlaubst.«

Der Alte hob abwehrend die Hände. »Nur das nicht! Ich habe einen guten Arzt. Und du bist ja dieser Profession nie richtig nachgegangen.«

»Irrtum, Papa. Ich hab nie aufgehört, mich als Mediziner weiterzubilden. Eines Tages werde ich nur noch als Arzt arbeiten.«

»Das kann ich nicht glauben.« Der Vater wollte das Fenster wieder schließen, hielt dann aber plötzlich mitten in der Bewegung inne. »Das könnte er sein!«

Der Hufschlag eines Pferdes war zu hören.

»Du meinst Karl?«

»Ja, er kommt oft von Ludwigsburg herübergeritten. Wenigstens einer, der sich um seine alten Eltern kümmert.«

Georg überhörte den Vorwurf. Der Reiter bog jetzt in den Hof ein. Er trug die Uniform der württembergischen Armee und die Zeichen eines Leutnants. Unter dem Fenster hielt er das Pferd an und sprang von dessen Rücken. »Bist du's tatsächlich, Bruderherz?«, rief er. »Das ist ja eine Überraschung!« Ein Bedienter kam aus dem Haus. Karl übergab ihm das Pferd, einen schwarzen Hengst mit einer weißen Blesse auf der Stirn. Wenige Augenblicke später kam er ins Dienstzimmer seines Vaters und schloss seinen Bruder in die Arme. »Na, du Franzos'!« rief er lachend.

»Darüber macht man keine Witze«, sagte der Vater streng.

Aber Karl achtete nicht darauf. »Wie kommt's, dass du so überraschend hier bist?«

Georg erklärte, er sei mit dem französischen Gesandten Reinhard auf dem Weg nach Florenz.

»Ist er auch hier?«, fragte sein Bruder.

»Ja, und seine Gattin. Ich denke, dass wir uns heute Abend sehen. Bleibst du über Nacht?«

»In dem Fall: ja. Ich hab so viel über diesen Reinhard gehört, da werde ich mir doch nicht entgehen lassen, ihn kennenzulernen.«

Der Vater kam sich plötzlich vor, als hätten ihn seine Söhne vergessen. Er räusperte sich. »Hast du ihn etwa zu uns eingeladen?«, fragte er Georg.

»Noch nicht, aber ich würde es gerne tun, wenn ihr damit einverstanden seid.«

»Wer wird da schon etwas dagegen haben?«, brummte der Alte, und es sah nicht so aus, als würde er diesen Fortgang des Geschehens begrüßen.

»Vorher schauen wir aber noch nach Christian, unserem Jüngsten«, sagte Karl.

Justinus' zweiter Vorname war Christian, denn sein erster war nicht christlich, und die gläubige Mutter hatte deswegen darauf bestanden, dem Jungen einen weiteren zu geben. Seine Brüder riefen ihn deshalb meistens auch Christian.

Justinus Christian hauste in einem kleinen Erkerzimmer, umzingelt von den Bücherregalen seines Vaters mit den naturwissenschaftlichen Werken, die der Oberamtsrat so obsessiv sammelte. Der ständig kränkelnde Nachzügler, elf Jahre jünger als Karl und 16 Jahre jünger als sein ältester Bruder Georg, war das Sorgenkind der Familie. Die beiden Älteren traten leise ein. Der Zwölfjährige bemerkte sie nicht. Er kniete am Boden. Auf einem dicken Blech brannte ein kleines Feuer. Darüber drehte der Junge ein Reagenzglas mit einer grünen Flüssigkeit. Das Glas hielt er mithilfe einer Wäscheklammer, um seine Finger nicht der Hitze auszusetzen.

»Was wird denn das, wenn's fertig ist?«, fragte Karl belustigt.

Justinus sah nur kurz auf. »Das weiß ich erst, wenn das Experiment …« Er unterbrach sich; denn erst jetzt wurde ihm bewusst, wer da neben Karl stand. Justinus sprang auf, ließ das Glas fallen, das prompt am Boden zerschellte, und sprang Georg in die Arme. Der drückte den Kleinen herzlich, schob ihn dann aber auf Armlänge von sich und sah ihn aufmerksam an. »Bist du immer noch krank?«

»Ein bisschen.«

»Die Magersucht ist offenbar nicht besser geworden.«

»Kann ja nichts bei mir behalten«, sagte der Junge mit gesenktem Kopf. »Und kein Doktor kann mir helfen.«

»Dann gehst du also auch immer noch nicht in die Schule?«

»Nein, ich habe nur meine Privatlehrer. Den Lateinlehrer Braun in Knittlingen zum Beispiel. Ich kann euch gar nicht sagen, wie langweilig es bei dem ist. Aber die anderen sind auch nicht viel besser. Über den Kunstlehrer kann man wenigstens lachen, weil er sich ständig mit Farbe bekleckert.«

»Wir müssen mit den Eltern darüber reden«, sagte Georg. Karl winkte ab. »Du kennst unseren Vater. Versuche lieber gar nicht erst, ihn zu belehren.«

Am Abend versammelten sich die Kerners und das Ehepaar Reinhard um den großen Tisch im sogenannten Staatszimmer.
»Das sieht ja entzückend aus!« Mit diesem Ausruf bedachte Christine, Reinhards frisch angetraute Gattin aus Hamburg, die Tischdekoration. Mit einem »Darf ich?«, hob sie einen der Teller ins Licht »Ich weiß, es gehört sich nicht, aber bei einem so schönen Porzellan kann ich einfach nicht widerstehen.«

»Es ist unser Ludwigsburger Porzellan«, sagte die Hausfrau stolz, und ihr Mann fügte hinzu: »Die Manufaktur hat Herzog Carl Eugen vor dem Ruin gerettet, als er sie in den Staatsbesitz übernommen hat.« Die Hausfrau lächelte und verkniff sich den Hinweis, dass sie die Anschaffung des kostbaren Porzellans seinerzeit gegen den entschiedenen Widerstand ihres Mannes durchgesetzt hatte – und zwar vor allem mit dem Argument, dass auch ein Oberamtmann etwas zur Rettung der heimischen Porzellanindustrie beizutragen habe.

Karl Friederich Reinhard sah die beiden Frauen an. Wie leicht hatten sie es doch, sich näherzukommen. Und wie geschickt war seine junge Frau im Umgang mit diesen neuen Bekannten. Im Nu hatte sie sich ins Herz der Hausfrau Friederike Luise eingeschlichen. Ihm selbst war bewusst, dass er sich als diplomatischer Vertreter der französischen

Revolutionsregierung auf schwierigem Terrain befand. Hier, sozusagen in Feindesland, konnte er mit einer herzlichen Aufnahme nicht rechnen. Reinhard war klar: Dem Vater seines Freundes Georg galt er als Knecht Bonapartes und – schlimmer noch – als Verführer seines Sohnes Georg, den der Diplomat vom geraden Weg abgebracht hatte.

Aber Karl Friedrich Reinhard gewann im Laufe des Abendessens den Respekt, wenn auch nicht gleich die Zuneigung der Eltern. Mit ernster Würde, die ihn wesentlich reifer erscheinen ließ als seine knapp vierzig Lebensjahre, und mit wohldosiertem Lob für Georg, der sich in Paris dank seiner Begabung schnell Liebe und Ansehen verschafft habe, nahm er die Eltern nach und nach für sich ein.

Die Gäste waren von der Maultaschensuppe regelrecht begeistert und aßen mit gutem Appetit. Für Christine war die Speise etwas Exotisches, und sie betonte, selten etwas Besseres gegessen zu haben. Bei Karl Friedrich Reinhard weckten die Maultaschen Erinnerungen an seine Kindheit. Er wandte sich an den Hausherrn. »Wissen Sie, verehrter Herr Kerner, dass mir Maulbronn durch meine frühen schulischen Wege wohlvertraut ist? Die Klosterschule hier führte mich direkt zum Theologiestudium nach Tübingen.«

»Ach, Sie sind Theologe?«

»Von der Ausbildung her schon, aber ich habe früh gemerkt, dass das Predigen, Taufen und Beerdigen nicht meine Berufung war. Ich habe mich nach dem Abschluss in die Schweiz und dann nach Bordeaux aufgemacht, als Hauslehrer.«

Christoph Ludwig Kerner schob seinen Suppenteller von sich. »Und bei Frankreich ist es dann also auch geblieben.

Dabei brauchen wir hierzulande jeden begabten Menschen dringend.«

Reinhard ging nicht darauf ein. Er blieb bei seinem Thema: »Ich habe Christine all die Stätten und Wege meiner Schulzeit in Maulbronn gezeigt. Es ist ein ganz eigenes Gefühl, nach so langer Zeit die Wege noch einmal zu gehen, die man als Kind gerannt ist.«

»Nur die Klostertracht, die er damals trug, und in der er sicher sehr merkwürdig ausgesehen hat, die konnte er mir nicht zeigen«, sagte Christine lachend.

»Ja, die Seminaristen sind in der Frühlingsvakanz«, erklärte der alte Kerner, »sonst wären Sie sicher dem einen oder anderen Schüler in seiner typischen Kutte begegnet.«

Nachdem sie schweigend und mit sichtlichem Behagen den frischen Spargel mit Kartoffeln und einem kleinen Schnitzel verzehrt hatten, und Christine pflichtschuldigst bei der Hausfrau das Rezept für die »köstliche Sauce Hollandaise« erbeten hatte, ergriff der Hausherr das Wort und lenkte das bisher bewusst unverfänglich gehaltene Gespräch in ernstere Bahnen. Er beugte sich zu Reinhard hinüber: »Wie sehen denn Sie die Beziehungen zwischen Ihrem einstigen und Ihrem jetzigen Vaterland?«

Friederike Luise sah ihren Mann missbilligend an. Politisieren bei Tisch, auch noch in Damengesellschaft, gehörte sich ganz und gar nicht. Aber Reinhard schien so etwas erwartet zu haben. Er nahm einen Schluck aus dem Glas, nicht ohne den Inhalt zu loben. Dann sagte er mit seiner angenehm melodiösen Stimme: »Ihr Sohn Georg – entschuldige, dass ich unautorisiert für dich das Wort ergreife –«, fügte er mit einem Seitenblick auf den ganz gegen seine Gewohnheiten stumm Dasitzenden hinzu, »ist ein gutes Beispiel für die derzeitige Zerrissenheit in den europäischen Zuständen, aber auch für eine glänzende Zukunft. Georg verbindet – wie ich übrigens auch – zwei Loyalitäten in seiner Person: Württemberg und Frankreich. Württemberg verkörpert – noch – das Alte.« Der ablehnenden Reaktion des Vaters kam er schnell zuvor: »Das gute Alte wie das schlechte Alte. Wenn es Ihrem Herzog heute einfällt, den Beistandsvertrag mit Österreich zu kündigen, reitet Ihr Sohn Karl morgen mit Frankreich gegen Österreich.«

»Das war doch immer so«, warf der Vater ein.

»Trotzdem«, meldete sich Karl, »bizarr ist das schon. Meine heutigen Kampfgenossen …«

»Werden morgen von dir tot geschossen«, unterbrach Georg.

»Ja, es ist schon so«, nahm wieder Reinhard das Wort: »Wenn Ihr Herzog die Seiten wiederum wechselt, dreht auch Ihr Sohn Karl seine Kanonen in die andere Richtung. Er ist, wie Sie, seinem Herrscher verpflichtet und hält seinen Eid. Georg aber ist kein Soldat. Er ist auf dem Weg zum Weltbürger. Er will mit Frankreich Württemberg in die neue Zeit führen, natürlich verpflichtet seinem König, aber einem König, der wiederum einer Verfassung verpflichtet ist, nach der wir alle ›ein einig Volk von Brüdern‹ sein wollen, wie es im uralten Rütlischwur heißt.« Er nahm wieder einen Schluck: »Wirklich, superb Ihr Weißer.«

Christoph Ludwig wollte antworten, aber zur Erleichterung der Tischgesellschaft öffnete sich die Tür, und herein trat ein junger Bursche in der Kuttentracht eines Klosterzöglings und überreichte Christine Reinhard mit einer

Verbeugung einen Frühlingsblumenstrauß. Es war Justinus, den der Vater gebeten hatte, sich mit einer Internatsuniform zu verkleiden. Das Hallo der Gäste über diese gelungene Überraschung war groß.

Der Aufenthalt dauerte noch ein paar Tage, und das Verhältnis zwischen den Reinhards und den Kerners wurde in dieser kurzen Zeit immer herzlicher. Als sich die Reisegesellschaft schließlich verabschieden musste, nahm Frau Kerner den Freund ihres Sohnes noch einmal kurz zur Seite. »Bitte, passen Sie gut auf meinen Buben auf, Herr Reinhard. Er ist oft so ungezügelt, was in diesen schlimmen Zeiten schnell gefährlich werden kann.«

Reinhard nahm ihre Hände in die seinen. »Das verspreche ich Ihnen.«

Georg verabschiedete sich schweren Herzens von seinen Eltern. Er hatte das Gefühl, sich mit seinem Vater beinahe ausgesöhnt zu haben, aber eine gewisse Distanz war doch geblieben. Das schmerzte ihn umso mehr, als sein unbestechlicher medizinischer Eindruck war, dass er den Vater niemals wiedersehen werde. Ein paar Augenblicke standen sie voreinander. Und dann war es der Sohn, der den Vater in seine Arme zog und eine ganze Weile festhielt. »Alles Gute für dich, Papa!«

Der Vater räusperte sich. Mit belegter Stimme antwortete er: »Mach mir keine Schande, Georg.« Dann ließen sie einander los und traten beide zwei Schritte zurück. Jetzt sah Georg, dass Tränen über die Wangen des Vaters rollten.

Die drei Reisenden stiegen ein. Der Kutscher knallte mit der Peitsche, und die Chaise rollte aus dem Hof des ansehnlichen Maulbronner Anwesens.

Der Vater trat zu Karl. »Warum kann er nicht sein, wie du?«

»Du meinst Georg?« Und dann sagte Karl etwas, was ihn selbst überraschte: »Eine Verfassung, in der Rechte und Pflichten der Herrschenden genauso wie die der Beherrschten niedergeschrieben wären ... – das ist doch eigentlich eine gute Idee.«

»Eine Idee aus Frankreich?« Der Oberamtmann schüttelte sich. »Aus dem Feindesland jenseits des Rheins. Bist du verrückt?«

»Und was geschieht, wenn unser Herzog eines Tages tatsächlich mit den Franzosen paktiert?«

»Dazu wird es niemals kommen, mein Sohn. Niemals!«

Bewegte Tage in Florenz

Die Kutsche hielt in der Via Porta a Pinti vor den Toren des Palastes Ximénès d'Aragon. Ungläubig starrten sie auf die weitläufige Palastanlage. »Und da werden wir wohnen?«, fragte Kerner.

»Jedem das Seine«, meinte Reinhard, »wir kommen immerhin aus Maulbronn, vom Schloss deiner Eltern.«

Kerner musste lachen. »Das sind ja dann doch noch Unterschiede. Schau dir das an!« Vor ihnen lag der Garten mit den Orangeriegebäuden, der Blick ging weit über Felder, Gärten und Landhäuser bis zum Gebirgszug des Apennin.

»Die angemessene Residenz für zwei echte französische Republikaner aus Schwaben«, sagte Christine, leichte Ironie in der Stimme.

Ein elegant aristokratisch wirkender Mann Mitte dreißig eilte die ausladende Treppe herunter. »Willkommen!« Es war der Legationssekretär Jean Jacob. Ihm folgte eine Reihe von Bediensteten, die sich um das Gepäck der Ankömmlinge kümmerten.

»Wo willst du hin?«, rief Reinhard plötzlich, als er sah, wie sein Freund Kerner mit ausgreifenden Schritten davon strebte.

»In die Stadt. Wir sind immerhin in Florenz, der Heimat Michelangelos und so vieler große Künstler. Ich will das alles sehen.«

Kopfschüttelnd sahen die beiden anderen ihm nach. Reinhard zuckte die Achseln. »So ist er halt. Wir richten uns jetzt erst einmal häuslich ein.«

Als Georg Stunden später zurückkam, war, wie so oft bei ihm, die anfängliche Euphorie verflogen. Interessiert fragte Christine: »Na, hast du gefunden, was du gesucht hast?«
Kerner stöhnte. »Auch in Florenz ist nicht alles Gold, was glänzt. Scharen von Bettlern überall und Scharen von schwarzen Brüdern und Pfaffen hab ich gesehen.«
Reinhard trat zu den beiden. »Du solltest dich in Acht nehmen, Georg. Vergiss nicht, wir sind in Feindesland, mitten im habsburgischen Großherzogtum Toskana. Es wimmelt von französischen Emigranten in der Stadt, die den Hass gegen uns verbreiten und zugunsten Englands intrigieren. Für uns wird das nicht einfach hier.«
»Aber in direkter Nachbarschaft haben wir doch die drei neuen italienischen Republiken«, entgegnete Georg Kerner, »die Cisalpinische, die Ligurische und die Römische.«
»Die sind aber ziemlich wackelig. Und die Leute hier, die Toskaner, sind zum größten Teil gegen jede politische Veränderung. Vielleicht sympathisieren ein paar Intellektuelle und Künstler mit unserer Revolution. Mehr aber auch nicht.«

Georg Kerner hatte sich auf die italienische Lebensart und Lebenslust gefreut, musste aber in den nächsten 14 Monaten die schwierigste Phase seines bisherigen Lebens durchmachen. Karl Friedrich Reinhard schickte seinen Sekretär kreuz und quer durch das Land, immer auf der Suche nach Methoden, die Italiener für Frankreich zu gewinnen.
Das kam Georg Kerner entgegen, denn er zog häufige

Ortswechsel und selbst die Reisestrapazen der monotonen Schreibtischarbeit vor. Davon konnte ihn auch ein gelegentlicher Sturz vom Pferd nicht abhalten. Kerner, ein ausgezeichneter Reiter, war meist mit Reinhards Lieblingspferd unterwegs, und dieser Hengst war ein temperamentvolles Tier, das auch den Gesandten schon öfter abgeworfen hatte. Christine schrieb einmal an ihre Mutter: »Um Sie zu beruhigen: Das fragliche Pferd ist verkauft worden, da Kerner dasselbe Schicksal gehabt hat wie Karl Friedrich, von dem Unterschied abgesehen, dass der Sekretär glücklicher zu fallen versteht als der Gesandte.«

Einer der vielen Ritte führte Kerner auch nach Rom, wo er von den Zuständen erschüttert war. »Wie sollte denn auch Harmonie herrschen?«, sagte er zu Reinhard nach seiner Rückkehr, »solange der unermessliche und skandalöse Kampf der Eigeninteressen tobt, da wird rücksichtslos geplündert. Gesetze werden nur der Form halber erlassen. Willkürakte werden als rechtmäßig ausgegeben. Und so etwas nennt sich nun Römische Republik.«

Als er von einer anderen Reise zurückkehrte, berichtete er: »Mailand ist das Theater der schändlichsten Verschwendungen, Livorno das Theater unseres öffentlichen Unglücks. Es ist schwer für einen Patrioten wie mich, dazu verdammt zu sein, die Flüche gegen Frankreich und die Regierung zu hören und nichts dagegen tun zu können. Im Gegenteil sogar gezwungen zu sein, die erbärmlichste Wahrheit zu unterschreiben.«

»Du bist nicht für diese Zustände verantwortlich, und man merkt, du bist eben auch kein Diplomat«, entgegnete ihm Reinhard. »Natürlich wäre es besser gewesen, wenn wir mit dem Aufteilen von Land unter die Masse von Dienern, Priestern und Bettlern begonnen hätten, um sie statt zur

Korruption zu nützlicher Arbeit zu bringen. Du hast ja am ersten Tag schon gesagt, es wimmele hier von schwarzen Brüdern und Pfaffen, warum soll das in Rom, Mailand oder Livorno anders sein. Aber wir sind hier nicht in Frankreich und können die Menschen nicht dazu zwingen, nach unserer Fasson zu leben – wenigstens noch nicht.«

Freilich hatten die Tage in der Toskana für Kerner auch ihre schönen Seiten. So lernte er Napoleons Schwester Pauline Leclerc kennen, von der er schwärmte: »Zart wie Seide, ernst wie eine angehende Hausmutter, schön wie eine Liebesgöttin, gut und sanft wie die Grazien, von denen sie, ohne es zu wissen, gewebt ist.« Die Faszination schien gegenseitig zu sein. Jedenfalls bereisten die beiden gemeinsam Oberitalien, besuchten Feste, und fielen, wie Christine ihrer Mutter nach Hamburg berichtete, beim Walzer als besonders schönes Paar auf.

Doch seiner wirklich großen Liebe begegnete Georg im Juni 1798, als er von Pisa aus einen Ausflug in die Berge Luccas unternahm: Rosa Gianetti war eine verheiratete Frau, über die Georg Kerner notierte: »Welche Klänge, welche Weichheit, welche Kraft, welche Bescheidenheit, welche Reize – und dieses Herz. Ja, dieses Herz, das unter diesem schönen Busen atmet, dieses Herz ist gemacht, um einen Liebhaber zu lieben.« Rosa widerstand seiner Werbung lange. Das änderte sich erst im Frühjahr 1799, als Georg eines Tages schwer verwundet vor ihr stand.

*

Frankreich hatte am 25. März 1799 Österreich den Krieg erklärt. Prompt marschierten Napoleons Truppen in das Großherzogtum Toskana ein und besetzten Florenz. Christine Reinhard schrieb über Kerners Heldentaten in jenen Tagen: Ich bin überrascht, dass er noch von dieser Welt ist, denn seit acht Tagen lebt er in einer unglaublichen Unruhe, indem er als Kurier zwischen Armee und Gesandtschaft dient. Im letzten Augenblick kam er wie ein Sturmwind, zog seine Nationalgarde-Uniform an und hatte die Ehre, sich inmitten des Stabs zu zeigen, als dieser einzog. Die Offiziere haben mir lachend erzählt, überall dort, wo ein Trupp erschien, um die feindlichen Posten zu entwaffnen, sei Kerner schon vorher dagewesen. Man fand die Gewehre gebündelt vor und erfuhr, dass der kleine Sekretär des Ministers ganz allein 500 Soldaten entwaffnet hatte, welche die Garnison in der Zitadelle hielten; auch ist er um Mitternacht vom Stuhl gefallen, erschöpft von Freude und Müdigkeit.

Doch das Kriegsglück wendete sich. Im Norden Italiens mussten die französischen Truppen gegen Russen und Österreicher verstärkt werden. Ganze Kontingente wurden aus der Toskana abgezogen und durch eine Art Bürgerwehr ersetzt, die Kerner mit großer Überzeugungskraft und viel Geld angeworben hatte und versuchte, bei der Stange zu halten. Er selbst kommandierte eine Miliz von 200 Mann. Einstweilen sammelten sich rund um die Stadt immer mehr antinapoleonische Kräfte.

»Wir müssen dem Feind zuvorkommen«, sagte Georg Kerner eines Morgens. »Sie rechnen nicht damit, dass wir sie außerhalb der Stadtmauern angreifen.« Mutig ritt er voran. Der Überraschungscoup schien zu gelingen. Kerners

Truppen brachen in das Lager der feindlichen Truppen ein, und die hatten Mühe, sich zu sammeln. »Nicht so hitzig, General!«, schrie einer der erfahreneren Florentiner Kämpfer, als Kerner seinen Säbel aus der Scheide riss, seinem Pferd die Sporen gab und mit dem lauten Ruf »Folgt mir!« auf die Feinde zugaloppierte. Die Belagerer stoben auseinander. »Zurück! Zurück!«, hörte man einen ihrer Anführer rufen. Im gleichen Augenblick spürte Kerner einen schweren Schlag an der Schulter. Er wurde vom Pferd gerissen und landete im Staub, verlor das Bewusstsein und kam erst wieder auf einer Trage zu sich, die vier seiner Männer durch das Stadttor trugen. »Was ist passiert?«, fragte er mit schwacher Stimme. »Unser Angriff war siegreich«, antwortete einer der Männer. »Sie haben sich in die Berge zurückgezogen. Offenbar haben sie uns für den kleinen Vortrupp einer großen Streitmacht gehalten. Die Überraschung ist uns geglückt, aber Sie sind leider verwundet, General!«

»Bin kein General«, brachte Kerner grade noch hervor, ehe er wieder das Bewusstsein verlor.

Im Palast Ximénès d'Aragon herrschte große Aufregung, als man den Verletzten herein trug. Christine kümmerte sich sofort um ihn. Behutsam wusch sie die Wunde aus. Ein Arzt wurde gerufen und musste feststellen, dass die Gewehrkugel zu tief eingedrungen war, um sie zu entfernen. Er legte einen Verband an und gebot Kerner, den Arm in den nächsten Wochen in der Schlinge zu tragen und sich zu schonen.

»Es war ein fantastischer Sieg«, sagte Reinhard. »Aber unsere Feinde werden sich wieder sammeln. Wir sind ohne die Truppen, die man uns entzogen hat, auf die Dauer zu schwach, um uns erfolgreich zu wehren.«

»Und was dann?«, fragte Christine mit besorgter Miene.
»Müssen wir sehen, wie wir hier rechtzeitig wegkommen.«

Georg Kerner stand, entgegen dem Rat des Arztes, am nächsten Morgen in aller Herrgottsfrühe auf, kleidete sich mit einiger Mühe an und ging in die Ställe. Er bat einen Reitknecht, ihm ein Pferd zu satteln, und stieg mit des Mannes Hilfe auf. Es war vor Sonnenaufgang. Ein leichter Nebel lag über der weitläufigen Palastanlage. Die Luft war frisch, und Kerner sog sie tief in seine Lungen. In leichtem Trab verließ er die Via Porta a Pinti. Die Stadt schien noch zu schlafen, und auch als er über einen langen Feldweg zwischen akkurat gepflanzten Pinien-und Zedernbäumen auf die Berge des Apennin zuritt, begegnete er noch keinem Menschen. Die besseren Wege und Straßen mied der Reiter. Er lenkte seinen Hengst durch Olivenhaine und Weinberge. Die Sonne stieg hinter den Hügeln im Osten empor. Einen Augenblick hielt Kerner sein Pferd an, zog seine Jacke aus, die er nur über den gesunden Arm gezogen hatte, und legte sie vor sich über den Sattelknauf. Den Schmerz in seiner Schulter spürte er kaum. In zwei Stunden spätestens würde er bei ihr sein. Er hoffte, Rosa alleine anzutreffen, wusste er doch, dass sich ihr Mann zu den Truppen gemeldet hatte, welche die Franzosen in Florenz angreifen und aus dem Land treiben wollten.

Als er das Dorf nahe Lucca erreichte, in dem Rosa in einem ansehnlichen bäuerlichen Anwesen lebte, entdeckte er einen ungefähr zehnjährigen Jungen, der ein paar Ziegen vor sich her auf die Weide trieb. »Kennst du Rosa Gianetti?«
Der Bub nickte.

»Würdest du ihr diesen Zettel bringen? Ich passe solange auf deine Ziegen auf.«

Wieder nickte der Junge nur. »Und das ist für dich!« Kerner reichte dem Ziegenhirten ein paar Münzen. »Beeil dich!«

Der Junge rannte auf das Dorf zu. Georg Kerner verblieb im Sattel seines Pferdes, weil er nicht wusste, ob er ohne Hilfe würde wieder aufsitzen können. Er lenkte den Hengst zu einem kleinen Bach und ließ ihn saufen.

Es dauerte nicht lange, da sah er Rosa mit wehenden Röcken an der Seite des Hirtenknaben den schmalen steinigen, von Hecken gesäumten Weg herunter laufen. Schwer atmend blieb sie stehen und sah zu dem Reiter auf, während der Junge seine Ziegen weiter der Weide zutrieb. »Du bist verwundet?«

»Zum Glück hat die Kugel mein Herz um ein paar Zentimeter verfehlt.«

Rosa kletterte auf einen Felsbrocken am Wegrand und konnte von dort ohne Mühe auf das Pferd aufsteigen. Jetzt saß sie, ihm zugewandt, dicht vor Georg, der leise sagte: »Du kannst nicht einmal ahnen, wie sehr ich dich liebe.«

Wortlos legte die schöne Frau ihren Arm um den Nacken des Reiters und zog seinen Kopf zu sich herab. Lange und innig küsste sie ihn, was sie ihm bisher verweigert hatte. Mit einem leichten Schenkeldruck gab Kerner dem Hengst den Befehl. Gemächlich ritten sie den schmalen Bergpfad hinauf bis zu einer Hütte, die Rosa ihm gezeigt hatte. Mit ihrer Hilfe stieg Kerner vom Pferd.

Schon unter der schmalen Tür begann sich Rosa zu entkleiden. Mit ruhigen Händen half sie danach dem Verwundeten, dasselbe zu tun. Nie habe er die Liebe tiefer und größer empfunden als in dieser Stunde, sollte Georg Kerner später sagen.

Sie hatten wenige, aber sehr glückliche Wochen. Doch die Toskana konnte von den Franzosen nicht gehalten werden. Es begann eine dramatische Flucht der Reinhards und Georg Kerners.

In Livorno erreichten sie am 10. Juli 1799 mit anderen Flüchtlingen das amerikanische Kaufmannsschiff Juno. Georg Kerner notierte in sein Reisejournal: »Livorno, die Berge von Lucca verschwinden. Sie verschwinden, diese Gegenden, wo Rosa wohnt – meine Rose, meine Frau, meine Gattin, meine zärtlichste Freundin! Dieser Gedanke entreißt mir Tränen des Schmerzes!«

Die Überfahrt war katastrophal. Schon in der ersten Nacht tauchte ein Piratenschiff auf. Georg, der vom Kapitän des Schiffes zuvor in der Bedienung der Kanonen unterrichtet worden war und bis zur Erschöpfung Munition herangeschleppt und das Laden der Kanonen geübt hatte, gab einen Warnschuss ab. Die Piraten, die nicht damit gerechnet hatten, dass dieses Handelsschiff so stark bewaffnet sein würde, suchten das Weite.

Am späten Abend des nächsten Tages ließ Christine Reinhard Kerner rufen. Ihr kleiner Sohn lag nach Luft ringend in der Kajüte. Georg war verzweifelt. Dem kleinen Patienten war mit den Mitteln, die ihm zur Verfügung standen, nicht zu helfen. Er verpasste ihm ein Zugpflaster und redete ihm gut zu. Tatsächlich verbesserte sich der Zustand ein wenig.

Weitere zwei Tage später wurde die Juno von einer englischen Brigg gestoppt.

Ein Kommando kam an Bord. Ein Leutnant erklärte Reinhard, dessen Frau und Kerner als Kriegsgegner Englands für verhaftet.

Reinhard behielt die Nerven. Gelassen wies er den britischen Offizier darauf hin: »Sir, immerhin gibt es die Konvention zwischen unseren beiden Nationen, die eine Gefangennahme von diplomatischen Vertretern der gegnerischen Nation auf See verbietet.« Der englische Offizier beriet sich mit seinen Begleitern, salutierte schließlich und sagt: »Bon voyage, Messieurs-dames!« Die Engländer verließen das Schiff.

Tage später geriet die Juno in eine Flaute und erreicht mit Mühe den Hafen von Villefranche zwischen San Remo und Nizza. Doch die Passagiere durften nicht an Land. Es wurde ein Quarantänefall konstruiert, weil sie unterwegs Kontakt zu Engländern gehabt hatten. Die nächsten vier Tage verbrachten Besatzung und Schiffsgäste in Villefranche, ohne das Schiff verlassen zu können.

Nachdem sie wieder in See stechen konnten, wurden sie von widrigen Winden immer wieder gegen die Küste getrieben. Ein Mast brach. Die Stimmung an Bord sank auf den Nullpunkt. Kerner machte Reinhard Vorwürfe: »Warum hast du den Seeweg gewählt? Hätten wir den Landweg genommen, wären wir vielleicht General Joubert begegnet. Dem hätte ich mich gerne angeschlossen, um für die Freiheit sterben zu können, statt hier auf See kläglich zu verrecken.«

Unaufgeregt entgegnete Reinhard. »Georg, du bist und bleibst ein Kindskopf.«

Georg wollte aufbegehren, aber da kam Christine angerannt. »Schnell! Schnell! Unser Kind stirbt!«

Der Knabe war nicht mehr zu retten. Als sie in die Kajüte kamen, tat er seine letzten Atemzüge.

Der Leichnam wurde den Fluten des Mittelmeers übergeben, nachdem Kerner als Arzt die Sterbeurkunde unterzeichnet hatte.

Vier Tage später lief die Juno endlich in den Hafen von Toulon ein. Dort wurde Karl Friedrich Reinhard von der Nachricht überrascht, dass er zum Außenminister Frankreichs ernannt worden sei. Das nützte ihnen aber nichts, denn die der Zentralregierung feindlich gesonnene Stadtverwaltung von Toulon nahm die Passagiere für 15 Tage in Quarantäne, die danach sogar noch verlängert wurde. Erst am 27. August traf der neue Außenminister mit seiner Frau und seinem Freund Georg Kerner in Paris ein.

Zwischen Napoleon und Pestalozzi

Karl Friedrich Reinhard blieb nur drei Monate im Amt. Es war ihm klar geworden, dass die Mitglieder der amtierenden Regierung an seinen Ideen nicht interessiert waren. Zu Kerner sagte er: »Ich hänge einfach in der Luft. Ich vermute, dass Talleyrand meinen Posten schon versprochen bekommen hat und nur darauf wartet, bis sich die Konstellation zu seinen Gunsten ändert.«

»Das verstehe ich nicht«, erwiderte Kerner, »jetzt bist du grade mal ein paar Wochen Außenminister.«

»Während du in Holland warst, haben sich die Verhältnisse hier gravierend verändert. Napoleon hat die Macht vollkommen an sich gerissen, in dem er das Direktorium aufgelöst und sich selbst zum Ersten Konsul gemacht hat. Er ist jetzt niemandem mehr Rechenschaft schuldig und hat das Recht, Gesetze vorzuschlagen, Minister und Beamte zu ernennen, Krieg zu erklären und Frieden zu schließen. Und sein Mann ist nun mal Talleyrand. Mein Vorgänger wird wohl auch mein Nachfolger.«

»Und? Ist das nun schlimm für dich?«

»Wie man's nimmt. Ich hab das Amt nicht angestrebt. Und jetzt ist es am besten, ich warte nicht ab, bis man mich rausschmeißt, sondern entscheide selbst, welchen Weg ich gehe. Natürlich mit dir, wenn du willst.«

»Eigentlich hatte ich vor …«

»Jetzt sag bloß nicht, du wolltest unter die Soldaten«, unterbrach ihn Reinhard.

»Doch! Ich wollte mich eigentlich General Brune anschließen, der in der Vendée die royalistischen Aufstände niederschlagen soll.«

»Du kennst mich. Ich habe Beziehungen. Unter der Hand habe ich erfahren, dass ich als Gesandter nach Bern geschickt werden soll, wenn ich als Außenminister zurücktrete. Und bei der Gelegenheit habe ich auch an dich gedacht. Es besteht die Möglichkeit, dass du als Legationssekretär fest angestellt werden kannst. Immerhin mit einem Gehalt von 2.400 Francs.«

Kerner ging ein paar Schritte im Zimmer auf und ab. Die wildesten Gedanken schossen ihm durch den Kopf. Bei so einem Einkommen könnte er endlich einmal etwas für seine Familie tun. Seiner Schwester Geld schicken, damit sie die Gesangsstunden nehmen konnte, die sie sich so sehr wünschte. Aber auch seiner ehemaligen Verlobten Auguste Breyer, die er so schnöde im Stich gelassen hatte, hätte er eine Freude machen und so sein schlechtes Gewissen ein wenig dämpfen können. Sie wollte immer so gerne ein Klavier haben.

»Was ist los, was denkst du?«, fragte Reinhard. »Das ist doch ein großartiges Angebot.

»Ich war Ende 1794 in der Schweiz«, antwortete Kerner. »Die angeblich so freien Bürger dort werden in Wirklichkeit von der Aristokratie und der Zunfttyrannei beherrscht. Das Landvolk ist durchgehend unwissend und ungebildet. Wilhelm Tell ist auch nur eine Legende.«

»Inzwischen ist viel passiert«, sagte Reinhard. »Immerhin haben die Schweizer letztes Jahr eine Revolution gemacht. Bonaparte ist ihnen zur Hilfe geeilt.«

»Ja, ohne dass sie ihn gerufen hätten.«

»Na gut, zugegeben, er hatte eigene Interessen. Die Schweiz ist wichtig als Aufmarschgebiet für seine Feldzugpläne in Italien. So ist nun mal die Politik, lieber Georg. Und vergiss nicht: Unsere Feinde, die Österreicher, halten mittlerweile schon Teile der Ost- und Zentralschweiz besetzt. Also, was ist nun? Bist du dabei?«

Georg Kerner nickte. »Angesichts von 2.400 Francs gehen mir die Argumente aus. Was wird denn unsere Hauptaufgabe dort sein?«

»Die Helvetische Regierung zu überwachen, ohne uns in die inneren Angelegenheiten einzumischen.«

»Also so etwas wie die Quadratur der Kreises.«

Reinhard lächelte: »Nichts anderes ist Diplomatie, mein Lieber.«

Am 22. Februar 1800 trafen Reinhard, dessen Frau Christine und Georg Kerner über Basel, Solothurn und Zürich kommend in Bern ein, der Hauptstadt der Helvetischen Republik. Kerners Aufgaben unterschieden sich zunächst nicht von seinen früheren Diensten für Reinhard. Er erledigte die offizielle Korrespondenz, schrieb Berichte und Gutachten über die politische Lage ihres Gastlandes und erledigte Kurierdienste. Aber das änderte sich schon bald. Reinhard schickte ihn wieder kreuz und quer durchs Land, um die Unterstützung der Schweiz für Bonapartes geplanten Durchzug des französischen Heers durch Helvetien auf dem Kriegszug gegen Italien zu organisieren. Rastlos ritt Kerner durch die Kantone Bern, Oberland, Waadt und Wallis und nach Fribourg, um Wagen, Pferde und Maulesel zu requirieren. Auch Hilfskräfte warb er an. Napoleon hatte den kühnen Plan, seine Truppen über den Pass am großen St. Bernhard nach Oberitalien zu führen, um dort die feindlichen österreichischen Truppen zu überraschen. Niemand dachte an ein solches Manöver – und wenn, glaubte doch jeder, es müsse zum Scheitern verurteilt sein.

Nicht immer gelang es Kerner, den Schweizer Bauern die zugesagte Vergütung auch zukommen zu lassen, was den Gerechtigkeitsfanatiker schrecklich gegen die französische Regierung aufbrachte.

Im Mai war es dann so weit. Der gewaltige Tross des französischen Heeres begann den Aufstieg über schmale, steile Gebirgswege und durch enge Schluchten zum 2.400 Meter hohen St. Bernhard-Pass. Noch lag in den Höhen Schnee, der in manchen Jahren erst im Juli schmolz. Die Bergpfade waren für den Transport großer Waffen und umfangreicher Proviantlieferungen nicht geschaffen. Schweizer Bauern halfen – nun gegen gutes Salär – mit, das Unternehmen dennoch zum Erfolg zu führen.

Georg Kerner, der mit diversen Depeschen auf dem Weg nach Aosta war, wo Napoleon sein Hauptquartier aufgeschlagen hatte, wurde Zeuge der Alpenüberquerung. Die Kanonen waren auseinandermontiert worden. Die Lafetten wurden von Maultieren gezogen. Die Kanonenrohre hatte man in ausgehöhlte Baumstämme gepackt und auf speziellen Wagen montiert, die von je dreißig Mann den Berg hinaufgewuchtet wurden. Die Wege waren durch Schnee und Eis noch schwerer passierbar geworden. Aber Napoleons

Offiziere trieben die Soldaten und ihre Helfer zur Eile an, war es doch nicht ausgeschlossen, dass die feindlichen Österreicher, die bereits in der Poebene lagen, von dem abenteuerlichen Unternehmen Wind bekamen – und Napoleon setzte ja ganz auf den Überraschungseffekt.

Georg Kerner erreichte Aosta zu einer Zeit, da Napoleons Truppen hinter ihm bereits den Abstieg in die Niederungen der Poebene begonnen hatten. Er wurde von Bonapartes Sekretär Antoine Fauvelet de Bourrienne begrüßt. Der hatte den Empfang der Depeschen gerade quittiert, als Napoleon das Kabinett betrat.

»Wer ist Er?«, fragte Bonaparte in barschem Ton.

»Georg Kerner, Legationssekretär in der französischen Gesandtschaft zu Bern.«

»In welcher Mission?«

»Ich bin verantwortlich für die Requirierung von Menschen und Material für Ihre Armee, Citoyen Consul.«

Napoleons müdes Gesicht entspannte sich. »Das ist gut«, sagte der Heerführer mit einer nunmehr freundlichen, heiteren Miene. »Und? Haben Sie meine Truppen gleich mitgebracht.«

»Als ich sie verlassen habe, hatten sie den St. Bernhard schon überschritten. Sie können nicht mehr weit sein.«

Napoleon nickte zufrieden, schickte sich an, den Raum zu verlassen und warf seinem Sekretär schnell noch hin: »Citoyen Kerner ist heute Abend Gast an meiner Tafel!«

Kerner war überrascht, dass ihm beim abendlichen Diner der Platz genau gegenüber Bonaparte zugewiesen worden war. Während des Essens deutete Napoleon plötzlich mit seiner Gabel auf Kerner: »Sie arbeiten doch für Reinhard?«

»Ja, schon seit Jahren. Wir sind Landsleute.«

»Württemberger?«

»Ja, er kommt aus Schorndorf, ich aus Ludwigsburg, das sind nur wenige Meilen.«

»Ludwigsburg. *Je sais*. Die Residenz, *n'est ce pas*. Reinhard ist für mich ein wertvoller Mann. Auch Talleyrand schätzt ihn sehr.«

»Das hört er sicher gerne.«

Napoleon hatte die Ironie in Kerners Worten nicht überhört. »Im Vertrauen, Citoyen Kerner«, sagte er, »Reinhard ist mir in Bern nützlicher als in Paris.«

»*Vraiment?* Wirklich?«

»Ja, manchmal ist es leichter, Außenminister in Paris zu sein, als Gesandter in einem schwierigen Land wie der Schweiz.«

»Da hat er Recht«, sagte Reinhard, als ihm Kerner Tage später von dem Tischgespräch erzählte. »Und, wie hat er dir gefallen, unser großer Held der Revolution?«

»Wenn immer wieder behauptet wird, ich hätte eine gewisse äußere Ähnlichkeit mit ihm, so gilt das noch mehr für die Art und Weise, wie er isst – hastig, unkonzentriert. Er nimmt bald von der einen, bald von der anderen Schüssel und ist erkennbar mit seinen Gedanken woanders. – Wenn man bedenkt, dass wir praktisch gleichaltrig sind«, sagte Kerner gedankenverloren ... – »er schickt sich an, die Welt zu beherrschen, und ich feilsche in seinem Namen mit den armen Bauern um ein paar Francs für ihre Pferde und Wagen.«

»Wenn du damit nicht so erfolgreich gewesen wärst, hätte er dich wohl kaum an seine Tafel gebeten.«

»Aber es ist mir trotzdem zuwider«, entgegnet Kerner finster.

Ernst sagte sein Freund: »Ich kann dir nur raten, das für dich zu behalten.«

Kurz darauf traf Georg Kerner Bonaparte ein zweites Mal – diesmal in seinem Hauptquartier in Mailand. Kerner stand im Kabinett Fauvelets und hatte seine Depeschen noch in der Hand, als Napoleon den Raum betrat und ihn sofort wieder erkannte.

»Ah«, rief er, »unser Württemberger?«

Kerner verbeugte sich.

»Und? Hat er gute Nachrichten?«

»Ich möchte dem Bericht Minister Reinhards nicht vorgreifen.«

»Wie hieß das Dorf noch mal, aus dem der wackere Citoyen Reinhard stammt?«

»Schorndorf! Ist aber eine kleine Stadt.«

»*Oui, je sais*. Mögen Sie wieder mit uns speisen?«

Kerner verbeugte sich erneut. »Sehr gerne!« Er sah dem Heerführer in die Augen. Der war fast einen Kopf größer als er selbst, obwohl auch der Korse, der nun den Raum wieder verließ, eher klein wirkte.

»Was für ein Glück, diesem Manne dienen zu dürfen«, sagte Fauvelet. Kerner nickte, sagte aber nichts dazu. Nach wie vor bewunderte der Schwabe den Korsen als militärisches Genie. Aber seine Bewunderung für Bonaparte als Retter der Revolution und als Freiheitsbringer Europas hatte deutlich gelitten, nicht zuletzt wegen der kompromisslosen Art, mit der Napoleon begonnen hatte, die Schweiz auszubeuten und hinzuhalten. Bonaparte wollte keine unabhängige und mächtige Helvetische Republik, wie er immer wieder versprach.

Auch dieses Mal saß Kerner an der Tafel Napoleon direkt gegenüber. Der beugte sich plötzlich über den Tisch und sagte: »Eins verstehe ich nicht: Warum sind so viele von euch nach Frankreich gekommen, um sich uns anzuschließen?«

Kerner brauchte einen Augenblick, um sich zu fassen. »Aber das ist doch klar.«

»Nicht für mich. Warum macht ihr eure Revolution nicht in eurem eigenen Land?«, erwiderte Bonaparte.

»Weil wir noch lange nicht so weit sind. Frankreich – das war …«, Kerner korrigierte sich: »… das ist das Land, wo jeder seinen eigenen Wert in der Gesellschaft bestimmen kann; das Land der Freiheit, wo man hinwandert aus Deutschland und anderen Staaten, um frei von der Gewalt einzelner Despoten leben zu können. Wir sind nach Frankreich gekommen, um zu lernen – und in der Hoffnung, dass wir mit eurer Hilfe eines Tages auch unserem Volk die Freiheit bringen können, Citoyen Consul.«

»Mit meiner Hilfe …« Napoleon vollendete den Satz nicht, sondern wandte sich anderen Gästen und anderen Themen zu. Kerner schien es, als habe der Korse jedes Interesse an ihm verloren.

»Und das wundert dich?«, fragte ihn eine Woche später Karl Friedrich Reinhard, als ihm der Freund von der neuerlichen Begegnung mit Bonaparte erzählte. »Napoleon geht es nicht um die Befreiung der Menschheit, und schon gar nicht um die Freiheit jedes einzelnen Menschen.«

»Sondern?«

»Um seinen Ruhm und seine Macht. Und außerdem, denk' doch mal nach: Warum sollte er das Blut seiner Landeskinder opfern, nur damit es anderen gut geht? Du musst langsam lernen, pragmatischer zu denken, Georg.«

Im Dezember desselben Jahres machte sich Kerner auf den Weg nach Burgdorf im Emmental, nicht weit von Bern, um Heinrich Pestalozzi kennenzulernen, dessen pädagogische Schriften inzwischen in ganz Europa populär geworden waren. Der Schweizer, der zunächst damit begonnen hatte, Bettelkinder von der Straße aufzulesen und bei sich aufzunehmen, leitete eine Erziehungsanstalt, in der er seine Schüler nach dem Grundsatz unterrichtete, dass jedes Kind eine umfassende Ausbildung erhalten solle, die sich nicht auf Buchwissen beschränke.

Es war ein schneidend kalter Wintertag, ein wolkenloser blauer Himmel wölbte sich über dem Land. In den Tagen zuvor hatte es geschneit. Die Schneekristalle glitzerten in der Sonne. Selbst Kerner, der den Winter nicht mochte, genoss den Ritt an diesem kalten Tag. In Burgdorf angekommen, rieb er sein Pferd ab und brachte es in einen Mietstall. Dann betrat er das große Gebäude, das Pestalozzi als Lehranstalt diente. In einem gut geheizten Raum traf er auf eine Schar von Kindern zwischen vier und sechs Jahren, die auf Schiefertafeln zeichneten.

Ein Mädchen hob den Kopf. »Wer bist du?«

»Georg Kerner. Ich komme aus Bern. Wo ist denn euer Lehrer?«

»Wirst ihn schon finden!« Das Kind wandte sich wieder seiner Zeichnung zu. Im gleichen Augenblick erschien im Durchgang zu einem Treppenhaus eine zierliche Gestalt in nachlässiger schwarzer Kleidung und mit ungepflegten langen Haaren, die bis zu den Schultern hinabreichten. Die Blicke der beiden Männer trafen sich.

»Seid Ihr der Herr Pestalozzi?«, fragte Kerner.

»Das sieht man doch«, rief das kleine Mädchen.

Der Mann trat heran, fuhr dem Kind mit einer zärtlichen Geste übers Haar und sagte: »Nein, Mareile, das kann man nicht sehen«, und zu dem Besucher: »Ja, der bin ich.«

Georg stellte sich vor: »Kerner, Legationssekretär in der französischen Gesandtschaft zu Bern.«

»Aber Deutscher, Schwabe, wenn ich's richtig höre«, antwortete der andere in breitem Züricher Dialekt. »Mit Frankreich haben wir ja nun inzwischen alle zu tun, oder? Mich haben sie zum Ehrenbürger der Französischen Republik gemacht, was bei meinen Landsleuten im Augenblick gar nicht so gut ankommt.« Er nahm Kerners Hand in seine beiden Hände. »Willkommen!« Es war merkwürdig: Obwohl die äußere Erscheinung dieses Mannes nicht sehr einnehmend war, empfand er doch auf Anhieb eine tiefe Sympathie für ihn. Einen Augenblick lang musste er an seinen Vater denken: Immer unbeugsam streng, oft so empörend ungerecht, ein harter Zuchtmeister, der es einem Kind schwer gemacht hatte, ihn zu lieben. Diesem kleinen Mann in Schwarz, der im Alter seines Vaters war, schien die Liebe der Buben und Mädchen zuzufliegen, was man ihren Blicken und Gesten entnehmen konnte, und man spürte auf Anhieb, dass er diese Liebe erwiderte.

»Wollen wir bei dem herrlichen Wetter ein Stück gehen?«, fragte Pestalozzi. »An so einem Tag will man nicht in der Stube hocken bleiben.«

»Es ist doch ein bisschen kalt«, wendete Kerner ein.

»Ach was. Sie sind jung, und wenn wir uns ausgelüftet haben, belohnen wir uns mit einem Gläschen Fendant in der Beiz.«

»Bei einem Einerli muss es nicht bleiben«, sagte Kerner.

Pestalozzi warf sich einen Mantel über, rief den Kindern zu: »Dass ihr mir aber schön brav bleibt.« Die beiden Männer verließen das Gebäude.

»Ich wundere mich«, sagte Kerner, »sind denn die Kleinen überhaupt schon im Schulalter?«

Pestalozzi blieb stehen und atmete die klare kalte Luft tief ein. »Man kann nicht früh genug mit einer guten Erziehung anfangen. Bei mir sind Kinder aller Altersstufen und aller Stände. So können sie sich gegenseitig anregen, einander helfen, und lernen, in einer Gemeinschaft zu leben. Es geht darum, Kopf, Herz und Hand gleichermaßen zu bilden, es geht also um intellektuelle, sittliche und praktische Fähigkeiten.«

Kerner war auch stehen geblieben. »Und was ist besonders wichtig?«

»Alles ist gleich wichtig.« Sie gingen weiter. Der kalte Schnee knirschte unter ihren Schuhen. »Um zu einem abstrakten Urteil zu gelangen, braucht es nicht nur Fähigkeiten wie Sprechen, Schreiben und Rechnen«, erklärte Pestalozzi, »sondern genauso wichtig sind Singen und Zeichnen. Und das ergänzen wir ganz bewusst mit Leibesübungen.«

»Eins ist mir sofort aufgefallen: die tiefe Zuneigung der Kinder zu Ihnen«, sagte Kerner.

Pestalozzi lächelte ein wenig geschmeichelt. »Nun, Liebe und Vertrauen bilden die Basis für die höheren Fähigkeiten wie Geduld und Gehorsam.«

Eine Weile gingen sie schweigend nebeneinander. Georg

war damit beschäftigt, Pestalozzis Ausführungen zu verarbeiten. Plötzlich riss ihn der Lehrer mit der Frage aus seinen Gedanken: »Was für Schulen haben Sie denn besucht, Herr Kerner?«

»Eigentlich nur die Hohe Karlsschule in Stuttgart. Mein Vater hat mich schon mit neun Jahren dorthin gebracht. Ich war ein lebhaftes Kind, und er meinte der Drill würde mir gut tun.«

»Oh Gott!«, entfuhr es Pestalozzi.

»Ich hab es dort immerhin bis zum Arzt gebracht«, sagte Kerner.

»Und warum sind Sie dann jetzt Politiker? Es gibt doch keinen schöneren Beruf als Arzt, höchstens Lehrer vielleicht.«

Beide lachten. Eine Atmosphäre des Vertrauens hatte sich schnell zwischen ihnen eingestellt.

»Als Arzt können Sie sich ja auch nicht nur auf das angelernte medizinische Wissen verlassen«, nahm Pestalozzi wieder das Wort. »Sie brauchen genauso seelisches Einfühlungsvermögen und geschickte Hände.«

»Sie sagen es. Deshalb habe ich immer versucht, mich auch als Arzt weiterzubilden, während ich im diplomatischen Dienst gearbeitet habe. So habe ich in Paris längere Zeit im dänischen Krankenhaus praktiziert.«

»Spricht für Ihre praktische Vernunft, die sollten Sie sich erhalten.« Pestalozzi wies auf die Tür eines Wirtshauses, das er zielsicher angesteuert hatte.

Als sie sich an einen schweren Tisch dicht hinter einem Kachelofen niedergelassen hatten, sagte Pestalozzi: »Vielleicht nehmen wir doch keinen Fendant, sondern einen Roten, der passt besser zu diesem kalten Wintertag.« »Zwei

Einerli Dôle«, rief er dem Wirt zu. Und als der den Wein brachte, bestellte der Lehrer noch zwei Portionen Bündnerfleisch. Sie tranken sich zu. Pestalozzis Blick ruhte eine ganze Weile auf Kerners Gesicht, ohne dass der Schweizer etwas sagte. Plötzlich verdunkelte sich sein Blick, und er beugte den Kopf weit nach vorne.

Georg Kerner fragte besorgt: »Was ist mit Ihnen?«

Der andere seufzte. »Es ist erst ein paar Wochen her. Da habe ich einen wie Sie verloren. Er war genau in Ihrem Alter.«

»Aber dann war er doch kein Schüler mehr«, wendete Kerner leise ein.

»Nein, nein, es war mein Sohn Hans Jakob. Und ich bin nicht unschuldig daran.«

»Wie das?«

»Ich habe bei ihm viele Fehler gemacht. Als gläubiger Anhänger von Jean Jacques Rousseau habe ich den Buben nicht nur nach ihm genannt – Jean Jacques, zu Deutsch Hans Jakob, nicht wahr – sondern auch seine Erziehungsratschläge Punkt für Punkt angewendet. Das Kind war erst drei Jahre alt, da wollte ich es mit allen Mitteln dazu zwingen, lesen und schreiben zu lernen. Und ich habe meinen Sohn damit schrecklich überfordert. Mit elf Jahren konnte er es immer noch nicht richtig. Um diese Zeit brach seine Epilepsie aus, und an der ist er jetzt gestorben.« Pestalozzi wischte sich ein paar Tränen aus den Augen und lächelte Kerner melancholisch an. »Und Sie haben immerhin die berüchtigte Hohe Karlsschule überstanden.«

In den nächsten Monaten war Kerner häufig Gast bei Pestalozzi. Es entwickelte sich eine enge Freundschaft – und er begann in seinen Briefen für die Ideen des Schweizer Pädagogen zu werben. So schrieb er bereits am Tag nach seinem ersten Besuch in Burgdorf an den Grafen Schlabrendorf nach Paris: »Pestalozzi ist von größerer Bedeutung für die Menschheit und den Triumph der Freiheit als Napoleon.« Ein paar Tage später schickte er seinem Bruder Justinus einen Brief, in dem er sich begeistert über den Zeichenunterricht äußerte, den er in Burgdorf erlebt hatte:

> Ich habe mit grenzenlosem Erstaunen in Pestalozzis neuem Erziehungsinstitut kleine Kinder, die noch nicht im Schulalter waren, die schwersten mathematischen Figuren mit freier Hand und einer Genauigkeit zeichnen sehen, die man nur selten mit Hilfe mathematischer Instrumente wie Zirkel und Winkelmesser erreicht. Erstaunlich ist aber auch die Leichtigkeit und Fertigkeit beim Zeichnen von Landschaften und Figuren. Schaffe dir eine Schiefertafel an und übe dich im Freihandzeichnen von mathematischen Figuren und lasse dich durch das anfängliche Misslingen nicht verdrießen.

Im Lauf des darauffolgenden Jahres verstärkte sich die Entfremdung zwischen Georg Kerner und dem Gesandten Karl Friederich Reinhard. Reinhard war natürlich nicht entgangen, dass die Abneigung Kerners gegenüber Napoleon immer stärker wurde. »Du stehst in seinen Diensten«, sagte er immer wieder zu Kerner. »Er hat einen Anspruch auf deine Loyalität.«

»Wir haben immer gesagt: Unsere Loyalität gilt der Revolution und der Verfassung. Erinnere dich an deine Gespräche mit meinem Vater und meinem Bruder in Maulbronn, als wir auf dem Weg nach Florenz waren, Karl Friederich.

Wir haben darauf bestanden, dass wir zwar dem König verpflichtet waren, aber einem König, der seinerseits einer Verfassung verpflichtet war, nach der wir alle ›ein einig Volk von Brüdern‹ sein wollten, wie es schon im Rütlischwur heißt. Und was haben wir jetzt …?«

»Die Zeiten haben sich geändert«, erwiderte Reinhard kühl.

»Ja, leider!«

Auch Christine gelang es nicht, die beiden Männer einander wieder näherzubringen. Der Konflikt erreichte seinen Höhepunkt im August 1801, als Reinhard ein Fest zu Ehren Bonapartes gab. Die Stimmung der Gesellschaft, zu der Honoratioren der Stadt, aber auch Offiziere der französischen Armee gehörten, war auf dem Höhepunkt, als sich Reinhard zum Trinkspruch erhob: »Napoleon, der immer Wort gehalten hat, der auch der Schweiz das ihr gegebene Versprechen halten wird, ihre Unabhängigkeit zu wahren – er lebe hoch!«

Der ganze Saal fiel ein: »Hoch! Hoch! Hoch!«

Als wieder Ruhe einkehrte, erhob sich Georg Kerner, nahm die vielen festlich gestimmten Gäste in den Blick, die erwartungsvoll zu ihm aufsahen, ergriff sein Glas, räusperte sich und rief laut in den Saal: »Napoleon, der niemals Wort gehalten hat, der auch den unglücklichen Bewohnern des Simplon Ersatz für das Unrecht, das an ihnen begangen wurde, versprochen und nicht gehalten hat, er soll dennoch leben!«

Eine lähmende Stille trat ein, er setzte sich wieder. Reinhard maß ihn mit einem bösen Blick, sagte aber nichts. Wenig später löste sich die Festversammlung auf.

»Ich schicke die Kutsche nach Hause. Lass uns zu Fuß gehen«, sagte Reinhard zu Kerner. Dicht nebeneinander schritten sie durch die nächtliche Stadt, die umso stiller wurde, je weiter sie sich vom Ort des Geschehens entfernten. Außer ihnen waren schon bald keine Menschen mehr unterwegs. Wenige Laternen verbreiteten ihr diffuses Licht.

»Dir ist schon klar, dass du heute eine Grenze überschritten hast?«, sagte Karl Friedrich Reinhard.

Kerner antwortete nicht.

»Hörst du mir eigentlich zu?«

»Natürlich!«

»Und?«

Kerner zuckte die Achseln und antwortete wieder nicht.

»Das ist typisch für dich«, sagte Reinhard in sachlichem Ton. »Stur bis zum Ende.«

»Und das ist ja nun wohl das Ende«, kam es von Kerner. »Ich muss weg aus der Schweiz. Ich will weg aus diesem Dienst für eine Republik, die in meinen Augen diesen Namen schon lange nicht mehr verdient. Ich muss einfach weg!«

»Weißt du«, sagte Reinhard überraschend gelassen, »du warst ein Gottesgeschenk für mich. Ich musste dich nie zu etwas überreden oder antreiben. Du übernahmst die schwierigsten Kurierdienste und Einsätze für mich. Je anstrengender, desto lieber. Da konnte ich leicht verschmerzen, dass du den Dienst am Schreibtisch gescheut hast. Du bist eben ein Mensch, der immer in Bewegung sein muss. Immer in Konfrontation. Und wenn du mal wieder übers Ziel hinausgeschossen bist, konnte ich als Diplomat die Wogen glätten. Aber diese hasserfüllten Angriffe auf Napoleon kann ich nicht mehr dulden, nicht als Gesandter, aber auch nicht als Mensch.«

»Ich habe mit nichts anderem gerechnet, Karl Friedrich.«

Reinhard sagte darauf zunächst nichts. Schweigend gingen sie ein ganzes Stück weiter, ehe er wieder das Wort ergriff: »Und was hast du jetzt vor?«

»Ich bitte um die Entlassung aus dem Dienst und gehe als Kaufmann nach Hamburg, der einzig freien Republik in Deutschland.«

Reinhard lachte hell auf. »Du? Als Kaufmann?«

»Ja, warum denn nicht?«

»Weil es das Letzte ist, was du kannst.«

»Das werden wir ja sehen!«

Es dauerte allerdings noch Monate, ehe das Entlassungsgesuch von der Pariser Regierung bestätigt wurde. In dieser Zeit gingen sich die Freunde nach Möglichkeit aus dem Weg, was Reinhards Frau Christine freilich nicht daran hinderte, Georg Kerner zum Abschied einen Ring zu schenken, in den sie die Worte »Zukunft, Freiheit, Wiedersehen« eingravieren ließ. Dazu schrieb sie:

Das erste gebe Mut, wenn du das zweite entbehren musst, und das dritte sei die Belohnung für dein treues Ausharren. Für uns alle fängt jetzt eine neue Epoche an, vielleicht gehen wir trüben Stunden entgegen! Aber es muss besser werden! Es wird eine Zeit kommen, die die Guten vereint! Du, lieber Kerner, musst dann wieder zu dem Häuflein der Unsrigen gehören.

Abschied von der Politik – ein neues Leben in Hamburg

Noch einmal reiste Georg Kerner nach Paris, um sich endgültig aus den Diensten der Regierung zu lösen. Der Zauber der französischen Metropole war für ihn freilich erloschen. »Dieses Paris, wo man so majestätisch tut und es so wenig ist«, wie er schrieb, war nicht mehr seine Stadt. Er erregte sich darüber, dass die Franzosen Kunstwerke aus den eroberten Ländern »wie Sklaven nach Paris geschleppt« hatten – für ihn war das Diebstahl. Einen kritischen Blick warf er auch auf Napoleon selbst, den er bei einer Militärparade beobachten konnte: »Ich hatte ihn länger denn ein Jahr nicht gesehen; er war magerer und gelblicher geworden; gegen die Launen des Volkes ist er gewappnet, aber nicht gegen die zerstörerische Gewalt der Zeit.« Wütend stellte Kerner fest, wie die ausländischen Diplomaten dem Glanz erlagen, der Napoleon umgab, »wo doch dieser mächtige Konsul vor ein paar Jahren nichts weiter war als ein einfacher Artillerieleutnant«.

Im November 1801 verließ Georg Kerner Paris und sollte die Stadt nie wiedersehen.

Einen Monat später kam er in Hamburg an. Schon wenige Tage nach seiner Ankunft begegnete er seiner späteren Frau, Johanna Friederike Duncker, bei einer der vielen Einladungen, zu denen er gebeten wurde. Kerner war in den gesellschaftlich führenden Kreisen Hamburgs bekannt. Es waren ja gerade einmal fünf Jahre vergangen, seit damals, als er als Sekretär Karl Friedrich Reinhards, des Gesandten für die Hansestädte Hamburg, Bremen und Lübeck, zwei Jahre in der Stadt gelebt hatte.

Kurz vor Weihnachten nun lud Johann Gottlieb Wolstein zu einem festlichen Abend. Er war von Wien, wo er ein hoch angesehener Mediziner und Direktor der tierärztlichen Hochschule, aber auch ein engagierter Freiheitsfreund gewesen war, nach Hamburg übergesiedelt. In der österreichischen Hauptstadt hatte er sich bei verschiedenen Aktionen für die Demokratie eingesetzt, war in die Mühlen der Polizei und der Justiz geraten, verhört, verhaftet, für zwei Jahre ins Gefängnis geworfen und schließlich ausgewiesen worden.

An jenem Hamburger Abend kündigte er seinen Gästen an, man werde den bekannten französischen Revolutionär Georg Kerner wieder in Hamburg begrüßen können. Die Gesellschaft war in gespannter Erwartung, die auch die junge Johanna Friederike Duncker erfasste. Was war das wohl für ein Mann, dem so viele Geschichten vorausgingen, so unter anderem jene, dass er Napoleon persönlich gekannt und mit ihm gebrochen habe? Darüber hinaus wurde er als charmant, über alle Maßen geistreich und als hervorragender Tänzer angekündigt. Dann betrat er den Raum. Er warf mit einer lässigen Geste seinen schweren Mantel einem Bediensteten zu. Die Gespräche verstummten. Alle Blicke richteten sich auf diesen kleinen, eigentlich unscheinbaren Mann, der mit seiner wohltönenden Stimme rief: »Ich bitte um Vergebung für meine Verspätung. Leider schaffe ich es nie, pünktlich zu sein.« Er trat auf Wolstein zu, bei dem sich eine junge schöne Frau eingehakt hatte. »Willkommen!«, sagte der Gastgeber und stellte vor: »Das ist Johanna Duncker, ich bin zwar nicht ihr Vater, aber ich wäre es gerne.«

Kerner sah sie mit seinen schönen, strahlenden Augen an, und sie erwiderte den Blick. Es dauerte eine kleine Ewigkeit, bis sie sich voneinander lösen konnten. Später schrieb sie über diesen Moment: »In der Regel findet man seine Erwartung getäuscht, die meine wurde übertroffen, noch nie hatte mein 17-jähriges Herz so heftig gepocht. Von der Zeit an kam Kerner öfter zu uns nach Altona, und natürlich ist dies die erste und wahrscheinlich einzige Veranlassung unserer späteren Verbindung.«

Den ganzen Abend stand der kleine Schwabe im Mittelpunkt der Gesellschaft, und dennoch schien es Johanna, als lasse er sie nicht aus den Augen. Gespannt hörte sie zu, als es in den Gesprächen um Kerners Zukunft ging. Sein Vorhaben, Kaufmann zu werden, fand bei einigen der Gäste Anklang. Ein Mann mit solchen Verbindungen und internationalen Erfahrungen, mit derartigen Sprachkenntnissen, konnte auf vielerlei Weise für die Geschäfte des einen oder anderen nützlich sein.

Wolstein wandte allerdings ein, Georg Kerner habe sich durch seine radikalen Ansichten nicht gerade dafür qualifiziert, in der Geschäftswelt zu reüssieren. Außerdem stehe er ja auf Kriegsfuß mit der herrschenden Macht. Und Wolstein sollte Recht behalten. Es gelang Kerner nicht, in der Geschäftswelt Fuß zu fassen.

Der vielfach dekorierte Mediziner Wolstein wurde zum väterlichen Freund Georg Kerners. Sie trafen sich häufig in dessen Altonaer Villa. Bei einer solchen Gelegenheit ging es auch wieder einmal um Kerners Zukunft. Sie saßen im Salon bei einem guten Glas Wein. »Man kann auch zu viele Begabungen haben«, sagte Wolstein. »Ihre größten Talente sind doch Reisen, Freundschaften finden und Schreiben. Warum versuchen Sie es nicht damit?«

»Womit?«

»In Hamburg fehlt eine Zeitung, die endlich auch oppositionellen Meinungen ein Forum bietet.«

»So ein Blatt würde doch sofort verboten.«

»Wenn es eine Tageszeitung wäre, ja. Aber seltsamerweise gilt das nicht für Wochenzeitungen.«

»Wären Sie denn ein möglicher Autor für so eine Zeitung?«, fragte Kerner.

Wolstein lächelte. »Ich schreibe zwar auch, aber über meine Themen. Mein Sujet sind nicht die politischen sondern die vierbeinigen Rindviecher. Und jetzt bin ich an einem Buchprojekt, dem ich den Titel gegeben habe: ›Über das Paaren und Verpaaren der Menschen und Tiere nebst einer Abhandlung über die Krankheiten, die aus der Verpaarung entstehen‹.«

»Aber damit meinen Sie jetzt nicht die Ehe?«, fragte Kerner lachend.

»Wer weiß. Ich habe ja noch nicht einmal richtig begonnen und sammle erst das Material.«

Die Idee Wolsteins, eine oppositionelle Zeitschrift zu gründen, ließ Kerner nicht mehr los. Tatsächlich begann der quirlige Mann sofort mit den Vorbereitungen. Anfang März erschien bereits die erste Ausgabe des »Nordstern«. Georg Kerner hatte für sein Blatt ein strenges Konzept entwickelt, in dem er bewusst auf Anekdoten und unterhaltsame Geschichten verzichtete, wie sie im Gros der vergleichbaren Publikationen erschienen. Die meisten Artikel schrieb er selbst und hielt sich dabei mit seiner Meinung nicht zurück. Und er zitierte aus wichtigen internationalen Journalen wie der Londoner »Times« und dem französischen »Moniteur«.

Kerners Zeitschrift fand zwar interessierte Leser, konnte sich aber nur kurze Zeit halten, weil das Schicksal plötzlich eine neue Überraschung für ihn bereithielt. Die französische Regierung hatte sich entschlossen, Karl Friedrich Reinhard wieder als Gesandten für die deutschen Hansestädte nach Hamburg zu schicken. Und so kreuzten sich die Wege der beiden zwangsläufig wieder.

Zu Wolstein sagte Kerner: »Reinhard kommt als Minister des Landes, das die Macht hat, und er weiß, dass ich als politisch Unzufriedener existiere, spreche und schreibe. Das kann nicht gutgehen. Wir werden uns zwangsläufig begegnen, aber es wird keine Intimität zwischen uns mehr stattfinden. Vielleicht sollte ich mich ganz ins dänische Altona zurückziehen.«

Tatsächlich begegneten sich die beiden früheren Freunde in der nächsten Zeit immer wieder einmal auf Gesellschaften, tauschten unverbindliche Höflichkeiten aus und blieben auf Distanz, bis Reinhard Kerner bei einer Abendgesellschaft im Hause eines Kaufmanns, der weltweit Handel trieb und zu den reichsten Bürger Hamburgs gehörte, auf die Seite nahm. Gemeinsam traten sie in einen Alkoven mit Blick auf die Alster. »Ich bin gerne wieder hier«, sagte Reinhard. »Die Stadt hat ihre Schönheiten.«

»Und zum Glück ihre Freiheiten«, antwortete Kerner.

»Darüber wollte ich mit dir reden.«

»Hab' ich erwartet.« Kerner wandte sich ab und trat mit dem Rücken zu Reinhard dicht ans Fenster.

»Alter Freund«, sagte der Gesandte. »Ich rate dir, deine Zeitschrift sofort einzustellen.«

»Ich vertrete im ›Nordstern‹ nichts anderes als unsere gemeinsamen Ideale, für die wir seinerzeit in Paris aufgebrochen sind, um sie in der Welt durchzusetzen.« Darauf sagte Reinhard: »Ich bin nicht der Gesandte unserer Ideale, sondern der französischen Regierung, und wir sind auf dem Weg, aus den Hansestädten ein französisches Departement zu machen. Zwinge mich nicht, deine Zeitschrift verbieten zu müssen. Das sage ich dir aus alter Freundschaft.«

»Das nennst du Freundschaft? Nur weil ich mich nicht den Garderoben der Madame Bonaparte und den Kleidern des Ersten Konsuls, den Falten seines Gesichts, den Worten, die er vor oder nach der Tafel fallen gelassen hat, beschäftigt habe, sondern mit seinen Taten, willst du meine Existenz ruinieren!«

Plötzlich trat Christine Reinhard herein. »Da find ich euch – im vertrauten Gespräch. Wie schön!«

Kerner sah sie an, schüttelte leicht den Kopf, hob seinen Ringfinger und sagte: »›Zukunft, Freiheit, Wiedersehen‹. Du erinnerst dich? – Wiedersehen!« Damit verließ er den Alkoven.

»Was war denn das?«, fragte Christine.

»Das frag ich dich!«, Reinhard blickte sie mit gefurchter Stirn an.

Sie erzählte ihm von dem Ring und ihrem Abschiedsbrief an Kerner und fragte dann: »Und was war zwischen euch?«

»Ich kann seine Zeitschrift nicht dulden.«

»Und was soll aus ihm werden?«

»Er hat doch einen Beruf. Aus der Politik hat er sich selbst verabschiedet. Und wenn er als Journalist keine Vernunft annehmen will ... – er ist doch Arzt.«

Tatsächlich widmete sich Georg Kerner von diesem Abend an wieder seinem erlernten Beruf. Im August 1802 reiste er über Altona nach Kopenhagen und schrieb sich dort zur Weiterbildung in der medizinischen Fakultät ein. Er besuchte medizinische Vorlesungen, machte praktische Arbeit an öffentlichen Krankenhäusern, blieb aber nicht lange dabei, sondern ließ sich von neuen Bekannten zu einer Fahrt nach Südschweden überreden. Was er dabei erlebte, beeindruckte ihn so tief, dass er in wenigen Monaten das Buch »Die Reise über den Sund« schrieb, das im Jahr darauf bei Cotta in Tübingen erschien.

Ab dem Wintersemester widmete er sich – nach Kopenhagen zurückgekehrt – intensiv seinen medizinischen Studien. Nach einjähriger Abwesenheit kam er schließlich nach Hamburg zurück und ließ sich als praktischer Arzt nieder, obwohl es in der Hansestadt seinerzeit unverhältnismäßig viele Ärzte gab. Allerdings brachte er aus Kopenhagen Kenntnisse und Fertigkeiten mit, die ihn in Hamburg und weit über die Grenzen der Stadt hinaus bald als Spezialisten bekannt machten.

Er hatte festgestellt, wie sehr das Entbindungswesen in der Hansestadt im Argen lag. Es gelang ihm zwar nicht, eine zentrale Entbindungsstation aufzubauen, weil dies am Widerstand der Ärzte scheiterte, die um ihre Pfründe bangten. Aber er nahm erfolgreich einen anderen Weg, um gegen die Missstände vorzugehen. So richtete er auf eigene Rechnung Kurse für Hebammen ein und hielt gynäkologische Vorlesungen. Die Schülerinnen kamen aus weitem Umkreis, bis Hannover. Kerner achtete darauf, dass die angehenden Geburtshelferinnen möglichst aus gebildetem Hause kamen, weil er sie dann bald als Lehrerinnen zur Unterrichtung junger Anfängerinnen einsetzen konnte. Die Aktion erwies sich als äußerst erfolgreich. Die Todesfälle bei Geburten gingen drastisch zurück. In seinen Lehrveranstaltungen widmete er sich auch Fragen der weiblichen Sexualität und erwies sich dabei als ungemein fortschrittlich.

Aus Kopenhagen brachte er zudem die neuesten Erkenntnisse über die Pockenschutzimpfung mit Hilfe der Kuhpocken mit. Rastlos zog er von Haus zu Haus, vor allem auch im ländlichen Umfeld Hamburgs, um die Menschen davon zu überzeugen, ihre Kinder impfen zu lassen. Dabei begleitete ihn nicht selten eine junge Frau mit ihren Kindern, um ihr Beispiel einer erfolgreichen Impfung zu demonstrieren. Die Kinder erzählten dabei frei von der Leber weg, der kleine Stich schmerze nicht, und krank werde man danach auch nicht. In nur zwei Monaten impfte Kerner erfolgreich über 170 Kinder und hielt jeden Fall in einer Dokumentation fest.

Längst war die Stadtregierung auf seine Arbeit aufmerksam geworden und fragte nun an, ob er bereit wäre, das Ehrenamt des Hamburger Armenarztes zu übernehmen. Kerner ging mit sich und seinen Freunden zu Rate. In diesen Gesprächen erzählte er von seiner Rede vom 4. November 1790 an der Hohen Karlsschule zu Stuttgart im Beisein Herzog Carl Eugens. Damals habe er als Student gesagt: Der begüterte Privatmann vermöge im Krankheitsfalle sich immer selbst zu helfen, aber nicht der mittellose Arme. Das Übel, nämlich die Mittellosigkeit im Krankheitsfalle, ließe sich freilich mindern, wenn alle Glieder des Staates sich vereinigten, um nach ihrem Vermögen zu helfen. Er wandte sich nun direkt an seine wohlhabenden Freunde: »Ich stelle meine ärztliche Hilfe kostenlos zur Verfügung, wenn ihr dafür sorgt, dass die übrigen Kosten getragen werden können.« Damit brachte Kerner eine Welle der Hilfsbereitschaft ins Rollen, die lange nicht abebben sollte.

Und so gelang es ihm, die armen Patienten nicht nur angemessen medizinisch zu versorgen. Er organisierte auch praktische Hilfe für sie, sorgte zum Beispiel für Nahrungsmittel, Kleidung und Brennholz im Winter. Seine Patienten ermunterte er, brachliegendes Land zu bebauen und zum Beispiel Gemüsebeete anzulegen. Er selbst setzte Preise für die schönsten Gärten aus.

Auch sein privates Leben brachte er in Ordnung und verlobte sich Ende des Jahres 1803 mit Johanna Duncker.

Mitte März 1804 bat Georgs Verlobte die Frau des Gesandten Reinhard um ein Treffen. Christine willigte sofort ein. Erste Sonnenstrahlen kündeten den Frühling an und wärmten die kühle Hamburger Luft. Frau Reinhard empfing Johanna im Wintergarten ihres Hauses, der einen wunderbaren Blick in den gepflegten Garten bot. Kaum hatte die Besucherin erzählt, dass Georg und sie in Kürze heiraten würden, war die Hausfrau hell begeistert. »Das ist ja wunderbar! Im Herzen bin ich immer eine gute Freundin Georgs geblieben. Er ist so ein außergewöhnlicher Mann, und wenn ich jetzt höre, was er in dieser Stadt alles leistet, kann ich ihn nur bewundern und Sie beglückwünschen, liebes Fräulein Duncker. Aber welche Rolle soll ich spielen?«

»Aus vielen Gesprächen mit Georg weiß ich, wie sehr er unter dem Zerwürfnis mit Ihrem Mann leidet. Und da hab ich mir gedacht, unsere Hochzeit wäre doch ein schöner Anlass, die beiden zu versöhnen.«

»Da bin ich sofort auf Ihrer Seite.«

Als Christine Johanna eine Stunde später zur Tür brachte, sagte sie: »Ich freue mich so, dass wir uns näher kennengelernt haben. Das sollte nicht unser letztes Treffen gewesen sein. Wir müssen Freundinnen werden.«

»Aber Georg darf nichts davon erfahren, dass ich heute mit meinen Wünschen zu Ihnen gekommen bin.«

»Keine Sorge. Ich werde meinem Mann auch nichts davon sagen. Zum Glück können wir Frauen ja schweigen.«

Am Abend des gleichen Tages, Karl Friedrich lag schon im Bett, und seine Frau machte sich vor dem Frisierspiegel für die Nacht zurecht, sagte Christine betont beiläufig. »Hast du das auch gehört, Georg Kerner soll sich verlobt haben.«

»Das ist nicht seine erste Verlobung«, brummte Reinhard.

»Aber diesmal soll es was Ernstes sein.«

»Und wer ist die Glückliche?«

Christine beobachtete ihn im Spiegel und sah, dass er nicht so uninteressiert war wie er sich gab.

»Du kennst sie sicher, die kleine Johanna Duncker.«

»Ach ja? Dieses entzückende Wesen?«

»Kein Neid, mein Lieber«, scherzte Christine und ging zum Bett hinüber. »Es soll sogar schon einen Hochzeitstermin geben.«

»Aha! Und was willst du mir jetzt damit sagen?«

Sie ließ sich auf ihre Seite des Bettes fallen und beugte sich über ihren Mann. »Ich will dir damit sagen: Wenn du dich den beiden als Trauzeuge anbieten würdest, würde dieses Angebot bestimmt nicht zurückgewiesen.« Sie beendete den Satz mit einem Kuss.

»Hört sich an wie ein weibliches Komplott!«
»Und wenn es so wäre?«
»Lass mich diese Nacht darüber schlafen.«

Gefeiert wurde am 27. Mai 1804 im Dunckerschen Landhaus in Horn. Beim feierlichen Diner erhob sich der Trauzeuge Karl Friedrich Reinhard, klopfte an sein Glas, prostete dem jungen Paar zu und setzte dann zu einer kurzen Rede an. »Die Seele unseres Verhältnisses, lieber Kerner, kann keine andere sein als Vertrauen und Liebe. Beides übertragen meine Frau und ich nur zu gerne auf Sie, liebe Johanna. Christine und ich nehmen, mein lieber Kerner, umso herzlicher Anteil an der entscheidenden Wendung deines Schicksals, da sie deiner bisherigen, auch durch meine Schuld exzentrischen Laufbahn endlich ein Ziel gibt, von dem wir wünschen, dass es euch beiden nur Erfolg, Glück und Segen bringen möge.«

Die Hochzeitsgesellschaft applaudierte. Musik setzte ein. Lebhafte Gespräche wurden ringsum aufgenommen. Plötzlich stand ein Bote in der Tür, suchte mit den Augen den Gesandten Reinhard und eilte zu ihm, als er ihn entdeckt hatte. Georg, der seinen alten Weggefährten beobachtete, erkannte an dessen Reaktion sofort, dass es sich um etwas Wichtiges handeln musste. Er beugte sich zu seinem Trauzeugen hinüber. »Was ist passiert?« Plötzlich hatte sich die Aufmerksamkeit der ganzen Gesellschaft den beiden zugewandt.

Karl Friedrich Reinhard sagte in die Stille hinein: »Paris meldet: Napoleon lässt sich zum Kaiser krönen.«

Zwei Ärzte – Justinus bei Georg in Hamburg

An einem Juniabend 1808: Georg war nach einem langen Arbeitstag in den Krankenbaracken müde nach Hause gekommen und saß am Kaminfeuer. Johanna brachte ihm ein Glas Wein und setzte sich auf die Lehne seines Sessels. In der Hand hielt sie einen Brief.

»Ach, hat Justinus schon wieder geschrieben?«, fragte Georg. »Der geht mir langsam auf die Nerven mit seinen Liebesbriefen an dich.«

»Ist doch ganz harmlos. Außerdem gilt seine Schwärmerei mehr dir als mir. Du musst doch eigentlich auch merken, dass du gemeint bist? Dich, seinen großen Bruder und tollen Arzt betet er an, nicht mich.«

»Die Briefe lesen sich aber anders. Hat der eigentlich nichts Besseres zu tun?«

»Doch. Er schreibt, er stecke mitten in seiner Doktorarbeit. Und da hab ich mir gedacht, jetzt muss er doch praktische Erfahrungen sammeln. Und wo könnte er das besser als bei dir?«

»Aha, ich soll ihn auch noch einladen?«

»Er wäre bestimmt eine Entlastung für dich. Und bei der Gelegenheit kann man ihm ja vielleicht auch seine Flausen austreiben.«

Schon am nächsten Tag setzte sich Georg hin und schrieb seinem kleinen Bruder:

Ende, sobald du kannst, deine Dissertation, suche mit Ende Oktober spätestens abzureisen, bleibe den Winter über hier, benütze die seltenste aller Gelegenheiten für medizinische Praxis und Accouchements (Geburtshilfe) und kehre dann mit dem Frühjahr wieder nach Württemberg zurück und werfe dich dort in die praktische Laufbahn. Es sei denn, du wolltest noch zu deinem Vergnügen Wien, Berlin oder Paris besuchen, wo du aber kaum in einem Jahr die Gelegenheit finden wirst, die der erste Tag deiner Ankunft dir hier darbieten kann; denn es gibt nur eine Armenanstalt in der Welt, und von dieser einen besorge ich den größten, interessantesten Distrikt. Du kennst nun meinen Wunsch. Ich zähle die Minuten, dich nach einer so langen Zeit wieder umarmen zu können.

Johanna setzte hinzu: »Auch ich erwarte dich als Schwester und als Freundin, und unsere Kinder werden dir gefallen.«

Es dauerte freilich, bis sich Justinus entschließen konnte, nach Hamburg zu reisen. Promoviert wurde er erst im Dezember 1808, und so wurde es Frühjahr 1809, bis er die letzte Etappe seiner Reise in einer Nachtkutsche zurücklegte. Kurz hinter Lüneburg ging die Sonne auf und tauchte die Heidelandschaft, die von einem leichten Nebel überzogen war, in ein milchiges Licht. Die Alleebäume, die rechts die Straße säumten, wirkten im Gegenlicht wie scharf konturierte Schattenrisse. Justinus zog den alten Brief seines Bruders Georg aus der Innentasche seines Gehrocks und las ihn – er wusste nicht zum wievielten Male.

Georgs Frau Johanna kannte der junge Justinus schon seit dem Sommer 1805, als sie, ohne ihren Mann, ihre Schwiegermutter in Ludwigsburg besucht hatte. Justinus hatte sich damals heftig in sie verliebt, in kleinen Briefen und leidenschaftlichen Gedichten hatte er ihr diese Liebe auch gestanden. Sie hatte ihn deswegen nicht zurückgewiesen. Im Gegenteil, sie schien geschmeichelt, erwiderte seine Blicke mit großer Wärme und berührte auch manchmal wie aus Versehen seine Hand oder seinen Arm. Johanna war schön, schlank gewachsen und sie hatte volles blondes Haar. Aber mehr als durch ihr Aussehen beeindruckte diese junge Frau durch ihre geistreiche, oft witzige Rede, ihr Klugheit und ihre heitere Gelassenheit. Justinus hatte nie das Gefühl, sie spiele nur mit ihm. Es schien ihm vielmehr, als nehme sie seine Liebe ernst und erwidere sie nur nicht so, wie er es erträumte, weil sie ja die Frau seines Bruders war. Jetzt, da er in der holpernden und schaukelnden Kutsche saß, erfasste ihn ein Gefühl der Unruhe. Er würde sie wiedersehen. Und in seiner Phantasie malte er sich aus, wie er der Schwägerin erneut seine Liebe gestehen und wie sie diesmal erkennen würde, dass nicht Georg sondern er ... Justinus verbot sich weiterzudenken, faltete den Brief und schob ihn zurück in die Rocktasche.

»In zwei Stunden sind wir da!«, rief der Kutscher vom Bock herunter. Die anderen Reisenden kamen nach und nach zu sich, regten und streckten sich und gaben unwillige Laute von sich. »Ja, so eine Reise ist nicht wirklich ein Vergnügen«, sagte Justinus, ohne einen der Mitfahrenden anzusehen.

Er wusste, dass Georg den Tag über als Armenarzt in den Baracken arbeitete. Die Adresse hatte er sich aufgeschrieben:

Hohe Luft. Und er hatte sich erkundigt, in welchem Teil Hamburgs sie lag: St. Pauli. Er fragte sich durch und amüsierte sich seinerseits darüber, wie komisch die Hamburger, die er fragte, seinen Dialekt fanden, obwohl er sich doch anstrengte, nach der Schrift zu sprechen.

Und dann stand er unter der Tür der langgezogenen Krankenbaracke. Bett an Bett schlossen sich die Lager in einer langen Reihe aneinander. Jede Pritsche war belegt. Von vielen von ihnen hörte man die an Schmerzen leidenden Patienten wehklagen. Der Arzt, der gerade weit hinten in der Reihe einen Verband wechselte, fühlte sich offenbar beobachtet, sah auf und entdeckte den Neuankömmling. Ihre Blicke trafen sich.

Der Mann trat auf Justinus zu. »Was suchen Sie …?« Er unterbrach sich und musterte den Jüngeren genauer. »Justinus! Bist du's, Justinus …?«

Der andere lächelte. »Wenn du Georg bist, Herr Doktor, bin ich Justinus.«

»Und auch schon Doktor, wie ich erfahren habe. Da bist du ja endlich!« Georg Kerner schloss seinen Bruder in die Arme. »Wie hast du mich denn gefunden?«

»Einfach war's nicht. Aber scheints kennt man dich ja hier. ›Sie suchen wohl Ihren schwäbischen Landsmann‹, hat einer zu mir gesagt. Und der wusste dann auch, wo man dich findet.«

»Wenn du schon da bist, dann steh hier nicht so rum, Herr Kollege. Der dort hinten links braucht einen neuen Verband. Kannst du dich um ihn kümmern?«

»Natürlich. Ich bin ja gekommen, um bei dir zu famulieren.«

Justinus wusch sich die Hände in einer Waschschüssel, worauf sein Bruder Wert gelegt hatte. Dann machte sich der Neuling daran, dem Patienten einen neuen Verband anzulegen. Und er freute sich, dass Georg, der ein paar Mal zu ihm herübersah, ihm ab und zu beifällig zunickte.

Zwei Stunden später – Justinus hatte gut und gerne zehn Patienten versorgt –, rief ihm sein älterer Bruder zu: »Feierabend, Doktor Justinus. Auf geht's, nach Hause!«

Ihr Weg führte sie zunächst zu Fuß durch eines der sogenannten Gängeviertel. Es ging durch schmale, enge Gassen, durch die nicht einmal ein Handwagen gepasst hätte. Windschiefe Häuschen reihten sich rechts und links dicht aneinander. »In jeder dieser Hütten wohnen sechs, sieben, oft auch zehn oder mehr Menschen auf engstem Raum«, erklärte Georg. »Überall tummelt sich das Ungeziefer. Es gibt meistens nur ein einziges Plumpsklo für ein ganzes Viertel. Die Hygiene liegt völlig im Argen.« Justinus musste sich rasch unter einem Balken bücken, der die Wände der Holzhäuschen links und rechts stützte, damit sie nicht in die schmale Gasse hineinbrachen. Erst nach gut zweihundert Metern erreichten sie ein größeres Haus, das quer zur Gasse stand. Ein Durchlass – Georg erklärte, man nenne ihn hier Twiete – gab den Weg frei zu einem hellen Platz, der in der beginnenden Dunkelheit von einigen Laternen erleuchtet wurde. Dort standen sechs oder sieben Kutschen. Georg ging auf eine zu und sagte: »Wir sind da, Andreas!«

»Wird aber auch Zeit«, antwortete der Kutscher und nahm die Zügel in die Hand. Er löste die Bremse. Und als Georg und Justinus eingestiegen waren, rief er laut »Hüja« und knallte mit der Peitsche.

Nun ging es bald durch breitere Straßen.

»Warum kommst du erst jetzt? Ich hab dich schon im November erwartet. Wo hast du dich eigentlich die ganze Zeit herumgetrieben?«, fragte Georg.

»Ich bin noch in Tübingen aufgehalten worden.«

»Wodurch?«

»Das würde jetzt zu weit führen. Aber ein schönes Gedicht habe ich in der Zeit geschrieben.«

»Du meinst dein Wanderlied: ›Wohlauf noch getrunken den funkelnden Wein‹ …?«

»Du kennst das?« Justinus sah Georg überrascht an.

»Ja natürlich. Meine Frau zeigt mir alles, was du ihr schickst.«

Justinus erschrak und antwortete nicht.

»Ich muss dir allerdings sagen, mein Lieber, manche deiner Briefe sind das Porto nicht wert, das sie kosten.«

»Ich verstehe nicht, was du meinst«, sagte Justinus irritiert.

Lachend zitierte Georg aus einem von Justinus' Briefen an Johanna:

Was wär die Erde ohne Frauen?
Das fühlt das Herz, ist's Auge blind.
Ein Garten wär sie anzuschauen
In welchem keine Blumen sind …

»Also wir fanden es ganz amüsant, wenn auch ein bisschen schwülstig.«

In dem Moment hatten sie sein Zuhause erreicht und stiegen aus. Justinus blieb überrascht stehen und sah beeindruckt zu der Villa hin. »So lebst du also.«

»Ja. Den Tag über kümmere ich mich um die Ärmsten der Armen. Aber ich muss auch einen Ort haben, an dem ich immer wieder die Kraft für meine Arbeit sammle. In meiner Barackenpraxis bin ich sehr glücklich. Seit elf Monaten habe ich unter 15 Familien keinen Toten gehabt. Aber ich habe natürlich noch andere Patienten. Irgendwie muss ich ja auch Geld verdienen.« Mit diesen Worten erreichten sie das Vestibül. Johanna kam ihnen entgegen und nahm Justinus Hut und Mantel ab. »Wie schön, dass du da bist!« Sie küsste ihren Schwager auf beide Wangen.

Justinus errötete.

Die kleine Tochter Bonafine kam gerannt und zog in einem Bollerwagen ihr Schwesterchen hinter sich her.

»Das ist euer Onkel Justinus«, sagte Georg.

Die kleine Bonafine fragte: »Und was macht er hier?«

»Er geht jetzt bei mir in die Lehre.«

Johanna lachte und sagte zu den Kindern: »Euer Onkel ist aber auch schon ein richtiger Doktor. Er wird eurem Papa in seiner Praxis helfen.«

»Aber trotzdem: Ich bin schon noch ein Lehrling«, meinte Justinus.

Georg legte kurz seinen Arm um Johannas schmale Hüfte. »Ich mach mich frisch, es gibt ja sicher gleich Essen.« Und zu Bonafine sagte er. »Und du kommst am besten gleich mit. Du weißt ja: Nach dem Lulu und vor dem Essen ...«

»... Hände waschen nicht vergessen«, rief die Kleine, nahm ihr Schwesterchen ins Schlepptau, und sie verschwanden mit ihrem Vater im Badezimmer.

Einen Augenblick standen sich Justinus und Johanna stumm gegenüber. Plötzlich machte der Schwager einen

Schritt auf die Hausfrau zu und versuchte sie unbeholfen mit seinen Armen zu umschlingen. Sie wich zurück und schob ihn von sich. »Nicht so stürmisch, Justinus. Nicht hier.«

Verwirrt stolperte der Gast ein paar Schritte zurück und murmelte eine Entschuldigung.

»Ist doch nicht schlimm«, sagte Johanna. »Ich freu mich ja so, dass du da bist. Nach all den schönen Briefen.«

»Und die hast du alle Georg gezeigt?«

Jetzt lächelte seine Schwägerin. »Fast alle. Sei unbesorgt.«

Georg und die Kinder kamen zurück. Bonafine rief: »Und Onkel Justinus muss nicht die Hände waschen?«

»Aber natürlich. Ich hab ja in den Baracken schon geholfen.« Justinus verschwand im Bad.

»Na«, sagte Georg zu seiner Frau, »wie findest du denn deinen alten Liebhaber?«

»Na ja, ein bisschen erwachsener ist er schon geworden.«

»Und? Muss ich mich fürchten?«

»Das musst du immer, mein Liebling«, antwortete Johanna lachend. »Auf zum Essen.«

Der Tisch im Speisezimmer war gedeckt wie bei den Kerners in Ludwigsburg nur zu hohen Festtagen. Ein mehrarmiger Leuchter verbreitete ein warmes Kerzenlicht. Tischdecke und Servietten waren aus feinem Damast, das Geschirr aus erlesenem Porzellan.

Nach dem Tischgebet wollte sich Justinus sofort bedienen, aber Johanna sagte rasch. »Ich lege dir vor!«

»Tut mir leid, ich hab die feinen Sitten etwas verlernt«, sagte Justinus beschämt.

Georg lächelte. »Das ging mir anfangs in diesem Haus

genauso. Meine Frau kommt nun mal aus einer guten Hamburger Patrizierfamilie.«

»Aber du kommst trotzdem mit mir zurecht, mein Liebster«, antwortete die Hausherrin. »Oder?«

»Immerhin hast du doch wohl sogar einmal mit Napoleon gespeist«, warf Justinus ein, »so heißt es wenigstens in unserer Familie voller Hochachtung.«

»Stimmt! Sogar zweimal. Einmal in Aosta im Frühjahr 1800. Und im gleichen Jahr im Sommer sind wir uns in Mailand begegnet. Da hat er mich sogar höchstpersönlich an seine Tafel gebeten. Übrigens gab es Leute, die haben behauptet, wir sähen uns ähnlich.«

»Aber zum Glück hast du mehr Haare auf dem Kopf«, sagte Johanna.

»Jetzt lass uns erst mal in Ruhe essen. Der Abend ist ja noch lang. Ich erzähl's dir später genauer«, sagte Georg zu Justinus.

Die beiden Brüder hatten im Salon auf bequemen Sesseln Platz genommen. Johanna brachte die Kinder ins Bett. Georg goss Rotwein in zwei Gläser. »Ein echter Württemberger«, sagte er, »so wie wir. Wohl bekomm's, Bruderherz!« Sie tranken sich zu.

»Um nochmal auf Napoleon zurückzukommen: Das damals in Mailand war ein Wendepunkt für mich. Ich war schon lange skeptisch und habe ihn an jenem Abend umso genauer studiert. Tags darauf habe ich in mein Tagebuch geschrieben: ›Großer, von Europa und der Welt besungener Held! Auch du bist worden nichts und wirst werden nichts als ein Mensch, der nicht getan hat, was er hätte tun können, und nicht geworden ist, was er der ganzen Welt hätte werden können.‹ Zugegeben etwas pathetisch ...«

»Aber auch prophetisch!« Justinus stellte sein Glas behutsam ab.

»Wenn jetzt unser Bruder Karl da wäre«, antwortete Georg, »würde er vermutlich ganz anders reden. Immerhin kämpft er inzwischen als Oberst mit den württembergischen Truppen auf Seiten Napoleons gegen die Österreicher.«

»Was bleibt ihm anders übrig? Er hat seinen Eid auf den Württembergischen König geschworen, wie du vermutlich auf Napoleon.«

»Oh, nein! Ich habe meinen Eid auf die Französische Republik abgelegt. Aber die gibt's ja nicht mehr, weil sich Napoleon inzwischen selbst zum Kaiser gemacht hat. Die Politik ist ein übles Geschäft, sag ich dir.«

»Das war bestimmt kein einfacher Weg für dich, Georg. Da bist du mit den Großen der Welt, mit Fürsten, Herrschern und Diplomaten auf du und du gewesen und jetzt kümmerst du dich um Patienten, die in Lumpen gehen.«

»Nun übertreib mal nicht. Nicht alle meine Patienten gehen in Lumpen, sonst hätten wir heute Abend anders gespeist. – Ich weiß ja nicht, wie du dir dein künftiges Leben als Arzt vorstellst. Für mich war ab einem bestimmten Punkt einfach klar, dass ich als Doktor eine Verantwortung für meine Mitmenschen habe. Und dieser Aufgabe wollte ich mich stellen. Deshalb bin ich nach Skandinavien gegangen, weil die Medizin dort viel weiter ist. Aber das ist ein anderes Thema. Du erinnerst dich an den Brief, den ich dir geschrieben habe.«

Justinus nickte. »Ich habe ihn Satz für Satz im Kopf: ›Es gibt nur eine Armenanstalt in der Welt und von dieser einen besorge ich den größten, interessantesten Distrikt.‹«

»Ich glaube, wir werden gut miteinander auskommen«, Georg hob sein Glas.

Auch Justinus griff nach seinem Wein. »Ich bin neugierig, was die nächsten Tage und Wochen mir bringen werden.«

*

Die Kutsche hatte Ludwigsburg hinter sich gelassen. Der Himmel hatte sich bezogen. Erste Regentropfen fielen. Der Kutscher hielt an. Justinus Kerner schreckte aus seinen Gedanken auf. »Was ist? Wo sind wir?«

»Noch a gute Schtund bis Weinsberg, aber s'regnet.«

Der Kutscher war vom Bock gestiegen, um das Verdeck zu schließen.

»Ich war grad wo ganz anders«, sagte der Doktor.

»Aha – und wo?«

»Weit weg, bei meinem verstorbenen Bruder Georg. Und hab drüber nachdenken müssen, wie sich doch so manches im Leben wiederholt.«

Der Kutscher räusperte sich. »I will net hoffa, das mir bald amol wieder da nauf müsset auf den Hohen Asperg.«

Justinus lachte. »Das wär ja vielleicht net des Schlimmste. Aber ich bin froh, das des mit mei'm Theobald doch so ein halbwegs gutes Ende nehmen wird. Wenn ich dran denke, wie das angefangen hat.«

Der verhinderte Revolutionär

Meine Freunde und auch ihr, die ihr nicht meine Freunde seid! Lasst mich die plumpe Fahne der Ehrlichkeit aufpflanzen. Wenn Worte so schwer wiegten wie Taten, die deutsche Freiheit, vor der im März dieses Jahres der Purpur der Könige erbleichte, o die müsste jetzt nicht wieder als untertänige Bettlerin um die Paläste schleichen, als Bettlerin durch unsere Schuld.

Theobald Kerner schlug bei einer Versammlung am 10. September 1848 auf dem großen Exerzierplatz zu Heilbronn, mit einer seiner großen Reden tausende Zuhörer in seinen Bann. Ein Beobachter beschrieb ihn als »einen hübschen, fantastisch aussehenden Jungen, den die Tracht des Weinsberger Freikorps vortrefflich kleidete. Die leidenschaftliche Art, mit der Herr Kerner seinen Körper hin und her warf, wie er der Versammlung seine – übrigens sehr schönen – Zähne wies, hatte durchaus etwas Theatralisches. Herr Kerner spielt den Revolutionshelden; es fehlt nur das Gewehr dazu.«

»O meine Freunde, es ist wieder Gewitterschwüle«, fuhr Theobald Kerner fort.

Fernes Wetterleuchten verkündet den nahenden Orkan. Wenn der Freiheitssturm sich wieder erheben sollte, o versprecht mir, nein, nicht mir, versprecht es euch selbst, bei allem, was euch heilig ist, dann keine vielen Worte, keine langen Reden mehr, dann eine rasche mutige Tat! Und soll doch etwas dabei gesprochen sein, dann seien es die unerschrockenen ehrlichen Worte: Der, den man Hochverräter nennt, der ist mein Freund!

Theobald Kerner zog als gefeierter Redner durchs Land. Weinsberg, Heilbronn, Schwäbisch Hall – überall jubelten ihm Tausende begeistert zu. Seine Auftritte waren so wirkungsvoll, dass die Reden im »Heilbronner Neckardampfschiff« und in der »Schwäbischen Chronik« wortwörtlich abgedruckt wurden.

»Das wird dir noch zum Verhängnis werden«, sagte seine Frau Marie, als er nach einem seiner Auftritte ins Kernerhaus nach Weinsberg heimkehrte. »Bedenke doch, du hast Familie. Justina ist zwei Jahre alt und soll doch in Ruhe heranwachsen. Ich will nicht, dass sie ihren Vater eines Tages im Gefängnis besuchen muss.«

Theobalds Frau Marie war eine geborene Freiin von Uexküll-Gyllenband und hatte sich seinetwegen 1843 von ihrem Mann, dem Gutsbesitzer, Kammerherrn und Rittmeister Ernst Albert von Hügel scheiden lassen. Hügel wiederum war ein enger Freund von Theobalds Vater Justinus, der die Ehe seines Sohnes mit dieser Frau, die sechs Jahre älter war als Theobald, heftig bekämpft hatte. Mittlerweile war sie ihm allerdings eine sehr geschätzte Hilfe in seinem Arzthaushalt geworden, wie auch Theobald seinen Vater mehr und mehr in dessen Praxis unterstützte.

Marie war nicht zu beruhigen. »Du wirst noch das Opfer deiner eigenen Eitelkeit, Theobald«, sagte sie besorgt.

»Ich gebe ja zu«, antwortete ihr Mann, »dass ich mit poetischer Lust gesehen habe, wie die Bauern von meinen Worten aus ihrem Phlegma erwachten.«

»Und wo soll sie das hinführen?«

»Es fällt mir nicht ein, die Bauern für einen Revolutionsstreich jetzt schon für stark genug zu halten. Aber ich will dafür sorgen, dass sie nicht in ihre alte Stumpfheit zurückfallen. An eine Revolution in Württemberg denke ich zum jetzigen Zeitpunkt am allerwenigsten.«

»Warum stachelst du sie dann so auf?«

»Ich denke an die Zukunft. Wenn es einmal in ganz Deutschland heißt: Entweder – oder, dann sollen meine Bauern mit von der Partie sein.« Er hatte sich in Rage geredet. »Wach müssen wir sein, auf alles gefasst, nicht einmal davor zurückschrecken, Hochverräter zu werden!« Er war so laut geworden, dass die kleine Justina in ihrem Bettchen aufwachte und zu weinen begann.

»Da siehst du, was du angerichtet hast. Halte wenigstens zu Hause keine Volksreden!«, herrschte seine Frau ihn an.

Justinus kam herein. »Was ist denn hier los? Man hört euch bis auf die Straße!«

»Du kennst ihn doch. Er ist eben von sich selbst begeistert und kommt nur schwer davon runter«, antwortete seien Schwiegertochter.

»Wird er aber gleich«, sagte Justinus entschlossen und wandte sich direkt an seinen Sohn: »Wie ich höre, ist ein Haftbefehl gegen dich erlassen worden.«

»Wer sagt das?«, fuhr Theobald auf.

»Der Gendarm gehört zu meinen Patienten. – Am besten, du packst deine Sachen und gehst nach Straßburg wie seinerzeit dein Onkel Georg.« Justinus schüttelte ärgerlich seinen schweren Kopf. »Wie sich doch alles wiederholt.«

»Meine Bürgerwehr ist fest entschlossen, im Fall des Falles, mich als ihren Hauptmann mit der Waffe zu verteidigen.«

»Das fehlte noch!«, regte sich Justinus auf. »Militär in meinem Haus. Nix da! Du gehst nach Straßburg!«

»Aber nicht ohne uns, ohne Justina und mich«, sagte Marie resolut.

Schon wenige Tage später hingen Steckbriefe mit dem Konterfei des Dr. Theobald Kerner in der ganzen Gegend. Gleichzeitig wurde die Beschlagnahmung seines Vermögens angeordnet, das auf 900 Gulden geschätzt wurde. Die Vermögensverhältnisse seiner Frau Marie waren allerdings deutlich besser. Sie besaß 15.000 Gulden und erhielt von ihrem Vater eine jährliche Zuwendung von 2.000 Gulden. Zum Glück hatten die beiden Gütertrennung vereinbart. Auch das bewegliche Vermögen wurde amtlich geschätzt, eine Aufgabe, die der Stadtschultheiß Fraas höchstpersönlich und nicht ohne Vergnügen übernahm, hatte doch Justinus Kerner seine Wahl als politischer Gegner öffentlich bekämpft. Aber die Lage entspannte sich. Zwar wurde das Verfahren wegen Hochverrats weitergeführt, aber die Beschlagnahmung des Vermögens immerhin wurde aufgehoben.

Theobald und seine Familie fühlten sich in Straßburg wohl, wie aus einem Brief Maries hervorgeht:
> Endlich haben wir sogar unser Asyl liebgewonnen, denn die unangefochtene Ruhe inmitten dem Treiben der großen Stadt Straßburg hat für uns beide viel Wohltuendes.

Auch finde ich eben kein Mittel zweckdienlicher, um mein verirrtes Freiheitskind Theobald wieder ins Gleichgewicht zu bringen und das dämonische Fieber zu heilen, als neue Anschauungen und geistige Anregungen wie sie hier zu finden sind. Mein kleiner Freiheitsheld aus dem armseligen Kesselflickerstädtchen Weinsberg hat hier die Politik gänzlich vergessen. Vor allem hat er eifrig Französisch gelernt, um die Vorlesungen verstehen zu können, die er gewiss nicht ohne Nutzen hört. Ein weites Feld des Studiums sind ihm die großartigen Spitäler, die er täglich besucht. Der Kunst und Ästhetik sind unsere Abende geweiht, kurz, unsere Zeit ist bisher immer befriedigend ausgefüllt.

Theobalds Vater Justinus dagegen litt sehr unter der Trennung. Sein Augenlicht wurde immer schlechter, seine Kräfte ließen erkennbar nach, und so fehlte ihm der junge Arzt an seiner Seite sehr. Als Theobalds Schwester Emma erkrankte, schrieb der Vater dem Sohn nach Straßburg einen Brief, der ihm den Eindruck vermitteln sollte, Emma liege im Sterben. Da hielt es den Sohn nicht länger im französischen Asyl. Er kehrte nach Weinsberg zurück.

Als Theobald am 6. April 1849 eintraf, erwies sich Emmas Erkrankung als halb so schlimm. Offenbar hatte der Vater bewusst übertrieben, und sein Plan, dass Theobald daraufhin zurückkehren würde, war aufgegangen. Schon für den Tag nach Theobalds Ankunft hatte Justinus beim Königlichen Gerichtshof in Esslingen einen Termin vereinbart, den er gemeinsam mit seinem Sohn wahrnahm, der zwar nicht zu der erhofften Amnestie führte, aber doch immerhin zur Aussetzung des Haftbefehls gegen eine Kaution.

Theobalds Kameraden von der Bürgerwehr begrüßten die Rückkehr ihres Hauptmanns begeistert, sehr zum Missfallen Maries und ihres Schwiegervaters.

Im Frühjahr 1849 wurde die politische Diskussion in der Bevölkerung neu befeuert. Das Paulskirchenparlament hatte eine Reichsverfassung beschlossen. Der preußische König Friedrich Wilhelm IV. sollte deutscher Kaiser werden. Aber er lehnte ab. Er hielt es für unangemessen, vom Volk bestimmt zu werden, und bestand auf seinem Gottesgnadentum. Das Frankfurter Parlament löste sich danach immer weiter auf. Die linken Abgeordneten beschlossen schließlich, ein eigenes Parlament zu gründen und nach Stuttgart auszuweichen, denn der württembergische König Wilhelm hatte als einziger bedeutender Fürst die neue Verfassung anerkannt. Die Idee, mit dem Rumpfparlament nach Stuttgart zu ziehen, stammte von dem Abgeordneten Friedrich Römer, der in Personalunion Justizminister Württembergs war. Als freilich die Abgeordnetenversammlung begann, die württembergische Autonomie infrage zu stellen, wie er es verstand, legte Römer sein Abgeordnetenmandat nieder und verbot als Justizminister von einem Tag auf den anderen weitere Zusammenkünfte des Parlaments. Doch die Parlamentarier waren nicht bereit, sich das gefallen zu lassen. Sie machten nun unverhohlen Front gegen den König und seinen selbstherrlichen Minister.

Am 1. Juni beorderte König Wilhelm die gesamte Generalität und die Obristen seiner Armee nach Schwieberdingen und erklärte ihnen, es sei nun wohl so weit, dass man ihn aus dem Land hinausjagen wolle. Sie sollten sich deutlich dazu äußern, ob sie das zulassen wollten.

Das wollten sie natürlich nicht.

»Also«, sagte der Herrscher, »dann werde ich mich an die Spitze meiner Truppen stellen und Ordnung schaffen im Land.«

Da hatten aber plötzlich die Herren Offiziere alle möglichen Bedenken, Einwände und Ausflüchte. Sie seien ja bereit, für ihren König zu sterben, auf der Stelle, sofort, aber wenn seine Majestät an der Spitze seiner Truppen sterben wolle, so tue er das gewissermaßen allein, und wenn er vorausgehe, würden die Soldaten halt zurückbleiben.

Wilhelm war darüber so erbost, dass er offen mit dem Gedanken spielte, zu demissionieren. Zu seinem Generalstabschef Moritz von Miller sagte er: »Ich reise noch heute ab, und wenn es zu den Türken sein muss. Ihr habt Euch nicht um mich gekümmert, also brauch ich mich auch nicht um euch zu sorgen. Holt doch eure Pensionen bei den Demokraten!« In seinem Zorn war er bereit, die Macht auf Römer zu übertragen. Doch der dachte nicht daran, von jetzt auf nachher die Verantwortung zu übernehmen. Wenn jemand denke, er sei nicht entbehrlich, täusche er sich, sagte er. Er lege gerne alle Macht in die Hände des Königs zurück.

Das war nicht schlecht pariert. Wilhelm wog den Kopf hin und her. Und sagte: »No ja, wir sind alle a bissle nervös. Es pressiert ja nicht so. Wir wollen die Sache noch mal beschlafen und am Samstag weiter drüber reden.«

Minister Römer ergriff am 18. Juni 1849 die Initiative. Kurz zuvor noch selbst Abgeordneter im umstrittenen Parlament, zog er in Stuttgart zwei Bataillone, zwei Schwadronen, vier Geschütze der Reitenden und zwei von der Fußartillerie zusammen, um sie gegen seine einstigen Mitstreiter in den

Kampf zu führen. Am Nachmittag zwischen zwei und drei Uhr besetzte das Militär unter dem Kommando des Generals Miller das Fritzsche Reithaus, wo das Parlament tagen wollte. Die Truppen lagerten auf dem Schlossplatz, aber auch die Bürgerwehr war herausgetrommelt worden und hatte auf dem Spitalplatz Position bezogen.

Rechts und links auf dem Bürgersteig versammelten sich Hunderte Stuttgarter Bürger und ließen die Parlamentarier hochleben. »Mut! Mut! Zeigt denen, wer ihr seid!« schrien sie und stießen ihre Fäuste in die Luft. Die Abgeordneten machten bedächtige Gesichter und kamen mit jedem Schritt näher an das Militär heran. Am Ende standen sie sich Aug in Aug gegenüber. Einen Moment lang war es totenstill. Ludwig Uhland sah einem schwäbischen Bauernbuben ins Gesicht, dem Böblinger Abgeordneten Albert Schott gegenüber stand ein alter Hauptmann, mit dem er oft im Warmen Eck am Stammtisch zusammen gesessen hatte. Friedrich Wilhelm Löwe, Präsident des Stuttgarter Rumpfparlaments, kannte sein Gegenüber nicht, denn der war kein Stuttgarter. Jeder dachte vom anderen: »Wenn der nun anfinge – hoffentlich macht der keine Dummheit.« Von den Bürgern war keiner mehr zu sehen. Nachdem der Hauptmann sein Gegenüber Schott eine Weile angesehen hatte, meinte er in aller Ruhe: »So isch's. Wie wär's, wenn mr hoimgange dätet?«

Schott antwortete: »Ha, des ka mr doch etta. Des ischt doch a historischer Moment, der Moment!«

»Was historischer Moment? Des ischt Ruhestörung ond sonscht nix! Des werde mr glei han.« Der Hauptmann kommandierte: »Das Gewehr ... zum Angriff ... streckt!« Der Trommler hieb aufs Kalbfell. Die Soldaten standen da, den linken Fuß vor, die Pickelhauben auf dem Kopf und senkten die Bajonette. Schott wandte sich an den Löwe, und der wandte sich an Uhland, der schließlich sagte: »Also … protestiert hätte mr ja jetzt.« Darauf machten sie alle kehrt.

Anders ging es in Baden zu. Dort hatte Mitte Mai eine Revolutionsregierung die Macht übernommen und die Republik ausgerufen. Der Großherzog war geflohen. Aus dem Exil rief er preußische Truppen zur Hilfe, die auch prompt anrückten. Die Kämpfe dauerten bis in den Juli.
 Die württembergischen Bürgerwehren, die schon am 9. Juni eine Loyalitätsadresse für das von der Auflösung bedrohte Rumpfparlament in Stuttgart unterzeichnet hatten, beschlossen, die badischen Aufständischen mit Waffengewalt zu unterstützen.
 Sofort marschierten die Truppen des Königs in Heilbronn ein, um die Bürgerwehr zu entwaffnen. Die wollte sich freilich nicht so leicht ergeben und bat die Bürgerwehren der umliegenden Städte und Gemeinden um Hilfe. Nicht alle folgten dem Aufruf. Auch in Weinsberg entschloss sich nur die 3. Kompanie, nach Heilbronn zu marschieren. Unter Trommelklang verließen die kampfbereiten Weinsberger die Stadt, allerdings ohne ihren Hauptmann Theobald Kerner. Dafür hatte dessen Frau Marie gesorgt, wie man aus einem Gedicht Justinus Kerners erfahren kann:

> Des Zuzugs Trommeln schallen.
> ›Weib! Meinen Heckerhut!
> Und sollt ich heut noch fallen,
> Blut muss ich trinken. Blut!‹
>
> ›Blut?‹ spricht das Weib. ›Hast Fieber.
> So darfst du nicht von Haus.

Trink, eh du Blut trinkst, lieber
Dies volle Schnapsglas aus.‹

Er trank aus, was sie ihm reichte,
Sprach dann: ›Mir wird so dumm!‹
Er gähnte und erbleichte
und fiel, sich brechend, um.

Sie schleppt ihn in die Kammer,
Legt ihn ins Bett hinein,
Dort seufzt er: ›Welch ein Jammer!‹
Und schläft laut schnarchend ein.

Der Brechweinstein, den Marie ihrem Mann ins Schnapsglas getan hatte, stammte aus dem Arzneischrank des Doktors Justinus Kerner.

Und als er spät erwachte,
War's ihm, als wenn voll Hohn
Es auf der Gasse lachte
und schrie: ›Sie kehren schon!‹

Die Männer der Weinsberger Bürgerwehr schlichen über die Weinberge, Gärten und Nebentore zurück in die Stadt. Zu Kämpfen war es nicht gekommen.

Justinus Kerner hat seiner Schwiegertochter mit dem Gedicht »Weinsberger Weiberlist im Jahre 1849« ein kleines Denkmal gesetzt. Retteten in der alten Legende die Weinsberger Weiber ihre Männer, indem sie sie huckepack von der Burg heruntertrugen, so rettet hier ein Weinsberger Weib mit einem Glas Medizin ihren Mann davor, sich unsinnig in einen aussichtslosen Kampf zu stürzen. Und so endet das Gedicht:

Das Weib, dem dies gelungen,
Vom alten Weinsberg ist.
Dort lebt noch in den Jungen
Die alte Weiberlist.

Für Theobald Kerner bedeutete dieses Ereignis eine Wende in seinem Leben. Er zog sich nun völlig auf seinen Arztberuf zurück. Nach der Pensionierung seines Vaters betrieb er in Cannstatt eine galvano-magnetische Heilanstalt. Er blieb zwar lebenslang Republikaner, versöhnte sich aber mit seinem König und wurde sogar dessen Leibarzt, später gar zum Hofrat ernannt. Im Jahr 1862 starb sein Vater, im gleichen Jahr auch Theobalds Frau Marie, die nur 51 Jahre alt wurde. Theobald zog nach Weinsberg und übernahm Haus und Praxis seines Vaters. Sechs Jahre später heiratete er die dreißig Jahre jüngere Mathilde Hochstätter. Seine reformierte Praxis annoncierte er 1870 im Volkskalender:

»Hofrath Theobald Kerners galvanisch-magnetische Heilanstalt in Weinsberg an der Weibertreu. Durch die Anwendung von Magnetismus, Galvanismus und verwandte Heilkräfte, unterstützt mit den nöthigen Medikamenten, finden Solche, die an Gicht, Drüsen, skrophuloser Augenentzündung, chronischer Heiserkeit, Unverdaulichkeit, Hypochondrie, Schlaflosigkeit, Bleichsucht wie an Schwächezuständen und Nervenkrankheiten aller Art, Lähmungen, Ischiadik, Gesichtsschmerz, nervösem Kopfweh, Taubheit u.s.w. leiden, meist unerwartete, schnelle Heilung. – Arme werden unentgeldlich behandelt.«

Mathilde wurde von ihm Goldelse genannt, weil sie ein großes erbtes Vermögen in die Ehe einbrachte, das den beiden ein luxuriöses Leben ermöglichte.

Justinus und sein Rickele

Die Kutsche rollte vor das Doktorhaus. Josef machte die Bremse fest, stieg vom Bock und schickte sich an, dem Doktor beim Aussteigen zu helfen. Justinus Kerner stellte einen Fuß auf das Trittbrett, stemmte sich an seinem Spazierstock hoch und reichte die freie Hand dem Kutscher. »Wenn ich denke, dass ich als Kind einmal magersüchtig war …« Er lachte keuchend und war froh, als er mit beiden Beinen auf der Erde stand. Josef sagte nichts dazu. Einmal hatte er sich darüber lustig gemacht, dass der Herr Doktor wohl jeden Tag ein, zwei Pfund zunehme, und das war ihm schlecht bekommen. Auf keinen Fall wollte er es sich mit Kerner verscherzen. Der drückte seine freie Hand flach gegen den Rücken und sah an seinem Haus hinauf. Er war stolz auf dieses Gebäude. Zu ebener Erde waren der Stall und eine Remise untergebracht, daneben noch ein kleines Zimmer. Im ersten Stock befanden sich vier Zimmer, und eine Treppe höher zwei Kammern. 1827 hatte er dann noch ein Schweizerhaus mit einer Altane anbauen lassen, wodurch zwei weitere Zimmer entstanden waren. Das Gebäude stand in einem großen Garten. Hier sollte früher einmal ein Kirchhof gewesen sein. Ein stattliches Gartenhaus trug auf dem Balken über der Tür die Zahl 1600. Es hieß im Volksmund das Totenhaus – Grund genug, sich davor zu fürchten, dass darin Geister hausten. Inzwischen war es von Reben und

Rosen eingewachsen und diente manchen Besuchern – und davon gab es viele im Kernerhaus – als gemütliche Herberge.

Dicht bei der hinteren Begrenzungsmauer stand der alte Gefängnisturm, den Justinus der Stadt abgekauft hatte, »ein Gelass für Teufel und Tintenfass«, hatte ihn Kerners guter Freund Ludwig Uhland erst kürzlich genannt. Im Ort hieß er der »Geisterturm«, obwohl Kerner alles getan hatte, um dem runden Klotz aus meterdicken Mauern ein freundliches Gesicht zu geben. Er hatte ein gotisches Zimmer mit gemütlichen Nischen und einem bunten Kirchenfenster einbauen lassen. Aber darunter war halt immer noch ein dunkles Verlies. Es gab aber auch eine helle Plattform auf dem Dach des Turms, die eine herrliche Rundumsicht bot. Der Eingang zum Turm war mit dichtem Efeu umkränzt. Ein gewaltiger Nussbaum, der fast die Höhe des Turms erreichte, streckte seine gewaltigen Äste aus. Gleich hinter der Begrenzungsmauer stieg der Weg den Berg zur Burg Weibertreu empor.

Justinus Kerner verabschiedete sich von seinem Kutscher. Vielleicht schaue er später noch bei ihm in der Schreinerwerkstatt vorbei. Wann immer er Zeit dazu fand, arbeitete der Hausherr ein wenig als Tischler, in jenem Beruf, den er erlernt hatte, ehe er sich dazu entschloss, in Tübingen Medizin zu studieren. Justinus ging um das Haus herum und setzte sich auf die Bank, die an der Südseite des Hauses stand. Den Garten und den dicken Turm an dessen Ende sah er nur verschwommen. Seine Augen würden nicht mehr besser werden, das wusste er. In nicht allzu ferner Zeit würde er wohl seine Arztpraxis aufgeben müssen. Über ihm öffnete sich ein Fenster. »Ja, bist du schon wieder da?« rief seine Frau Friederike.

»Ja, Rickele«, Justinus sah zu ihr hinauf. »Ich komm' gleich.«

»Lass mal, ich komm' zu dir runter.« Sie schloss den Fensterflügel.

Justinus tat einen tiefen Atemzug. So war sie. Immer bereit, für ihn da zu sein – für ihn und alle anderen. Wie hätte er ein so gastfreundliches Haus führen können, ohne sie, die er manchmal »die Feldmarschallin seiner Gastlichkeit« nannte. Jetzt waren sie seit 38 Jahren verheiratet. Zufriedener als er konnte man in einer Ehe nicht sein.

Friederike kam mit einem Tablett, auf dem ein Weinkrug und ein schön geformtes Glas standen. Sie setzte es auf einem Gartentischchen ab und goss ihm ein.

Justinus kniff die Augen zusammen. »Ist das mein Lenauglas?«

»Ja, was denn sonst?« Sie reichte es ihm lächelnd und behielt es in der Hand, bis ihr Mann fest zugegriffen hatte. »Man glaubt es ja kaum, aber Nikolaus Lenau hat mir das Glas 1834 geschenkt«, sagte er, »und es ist noch kein einziges Mal runtergefallen.«

»Ja, es ist ein Wunder. Aber jetzt erzähl: Wie geht es unserem lieben Theobald?«

»Er wird es überleben und – wie ich hoffe – ein wenig klüger geworden sein, wenn er vom Asperg wieder runterkommt. Trotzdem bin ich froh, dass unser gnädiger König ihm ein paar Monate erlassen hat.« Justinus nahm einen langen Schluck, behielt das Glas aber in der Hand. »Die Sonne tut meinen Knochen gut.«

»Ist er denn gesund?«, fragte die besorgte Mutter.

»Ja, gesund, wohlauf und immer noch voller Widerspruch. Mit mir kann er ja so reden. Ich habe bis zu einem gewissen Grad Verständnis für seine Freiheitsideale. Aber er sollte es lassen, große Reden zu halten. Das ist schon seinem Onkel Georg nicht gut bekommen.«

»In Ludwigsburg sollen dem Theobald über tausend Menschen zugehört haben«, sagte Friederike nicht ohne Stolz.

»Und was hat es ihm gebracht? Zehn Monate Festungshaft. Übrigens: Der Gefängnisdirektor ist ein angenehmer Mensch. Hat viel von mir gelesen.«

Friederike nickte. »Ja, das gefällt dir, gell?«

Justinus sah zu ihr hinüber. »Machst du dich lustig über mich?«

Sie legte ihre Hand an seine Wange. »Wie käme ich dazu.« Friederike stand auf. »Ich muss in die Küche.«

Er wolle nachher noch ein bisschen zum Josef in die Schreinerwerkstatt, sagte ihr Mann.

»Sei bitte vorsichtig. Du siehst nicht mehr gut genug für diese Arbeiten.«

»Aber das Gefühl in den Händen ist mir geblieben.« Justinus trank das Glas aus und bat Rickele, ihm nachzuschenken. Während sie das tat, fragte sie: »Wie ist es überhaupt dazu gekommen, dass du ein halber Schreinermeister geworden bist.« Sie wusste es, aber sie wusste auch, wie gerne ihr Mann diese Geschichte erzählte.

»Warte mal, das war …, ja, genau, es war 1801 beim letzten Besuch meines Bruders Georg in Ludwigsburg. Er hat sich sehr drum gekümmert, dass ich 'was Rechtes lerne. Ich bin zwar aufs Lyceum gekommen, als meine Mutter nach dem Tod meines Vaters wieder nach Ludwigsburg gezogen ist, aber das genügte ihm nicht.«

Friederike setzte sich noch einmal. Sie kannte ihren Mann: Wenn er ins Erzählen kam, konnte das dauern. Sie warf ein: »Es ist doch schön von Marie und Theobald, dass sie ihrem Jüngsten seinen Namen, Georg, gegeben haben. So bleibt er im Gedächtnis.«

»Wenn nichts anderes von Theobalds revolutionären Flausen lebendig bleibt, soll es mich freuen.« Justinus lachte glucksend. »Mein älterer Bruder hat mich damals auf die richtige Spur gesetzt. Vorher, in Maulbronn, hatte ich nur Privatlehrer, weil ich doch so kränklich war. Aber in Ludwigsburg ging ich dann vier Jahre lang regelmäßig in die Schule. Mein wichtigster Lehrer dort war …«

»Carl Philipp Conz«, warf Friederike ein.

Aber Justinus ließ sich nicht drausbringen. »… war Carl Philipp Conz. Er hat mich in Latein, Griechisch und klassischer Philologie unterrichtet. Durch ihn habe ich die Werke von Schiller und Klopstock kennengelernt.«

»Ich weiß. Und du hast ihm auch deine ersten Gedichte gezeigt, nicht wahr?«

»Ja, und später, als er Professor an der Universität in Tübingen geworden war, habe ich sogar eine Zeit lang bei ihm gewohnt, als ich dort anfing zu studieren.«

»Du wolltest mir erzählen …«

»Ach ja. Also: Georg kam nach Ludwigsburg und er hat darauf bestanden, dass ich nicht nur dauernd in die Bücher schauen, sondern auch etwas Handfestes lernen müsse. Das hatte er von dem Pestalozzi, den er in der Schweiz kennengelernt hatte. Meine Mutter hat ihrem Ältesten nie widersprochen, und da gab es natürlich auch für mich keinen Widerspruch. Deshalb musste ich täglich zwei Stunden beim Schreinermeister Bickelmann in die Lehre gehen. Zuerst hab ich mich nicht besonders geschickt angestellt. Ich weiß nicht, wie oft ich mir beim Hobeln und Sägen blutige Hände geholt habe, aber ich hatte doch ein gewisses

Talent. Zumindest glaubte das der Meister Bickelmann.«
Justinus lachte kurz auf. »Jedenfalls ließ er mich schon bald
Werkstücke alleine anfertigen.« Wieder lachte er. »Und was
waren die einfachsten Möbel?«

»Ich weiß es nicht« schwindelte Rickele, nahm einen
Schluck aus Justinus' Glas und drückte es ihm wieder in
die Hand.

»Särge! Ich weiß nicht, wie viele Särge ich geschreinert
habe, aber ein paar Dutzend waren es bestimmt.«

»Aber dein Schreibtisch …?«

»Ja, den habe ich auch selbst gemacht, und auf den bin ich
bis heute stolz. Er ist aus Tannenholz. Und die Schublade
läuft noch immer wie geschmiert. Das an drei Seiten umlaufende Brett war übrigens meine Erfindung, und es hilft bis
heute, dass die aufgestellten Bücher nicht hinunterfallen.«
Er seufzte. »Vielleicht hätte ich die ganze Studiererei sein
lassen sollen. Ich wäre heute Schreinermeister und wäre auch
damit zufrieden.«

»Wer's glaubt!« Rickele stand endgültig auf, nahm den
Weinkrug und das Tablett und verschwand mit der Bemerkung im Haus, dass sie der Schwiegertochter Marie
Bescheid geben würde, dass er vom Hohenasperg zurück
sei. Justinus bedauerte, dass seine Frau nicht noch einmal
nachgegossen hatte. Er stellte das Lenau-Glas neben sich,
lehnte sich weit zurück, streckte die Beine, legte die Hände
auf den Knauf seines Stocks und schloss die Augen. Wie war
das gewesen damals, als sein ältester Bruder noch einmal zu
ihnen gekommen war?

*

Georg erreichte Ludwigsburg Mitte September 1801 von der Schweiz kommend nach einem mehrtägigen Ritt. Er ließ sein Pferd bei einem Hufschmied und machte sich zu Fuß auf den Weg zum elterlichen Haus. Georg hatte sich ein halbes Jahr zuvor von Napoleon abgewandt, den französischen Dienst verlassen und war noch einige Zeit in der Schweiz geblieben, wo er den berühmten Pädagogen Pestalozzi kennengelernt hatte. Die beiden waren rasch zu Freunden geworden.

Georg Kerner fand seine Mutter in der Küche. Sie rollte gerade den Nudelteig für Maultaschen aus und brauchte ein paar Augenblicke, um sich zu fassen, als plötzlich ihr ältester Sohn vor ihr stand. Sie konnte ihn nicht einmal umarmen, weil ihre Hände voller Teig waren. Die Tränen schossen ihr in die Augen. »Mein Gott, wo kommst du denn her?«

»Direkt aus der Schweiz.«

»In diesen gefährlichen Zeiten! Dauernd ziehen neue Truppen durch. Hast du nicht immer noch Einreiseverbot in Württemberg?«

Georg lachte. »Schon. Aber euer Herzog Friederich hat sich ja nach Wien abgesetzt. Die Franzosen beschützen euch jetzt.«

»Du gehörst doch zu denen?«

»Nicht mehr ganz. Aus den französischen Staatsdiensten habe ich mich verabschiedet.«

»Aber ist es dann für dich nicht doppelt gefährlich hier?«

»Gefährlich ist es in Europa zurzeit überall. Und am wenigsten gefährlich ist es noch in deiner Küche.« Er schob sich einen Batzen Teig in den Mund und bekam dafür ein paar auf die Finger wie zu Zeiten seiner Kindheit. »Wir müssen es ja nicht an die große Glocke hängen, dass ich hier bin.« Georg setzte sich auf die schmale Bank hinter dem Küchentisch. »Wo sind denn Wilhelmine und Justinus?«

»Wilhemine ist bei ihrem Verlobten in Ölbronn. Sie wollen bald heiraten. Weißt du das denn nicht?«

»Nein. Ich hatte keine Ahnung. Sie hatte doch so viele Verehrer.«

»Ja, aber dieser Pfarrer Steinbeis hat es ihr nun mal besonders angetan.«

»Immer diese Pfarrer«. Georg lachte. »Und Justinus? Wie geht es dem inzwischen?«

»Besser! Seit wir wieder in Ludwigsburg sind, geht es langsam aufwärts«, antwortete die Mutter. »Begonnen hat das mit der Behandlung durch den Hofrat Gmelin, der Justinus in Hypnose versetzt hat.«

»Was, du bist mit dem Buben zu einem Hypnotiseur gegangen?«

»Um Gottes Willen, nein!«

»Und wie kam er dann dahin?«

»Der Matthias hat ihn zu dem Herrn Hofrat gebracht.«

»Was denn, der Kutscher?«

»Jetzt reg dich nicht auf, Georg. Wenn's doch geholfen hat …«

»Wer's glaubt!« Georg ging aufgeregt in der Küche auf und ab.

»Immerhin ist seine Magersucht zurückgegangen, und er muss auch nicht mehr ständig erbrechen«, sagte die Mutter.

»Wenn du mich als Mediziner fragst, wird es wohl weniger die Hypnose gewesen sein als die Tatsache, dass sein Leben langsam in geordnete Bahnen kommt. Was in den letzten Jahren alles auf ihn eingestürmt ist, war doch für ein junges empfindsames Gemüt viel zu viel.« Georg zählte an den Fingern ab: »Der Tod unseres Vaters, den er so sehr geliebt hat, auch wenn er meiner Meinung nach viel zu streng war. Dann dieser unregelmäßige Schulunterricht, wenn überhaupt mal einer stattgefunden hat. Privatunterricht bei diesem schrulligen und pedantischen Lateinlehrer Braun in Knittlingen, dem ich nie etwas zugetraut habe. Dann dieser schreckliche Kunstlehrer, wie hieß er gleich …?«

»Hofmann! Justinus hat ihn einmal in seinem Tagebuch beschrieben: ›Er hat ein Haar, das wie ein Malerpinsel in die Höhe steht und mit allerhand Farben versehen ist; denn er wischt Finger und Pinsel während des Malens geschwind in den Haaren ab.‹«, Friederike Kerner musste unwillkürlich lachen, als sie ihren Jüngsten zitierte.

»Ja, geschrieben hat der schon immer, unser Justinus, und das mit viel zu viel Phantasie.«

»Und du willst nun, dass er Schreiner wird?«

Georg schüttelte den Kopf. »Er soll weiter aufs Lyceum gehen, aber nachdem ihr versucht habt, einen Konditor oder gar einen Tuchhändler aus ihm zu machen, möchte ich, dass er etwas Handfestes lernt, dieser Tagträumer. Ganz im Sinne Pestalozzis: Bei ihm sind Kopf, Herz und Hand die drei Säulen einer ganzheitlichen Erziehung.«

Plötzlich stand der 14-jährige Justinus unter der Tür. Sie hatten ihn nicht kommen hören. »Wird hier über mich verhandelt?«

»Komm her!«, rief Georg und umarmte seinen kleinen Bruder heftig. Dann zog er ein etwa handtellergroßes Metallstück aus seiner Rocktasche. »Ich hab dir auch etwas mitgebracht.«

»Ooh«, rief Justinus. Und sein älterer Bruder erklärte: »Ein Brummeisen. Man sagt auch Maultrommel dazu. Du steckst diese kleine Zunge in den Mund und zupfst deren Verlängerung, hier zwischen dem metallenen Rahmen mit dem Finger an, und je nachdem, wie du den Mundraum formst, kommen unterschiedliche Töne heraus. Das Eisen schwingt mit wie bei einer Stimmgabel.« Georg machte es vor. Und die kleine Küche füllte sich mit einem seltsamen Klang, ein gleichbleibender Unterton wurde von verschiedenen Obertönen begleitet.

»Ach, das ist ein Idiophon«, sagte Justinus und fuhr zu seiner Mutter gewandt fort: »Ein selbst klingendes Musikinstrument, weißt du. Und weil es gezupft wird, gehört es zur Klasse der Zupfidiophone.«

Die Mutter schüttelte den Kopf und sagte zu Georg: »Es gibt einfach nichts, was der Bub nicht weiß!«

Georg sah seinen kleinen Bruder an. »Wenn du das Maultrommelspiel lernst, bist du nicht mehr nur ein Dichter sondern auch ein Musiker.«

Justinus hörte die Ironie wohl heraus und sagte: »Da bist du dir ja wohl mit Karl einig. Der spottet auch nur über meine poetischen Versuche und nennt mich den Dichter Kotzebub.«

»Das hat der echte August von Kotzebue nicht verdient«, warf Georg ein.

»Sein Lateinlehrer Conz sagt, unser Justinus sei so hochbegabt, dass man ihn unbedingt zu einem Studium bringen müsse«, meinte die Mutter. »Freilich ist das für uns nach Vaters Tod viel zu teuer.«

»Nun«, Georg trat zum Fenster und sah in den Garten hinaus, »kommt Zeit, kommt Rat. Das müssten wir ja auch noch mit Karl besprechen. Und natürlich mit deinem Vormund«, sagte er zu Justinus.

»Mit dem? Dem Amtsschreiber Heuglin, der mich unbedingt zu einem Konditor machen wollte?«

»Na ja, er hat halt gedacht, weil du Zeichnen und Malen und auch Reime machen kannst, hättest du eine Begabung für die Erfindung von Bonbons und Zuckerfigürchen«, warf die Mutter ein.

Georg lachte hell auf.

»Und außerdem hielt Herr Heuglin so ein Geschäft für höchst profitabel«, ergänzte Frau Kerner.

»Bei Justinus' kaufmännischer Begabung bestimmt«, sagte Georg ironisch. »Wir wissen doch, wie es bei ihm ums Rechnen bestellt ist.« Er wandte sich wieder direkt dem jüngeren Bruder zu: »Welches Studium würde dich denn interessieren?«

»Weiß ich nicht.«

»Du hast doch mit dem Tuchscherermeister Kübler diese Elektrisiermaschine gebaut«, meldete sich die Mutter.

»Ja, und eine Camera obscura«, rief Justinus dazwischen.

»Und das hat funktioniert?«, fragte Georg.

»Beinah«, antwortete der Jüngere.

»Dann wissen wir immerhin schon die grobe Richtung: Naturwissenschaften. Hauptsache, du willst kein Dichter werden«, schloss Georg.

Tübinger Lehrjahre

Justinus lehnte den Stock gegen die Bank und fuhr sich, ohne die Augen zu öffnen, mit beiden Händen durch sein dichtes Haar. Diesen Wunsch habe ich Onkel Georg damals zu meinem Glück nicht erfüllt, ging es ihm durch den Kopf. Dann gab er sich wieder seinen Erinnerungen hin.

*

Drei Jahre später, im Herbst 1804 hatte er sich zu Fuß auf den Weg von Ludwigsburg nach Tübingen gemacht. In sein Tagebuch hatte er darüber geschrieben:
Mit Büchern und Zeug war mein Ränzlein schwer bepackt. Um jetzt schon das Sparen anzufangen, war ich unterwegs nirgends eingekehrt und hatte mich nur an ein paar Brunnen mit einem frischen Trunke zum Weitergehen gelabt. So kam ich im Mondschein, allerdings sehr ermüdet, vor Tübingen an, in der Gegend, wo an der Chaussee vor dem sogenannten Gutleutehaus, dem Armenspital der Stadt, eine Bank stand. Auf diese ließ ich mich ermattet nieder und schlief unter dem Gesäusel der nahen Pappeln ein … Als ich aus dem Traum erwachte, wogten die Pappeln im heftigen Sturme hin und her, und die Wolken flogen am Monde vorüber. Als ich mich erhob, wehte mir der Luftzug ein beschriebenes Papier entgegen; ich haschte

es mit der Hand: Es war ein ärztliches Rezept, das der Wind aus einem offen stehenden Fenster des Armenspitals getrieben hatte. Die Rezeptur trug die Unterschrift eines Dr. Uhland, dem Onkel des Dichters, wie ich später erfuhr. Bis jetzt war ich noch unentschieden, welchen Zweig der Naturwissenschaften ich studieren wollte. Nun ja, sagte ich vor mich hin, dieses Blatt ist dir zum Zeichen deines künftigen Berufes gesandt: Du sollst ein Arzt werden! Mit diesem Vorsatz zog ich durch das Lustnauer Tor in die mir ganz unbekannte Stadt der Musen ein.

Justinus Kerner hatte sich dann zum Haus von Carl Philipp Conz durchgefragt, der inzwischen zum Professor für klassische Philologie und Eloquenz an die Tübinger Universität berufen worden war. Sein einstiger Lehrer erkannte sofort, wie erschöpft der junge Mann nach seiner langen Reise war. Frau Conz servierte ihm ein reiches Frühstück, der Professor setzte sich zu ihm und sagte: »Schön dass du es geschafft hast. So trägt nun das Gespräch mit deiner Mutter und deinem Onkel Karl Früchte.«

»Ich weiß sehr wohl, was ich Ihnen zu danken habe, Herr Professor.«

*

Justinus öffnete die Augen und sprach den Satz noch einmal leise vor sich hin: »Ich weiß sehr wohl, was ich Ihnen zu danken habe, Herr Professor.« Er nickte dazu ein paar Mal bekräftigend. Noch immer saß er auf der Bank in seinem Weinsberger Garten. Ein leichter Wind raschelte in den Zweigen des mächtigen Nussbaums neben dem dicken

Turm. Justinus dachte voller Dankbarkeit an seinen Bruder Georg, den er so sehr geliebt und bewundert hatte. Und es tat ihm in der Seele weh, dass sie sich später so zerstritten hatten. Der 16 Jahre Ältere war immer wie ein zweiter Vater für ihn gewesen, bis zu dem Zerwürfnis in Hamburg. Georgs Lebenszeit danach hatte nicht mehr gereicht, um sich mit ihm zu versöhnen. Justinus' Gedanken wanderten weiter zu Professor Conz. Ihm hatte er eigentlich noch mehr zu danken als seinem Bruder Georg. Denn der Professor hatte damals dafür gesorgt, dass er studieren konnte.

*

»Leicht war es nicht«, hatte Conz gesagt, als Justinus sich seinerzeit wortreich bei ihm bedankt hatte. »Vor allem musste ich diesen Vormund überzeugen, der dich zum Bäckermeister machen wollte.«

»Konditor«, fiel Justinus ihm ins Wort.

»Bäcker oder Konditor, für so etwas braucht man ja kaum Lesen und Schreiben zu lernen. Deine Mutter konnte ich für meine Idee gewinnen, obwohl sie starke finanzielle Bedenken hatte. ›Aber‹, habe ich zu ihr gesagt, ›die Kosten für ein Studium in Tübingen sind nicht zu hoch, wenn der Studiosus zu sparen weiß.‹ Als ich dann ihr und deinem Bruder, dem königlichen Oberleutnant Karl, noch angeboten habe, dass du gegen eine kleine Entschädigung für die Unkosten bei uns leben könntest, waren wir uns einig. Und jetzt ist es an es dir, uns nicht zu enttäuschen.«

*

»Ich habe ihn nicht enttäuscht«, sagte Justinus leise vor sich hin, »und meine Familie auch nicht.«

Tatsächlich war er ein außerordentlich fleißiger und gewissenhafter Medizinstudent gewesen, obwohl es genügend andere Interessen gegeben hatte, die ihn von einem ernsthaften und zielgerichteten Studium hätten ablenken können. Schon in seinem ersten Studienjahr lernte er Ludwig Uhland kennen. Um die beiden bildete sich rasch ein Kreis von Studenten, die sich besonders für Literatur interessierten. Sie alle schrieben Gedichte und Erzählungen. Man traf sich entweder im Gasthaus zum Ochsen am Schmiedtor oder in Kerners Zimmer im »Neuen Bau«, einem Wohnheim für Stipendiaten, in das Justinus schon bald gezogen war. Sie lasen sich vor, lobten und kritisierten gegenseitig ihre Werke. Gemeinsam erwanderten sie die Landschaften rund um Tübingen: den Rammert, den Schönbuch und die Schwäbische Alb. So auch an Ludwig Uhlands zwanzigstem Geburtstag, am 26. April 1807, als es zur Achalm, einem kegelförmigen Berg über Reutlingen ging.

Es war ein schöner Frühlingstag, für die Jahreszeit eigentlich zu warm, aber gerade richtig, um im Freien zu lagern und sich am Wein und den mitgebrachten belegten Broten zu laben. Zu der Gruppe um die beiden Dichter war zum ersten Mal eine hübsche junge Frau namens Friederike Ehmann gestoßen. Sie war ein Jahr jünger als Uhland und beeindruckte die kleine Gesellschaft, weil sie mit viel Übersicht und einer erstaunlichen Sicherheit das Picknick organisiert hatte. Schon auf dem Weg zur Achalm war sie Justinus aufgefallen, weil sie einen so traurigen Eindruck machte und sich abseits hielt. Er trat zu ihr mit der ersten Strophe des Goethegedichts »Trost in Tränen«:

> Wie kommt's, dass du so traurig bist,
> Da alles froh erscheint?
> Man sieht dir's an den Augen an,
> Gewiss du hast geweint.

Friederike lächelte zum ersten Mal und antwortete schlagfertig mit der zweiten Strophe:

> Und wenn ich auch geweinet hab,
> Was geht es dich denn an?
> Ich wein, dass du es weißt, um Freud
> Die mir nicht werden kann.

Uhland mischte sich ein. »Das ist aber nicht ganz von Goethe, bei ihm heißt es:

> ›Und hab ich einsam auch geweint,
> So ist's mein eig'ner Schmerz,
> Und Tränen fließen gar so süß,
> Erleichtern mir das Herz.‹

Eigentlich ein Plagiat, von diesem Schlitzohr aus Weimar. Der ursprüngliche Text stammt nämlich aus einem alten Volkslied.«

»Ich finde das Original schöner«, meldete sich Gustav Schwab.

Justinus Kerner sagte rasch: »Besonders die letzte Strophe:

> ›Bist du mein Schatz, bin ich dein Schatz,
> Feinslieb schöns Engelskind!
> Komm zu der Heid' auf grünen Platz,
> Im Wald, wo Freuden sind.‹«

Dabei sah er Friederike tief in die Augen und fragte leise: »Und was ist es nun, was dich so traurig macht?« Bewusst blieb Kerner beim »du« aus dem Gedicht.

»Ich bin zum ersten Mal wieder unter Leuten, seitdem mein Vater gestorben ist«, antwortete Friederike Ehmann.

Von da an suchte Justinus immer wieder eine Gelegenheit, neben ihr zu gehen. Er wunderte sich über sich selbst. So fröhlich und unbeschwert hatte er sich noch selten mit einer Frau unterhalten können. Auch Friederike suchte immer wieder seine Nähe. Später gestand sie ihm, es sei Liebe auf den ersten Blick gewesen, und Kerner antwortete, »genau wie bei mir«.

Friederike stammte aus Ruit auf den Fildern. Ihr Vater war Pfarrer und Seminarprofessor in Denkendorf gewesen. Seine Frau war früh verstorben. Danach hatte der Geistliche seine Tochter bei ihrer gestrengen Tante Hehl in Lustnau bei Tübingen untergebracht. Und die war ganz gegen eine Verbindung mit Justinus Kerner. So ein mittelloser Mediziner werde es nicht weit bringen, meinte sie. Außerdem sei die einfache junge Frau dem übergescheiten Studiosus nicht gewachsen. Wie viele Töchter aus gutem Hause hatte auch Friederike nur eine begrenzte Schulbildung genossen, war freilich in allen Hausarbeiten sehr gut ausgebildet worden.

Die Tante versuchte jeglichen Kontakt zwischen den Liebenden zu unterbinden. Aber die beiden überlisteten Frau Hehl ein um's andere Mal. So entdeckte Justinus auf der Pfrondorfer Höhe eine Stelle, von der aus er einen freien Blick auf die Oberamtei hatte, wo Friederike und ihre Tante wohnten. Er wartete oft stundenlang, bis sie im Fenster erschien. Am Fuß des Berghangs stand eine alte, verlassene

Kapelle. Dort versteckten Friederike und Justinus ihre Briefe unter einem Stein. So konnte sie eines Tages lesen:
Sahst du mich auf dem Berge? Du sahest mich und konntest nicht zu mir herauf, und ich konnte nicht zu dir hinab. Lang lag ich im Grase da und sah aus dem Gebüsch hervor nach deinem Fensterlein, da glaubte ich dich einmal zu sehen und sprang auf. Es war aber nur ein weißes Blümlein, das sich mir vor Augen stellte, als ich so im Grase da lag. Bald darauf kamst du doch noch und schienest ganz weiß herauf. Ein Brieflein habe ich dir hingelegt und der Mond hat mir dazu geleuchtet.

Manchmal schafften sie es aber auch, sich bei der Kapelle heimlich zu treffen.

Freilich blieb das der gestrengen Tante nicht verborgen, und um die junge Frau von dem verliebten Studiosus fernzuhalten, schickte sie Friederike zu entfernten Verwandten nach Augsburg. »Aus den Augen aus dem Sinn«, sagte die resolute Frau. »Du wirst diesen Mann schnell vergessen.«

So kam es freilich nicht. Allerdings dauerte es noch sechs Jahre bis zu ihrer Hochzeit. Diese sechs Jahre waren für Friedrike nicht einfach. Sie hielt an ihrer Liebe fest. Justinus blieb beim Briefeschreiben, reiste viel und ging seinen Studien und seinen Vergnügungen nach. So musste sie aus den Briefen ihres Verlobten entnehmen, wie er nach Hamburg und Wien in die große Welt reiste und mit vielen berühmten Menschen zusammenkam. Darunter waren sicher auch Frauen, denen sie bestimmt nicht das Wasser reichen konnte. Aber sie glaubte seinen Liebesbezeugungen, die er in seinen Briefen so schön schreiben konnte. Von ihrer Gastfamilie in Augsburg wurde Friederike als Dienstmagd behandelt und musste niedrigste Arbeiten verrichten. Sie wurde krank, bekam Brustkrämpfe und magerte ab. Ein Freund Kerners, der ebenfalls Mediziner war, diagnostizierte eine psychische Erkrankung und meinte, alles werde gut, wenn die beiden erst einmal verheiratet seien.

Bis dorthin war es freilich ein weiter Weg. Friederike erlebte immer wieder Zeiten schwerster Niedergeschlagenheit. Von Justinus kamen zwar weiter viele Briefe, in denen er seine Liebe zu ihr beschwor. Aber Schreiben, das wusste sie, ging ihm leicht von der Hand.

Der Geist der Französischen Revolution, der frühere Tübinger Studenten wie Hegel, Schelling und Hölderlin zu hitzigen Diskussionen und provozierenden Aktionen herausgefordert hatte, war unter den Studenten zu Justinus Kerners Zeiten fast gänzlich eingeschlafen. Die Zahl der Studenten war klein. In allen Fakultäten zusammen studierten nur rund 250 junge Männer. Mehr als zwölf Studenten der Medizin und zwölf Studenten der Chirurgie pro Jahr wurden nicht aufgenommen. Die meisten von ihnen stammten aus dem gehobenen schwäbischen Bürgertum. Sie profitierten von einer Universitätsreform, die es ihnen ermöglichte, sich für die spätere ärztliche Tätigkeit ganz praktisch vorzubereiten.

Vier Jahre studierte Justinus Kerner in Tübingen. Sein Lehrmeister war Johann Heinrich Ferdinand von Autenrieth, Professor für Anatomie, Physiologie und Geburtshilfe. Autenrieth hatte wie Justinus' älterer Bruder Georg an der Hohen Karlsschule in Stuttgart sein medizinisches Handwerk erlernt, war später mit seinen Eltern nach Amerika emigriert, wurde aber dennoch, als er nach einem Jahr wieder zurückkam, Hofmedicus des Herzogs und erarbeitete sich einen besonderen Ruf als Wissenschaftler. In Tübingen reüssierte er rasch und stieg auch in der Hierarchie der Universität auf, deren mächtiger Kanzler er für einige Zeit wurde. Autenrieth förderte den Studenten Kerner und betreute ihn auch bei seiner Doktorarbeit über quantitative und morphologische Untersuchungen am Innenohr. Kerner dankte es ihm, indem er zunehmend die Betreuung des Patienten Hölderlin übernahm, der ihn freilich als Dichter mindestens genauso interessierte wie als Patient.

Überhaupt war für Kerner die Literatur immer mindestens ebenso wichtig wie die Medizin. Der literarische Freundeskreis, zu dem neben Uhland auch Karl Mayer, Gustav Schwab und Heinrich Adolf Köstlin gehörten, wurde zur Keimzelle der Schwäbischen Dichterschule. Justinus Kerner galt als die Seele der Gemeinschaft und Ludwig Uhland galt als deren Kopf.

Justinus' Bruder Georg, der inzwischen als Arzt in Hamburg lebte, verfolgte den Werdegang des Jüngeren mit großem Interesse. Es gefiel ihm nicht, dass sich Justinus immer mehr der Literatur zuwandte. »Das mag schön sein als Liebhaberei«, sagte er zu seiner Frau. »Aber er muss sich endlich ganz auf die Medizin werfen.« Und so kam es, dass er im Juni 1808 diesen Brief an Justinus mit der Einladung schrieb, nach Hamburg zu kommen.

Das Ende der Harmonie

Noch immer saß Justinus Kerner auf seiner Gartenbank und grübelte nun über die Hamburger Zeit nach.

Inzwischen war auch Marie gekommen und hatte erleichtert von der baldigen Freilassung Theobalds erfahren. Ihre tiefe Dankbarkeit für die Bemühungen des Schwiegervaters wehrte er mit den Worten ab: »Wir sind Komplizen in der gleichen Sache. Wo dir der Mann und den Kindern der Vater fehlt, fehlt mir der junge Assistenzarzt.« Sie umarmte ihn mit den Worten: »Dass du auch nie etwas ernst nehmen kannst.«

Er schaute ihr hinterher und freute sich, dass sein anfängliches Missfallen über die neue Schwiegertochter schon so bald einem innigen Einverständnis mit dieser klugen und praktischen Frau gewichen war.

Und schon war er wieder bei seinem Verhältnis zu Georg. Wie war es eigentlich dazu gekommen, dass die anfängliche Harmonie zwischen ihm und seinem Bruder in einer Katastrophe endete? Er hätte vielleicht schon misstrauisch werden müssen, als sein älterer Bruder trotz der vielen Arbeit in den Baracken nach wenigen Wochen zu ihm sagte: »Du gefällst mir nicht. Du versauerst hier in den Baracken. Und bei uns zu Hause findest du keinen Ausgleich. Weißt du was? Ich schicke dich nach Berlin. Sieh dir die Charité an. Das ist eine Klinik, wo die Medizin täglich Fortschritte macht. Und wenn du schon da bist, schau dich auch in der Taubstummenanstalt um, die gilt europaweit als vorbildlich.«

Justinus, der damals gerne reiste, verabschiedete sich von seiner Schwägerin in einer Stunde, da Georg nicht da war. Als er sie küssen wollte, wehrte sie ab: »Nicht doch, Lieber! Du bist im Hause deines Bruders.«

Aus Berlin schrieb Justinus fast täglich an seine Schwägerin, die er immer als Schwester anredete. In einem seiner Briefe bedauerte er zutiefst, dass er seinem Glück, das ja vielleicht ja auch ihres gewesen wäre, nicht nähergekommen sei. Diesen Brief bekam Georg – wie immer – zu lesen. Er erregte sich sehr über die »Unverschämtheit« seines jüngeren Bruders. Es kam auch zum Streit mit Johanna, weil sie, nach Meinung ihres Mannes, Justinus nicht deutlich genug abgewiesen habe.

Berlin gefiel Justinus. Er besuchte dort den Dichter Adalbert von Chamisso und wurde von Professor Christoph Wilhelm Hufeland, Arzt und Direktor der Charité, empfangen. Hufeland, der auch Leibarzt des preußischen Königs Friedrich Wilhelm III. war, und sich vor allem als Begründer der Makrobiologie einen Namen gemacht hatte, war ein Freund des Tübinger Professors Autenrieth, Förderer Justinus Kerners. Tagelang hielt sich der junge Arzt im Klinikum auf, und er konnte auch, wie von Georg vorgeschlagen, die Arbeit der Mediziner in der Taubstummenanstalt studieren. Mit Chamisso ging er ins Theater und in das berühmte Café Josty. »Er ist ein lieber, offener, gemütlicher und freundlicher Kerl«, schrieb Chamisso in einem Brief an seinen Dichterkollegen Karl August Varnhagen von Ense, »und fremd, als käme er eben aus der Kehrseite des Mondes«.

Kaum war Justinus wieder in Hamburg, verschärften sich die Konflikte zwischen ihm und seinem älteren Bruder. Georg verlangte barsch, Justinus solle endlich damit aufhören, seiner Frau den Hof zu machen.

Und so war es für Justinus nicht ganz leicht, Johanna zu einem Rendezvous außerhalb des Kernerschen Hauses zu überreden. Aber an einem schönen Spätsommernachmittag war es ihm doch gelungen, die von ihm so verehrte Schwägerin für ein Treffen auf neutralem Terrain zu gewinnen. Nicht zuletzt hatte sie der Alsterpavillon verlockt, den Justinus vorgeschlagen hatte. Das Etablissement war eine vielbeachtete Novität in Hamburg, mit Blick aufs Wasser und öffentlich genug, so dass ihr Treffen als verheiratete und in der Stadt nicht ganz unbekannte Frau mit einem fremden jungen Mann nicht falsch ausgelegt werden konnte.

Nun saßen sie auf der Terrasse, ließen sich von der Sonne bescheinen, tranken ihre Schokolade, zwei junge Menschen, einander sichtlich zugetan, und hatten doch Mühe, ein unbefangenes Gespräch in Gang zu bringen. Besonders Justinus hatte das Gefühl, dass all die Menschen an den Nebentischen ihnen im Geheimen zuhörten. Er wusste natürlich, dass dies Unsinn war, aber schon der Gedanke, dass seine Sätze von den falschen Ohren aufgenommen werden könnten, hinderten ihn, Johanna das zu gestehen, was er auf dem Herzen hatte.

»Es ist nicht ganz einfach mit Georg, nicht nur für dich«, machte sie unvermittelt den Anfang. »Ich sehe schon, dass ihr zwei euch zwar alle Mühe gebt, aber doch nicht mehr so harmoniert wie zu Anfang. Weißt du, Justinus, er bleibt halt immer der ältere Bruder. Und so wie er damals für dich die Weichen gestellt hat mit der Tischlerlehre und später mit dem Studium in Tübingen, so sieht er sich auch hier in Hamburg eher an Vaters statt. Er will dich immer noch lenken und führen. Da kannst du noch so oft auf deinen mit Bravour erworbenen medizinischen Doktor pochen. Du musst das eben mit Humor nehmen.« Und nach einer kleinen Pause fügte sie hinzu: »Ich mach's ja auch, wenn er wieder mal so tut, als wäre er gar nicht verheiratet.«

Justinus war überrascht. Johanna hatte ihm nie den Eindruck gemacht, als ob sie mit Georg oder mit der Ehe unzufrieden wäre.

»Mädchen, Frauen, junge Frauen entzückten ihn schon immer«, fuhr sie fort. »Frauen sind das Element seines Lebens, und wenn er jetzt in Hamburg ein gefragter Geburtshelfer geworden ist, wer weiß, vielleicht ist auch das eine Frucht seiner Neigung zu unserem Geschlecht.«

Als Justinus ein konsterniertes Gesicht machte, lachte sie ihn offen an: »Dein Bruder liebt die Frauen, aber nicht die Ehe. Bei dir ist es wohl ähnlich, oder? Seit wann bist du nun schon mit deiner Friederike verlobt?«

»Nun, ja … also …«, Justinus räusperte sich, verstummte aber wieder. Johanna hatte einen wunden Punkt getroffen. Natürlich war er seinem Rickele versprochen, aber er musste sich eingestehen, dass er trotzdem alles versuchte, seine Schwägerin für sich zu gewinnen. Johanna half ihm aus der Verlegenheit, indem sie schnell hinzufügte: »Auch wenn du ein bisschen in mich verliebt bist, wirst du sie irgendwann doch heiraten. Und auch wenn du glaubst, dass ich ein bisschen in dich verliebt bin, bleibe ich natürlich bei meinem Georg. Nimm mich als eine Schwester, wenn du willst. Und vor allem: Nimm es nicht so ernst mit der Liebe, mein Lieber.«

Justinus wusste nicht, was er darauf sagen sollte. Oder sollte er gar nichts sagen, vielmehr handeln? Sollte er ihre Hände ergreifen und küssen? Sollte er ihr eine Liebeserklärung machen? Einen Skandal provozieren, indem er das hier, in aller Öffentlichkeit tat? Aber bevor er sich zu irgendeiner Reaktion durchringen konnte, legte Johanna ihre kleine Hand auf seine und fuhr mit ihren Geständnissen fort: »Dein Bruder hat sonderbare Begriffe vom Ehestand. Eigentlich wollte er sein altes Burschenleben weiterführen. Er wollte leben wie früher, wie ein Reisender, durch nichts gebunden – und gleichzeitig wollte er Kinder, Familie, auch mich. Frauen haben ihn eben immer fasziniert.«

Justinus ergriff die Gelegenheit und führte ihre Hand an seine Lippen, und sie zog sie nicht zurück. »Da bin ich einmal ganz und gar mit meinem großen Bruder einverstanden«, flüsterte er ihr ins Ohr.

Sie entzog ihm ihre Hand und sagte, aber mehr kokett als vorwurfsvoll: »Ein junger hübscher Mann beim *tête á tête* auf den Alsterterrassen. Du solltest mich nicht kompromittieren, so in aller Öffentlichkeit.« Seine Versuche, sich zu entschuldigen, erstickte sie, indem sie ihm den Mund mit der Hand verschloss. »Du musst nicht alles wörtlich nehmen, was ich sage. Aber du bist schon ein attraktiver Kavalier. Da muss ich eben aufpassen.« Sie schaute ihn offen an, als sie nicht ohne Hintergedanken hinzufügte: »Auch er hätte mich am liebsten als *petite maitresse* behalten und nicht als Hausfrau und Mutter – so wie du mich auch gern hättest. Aber das geht nicht, Justinus. Das ist Literatur und nicht das Leben.«

»Und wie hat sich das geordnet zwischen Georg und dir?«, fragte Justinus, der in den Wochen bei seinem Bruder nichts von dessen vermeintlicher Untreue bemerkt hatte.

»Kinder können nur in ordentlichen Verhältnissen gedeihen. Die Gewohnheiten Georgs, sich mit dem Schlafen und mit dem Essen nicht einer Zeiteinteilung unterwerfen zu wollen, führten zu unangenehmen Zusammenstößen, zu einer Disharmonie, die nicht nur die Kinder zu spüren bekamen, auch er selbst fand diese unterschiedlichen Tagesabläufe irgendwann eher hinderlich. Wir haben uns zusammengerauft, wie jedes gute Ehepaar.«

»Und jetzt? Und in der Zukunft? Glaubst du, dass ›zusammenraufen‹ genügt?«

»Wir haben unsere Mädchen«, sagte sie einfach.

»Ja, die kleine Klara und Bonafine. Was für ein Name. Halb Bonaparte, halb dessen Frau Josephine. Wie passt denn das zusammen mit seinem Hass auf Napoleon?«

»Das musst du ihn selber fragen.« Und nach einer kleinen nachdenklichen Pause fügte sie hinzu: »Georg liebt eben immer auch stark, selbst wenn er stark hasst. Bei den Frauen allerdings ist es eher die Liebe als der Hass. Das macht ihn für uns so attraktiv. Ein Jugendfreund hat mir vor Jahren, damals, als ich mich sechs Monate bei euch in Württemberg aufhielt und du in Tübingen studiert hast, erzählt, wie Georg einmal zehn Stunden hin und zurück zu Fuß auf sich nahm, um seine damalige Geliebte zu treffen. So viel Mühe würde er sich heute nicht mehr machen.«

»Aber ich würde zweimal zehn Stunden auf mich nehmen, um dich sehen zu können.«

»Nur sehen?«

»Sehen, fühlen, riechen. Alles, was du willst. Dass Georg nach anderen Frauen Ausschau hält, obwohl er dich hat – ich verstehe es nicht. Das würde ich nie tun, Johanna, nie!«

»Du bist ein Kindskopf. Dein Bruder hat mich zu Hause als Frau und daneben halt seine Geliebte.« Sie genoss Justinus' Fassungslosigkeit einen Augenblick, bis sie ergänzte: »Natürlich keine andere Frau, sondern seine wahre Geliebte, die Freiheit, und nächst dieser, ihre in weniger gutem Ruf stehende Dienerin – oder Despotin –, die Politik.«

»Und die Medizin?«

»Vielleicht auch die Medizin, aber ich bin mir nicht sicher, ob er mit der Medizin, so wie er sie hier in Hamburg ausübt, nicht auch Politik macht.« Sie stand auf. »Genug geschwatzt. Gehen wir?« Sie drückte ihm ein Geldstück in die Hand. »Es war schön, dass ich mich bei dir aussprechen durfte. Es war überhaupt ein schöner Nachmittag mit dir, nicht nur wegen der Alster und dem Wetter und der köstlichen Schokolade. Als verheiratete Frau komme ich nur noch selten aus dem Haus. Und schon gar nicht in so charmanter Begleitung.« Justinus rief den Kellner und beglich nach kurzem Überlegen die Rechnung mit dem Geldstück seiner Schwägerin. Als sie auf der Straße standen, sagte sie unvermittelt: »Ich bin im dritten Monat.«

Beim Abendessen erkundigte sich Georg etwas gönnerhaft nach dem Ausflug auf die Alsterterrassen, nicht ohne hinzuzufügen, wie er an diesem Nachmittag bei der vielen Arbeit die Assistenz seines Bruders vermisst habe: »Aber es ist dir zu gönnen, dass du mal einen freien Nachmittag genießen konntest. Frei von mir und von der Arbeit, die du ja nicht gewohnt bist nach den seligen Studententagen.«

Johanna warf ein: »Und mir gönnst du nicht auch den kleinen Ausflug vom Alltag?«

»Natürlich, geliebtes Wesen, du hast es vor allem verdient.

Die Kinder haben deine Abwesenheit auch ganz gut überstanden, wie ich sehe.«

»Alles bestens organisiert, Georg.«

»Und über was habt ihr euch unterhalten? Alte Erinnerungen aufgefrischt an 1805, als du meinen Bruder in Ludwigsburg kennengelernt hast?«

»Justinus hat sich besonders für dein Verhältnis zu Napoleon interessiert«, warf Johanna ein.

Georg lachte: »Das nenne ich mal ein treffendes Gesprächsthema zwischen einer jungen Frau und einem jungen Mann beim Rendezvous.«

»Von Rendezvous kann nicht die Rede sein, wenn ich meine Schwägerin treffe«, versuchte Justinus die aufkommende Missstimmung zu lockern. »Wir sind halt auf Napoleon gekommen wegen Bonafine. Der Name war doch deine Idee, oder?«

»Und was hat sie geantwortet?«

»Dass ich dich fragen soll, was ich hiermit tue.«

Johanna wusste, dass das Gespräch nun auf sicheren Bahnen war. Die beiden Männer würden über Georgs Verhältnis zu dem großen Korsen reden, der nach seiner Kaiserkrönung einen so ganz anderen Weg nach Europa einschlug, als es sich Georg und seine Freunde damals erträumt hatten. Sie räumte das Geschirr ab, stellte eine Flasche Rotwein und zwei Gläser auf den Tisch und ließ die Brüder allein.

»Ihr erwartet ein drittes Kind? Wie schön für euch«, sagte Justinus unvermittelt.

»Das weißt du auch schon?« Georgs Stirn zeigte plötzlich Zornesfalten. »Sie muss dich sehr schätzen, wenn sie dich so ins Vertrauen zieht. Johanna hat es mir auch erst vor ein paar Tagen gesagt.«

»Nein, nein, es war ganz nebenbei. Ich habe sie nur gefragt, warum sie keinen Wein mehr trinkt, wo ihr doch damals bei ihrem Besuch bei uns der Trollinger so gut geschmeckt hat, und da hat sie mir erklärt, dass sie ihn nicht mehr so gut verträgt – weil sie doch schwanger ist.«

Georg lehnte sich daraufhin auch etwas entspannter zurück. »Vielleicht wird es ja diesmal ein Junge, ein Stammhalter.« Aber plötzlich verdüsterte sich seine Stimmung wieder. »Hoffentlich muss er nicht ohne Vater aufwachsen.«

»Wie meinst du das?«, fragte Justinus erschrocken.

»Wer weiß, wie lange ich noch lebe.«

»Nun hör aber auf! Es gibt doch überhaupt keinen Anlass für eine solche Befürchtung?«

»Nein, Justinus, nein. Ich bin nur manchmal so sehr erschöpft, zu Tode erschöpft. Aber es ist nichts Konkretes. Und beunruhige Johanna nicht. Sie macht sich auch so schon genügend Sorgen.«

Justinus dachte an das, was Johanna ihm am Nachmittag erzählt hatte von Sorgen ganz anderer Art, da fuhr Georg auch schon fort, als hätte er des Bruders Gedanken gelesen: »Sie denkt, wenn ich so unstet bin, es seien irgendwelche Frauen im Spiel. Aber da ist nichts. Ich habe dafür auch gar keine Zeit. Ich wollte der Bekämpfung der geistigen Gebrechen der Menschheit mein Leben weihen, es gelang mir nicht. Nun kehre ich zur Bestimmung meiner Jugend zurück, zur Bekämpfung der körperlichen Gebrechen der Menschen.« Er hob beide Hände. »Klingt pathetisch, macht aber viel Arbeit, wie du ja mitbekommen hast.«

Danach saßen sie sich eine ganze Zeit schweigend gegenüber, zwei Brüder, die nicht nur sechzehn Jahre trennten, sondern eine ganze Zeitenwende, die der eine mitgestaltet und der andere nur in ihren Auswirkungen zu spüren bekommen hatte. Georg erhob sein Glas: »Jetzt mach nicht so ein betroffenes Gesicht. Noch lebe ich ja. Willst du mein Gedicht hören, das ich in unserem Samstagskreis vorgetragen habe? Da haben sich Hamburger und Bremer Demokraten versammelt, wie jeden Samstag, und die gute Laune behalten, obwohl uns nicht immer danach zumute war. Willst du es hören?«

Justinus nickte. Georg stand auf, stellte sich in Positur und deklamierte in seinem schönsten Schwäbisch:

> Ich bin ein Schwob, in Stuttgart erzoge,
> War allzeit dem rote Käppche gewoge,
> Da's aber ischt aus der Mod' gekomme,
> Hab' ich schtrebs den Doktorhut genomme.
>
> Der Politik hab' ich entsagt
> Und dafür an ein Weibel gemacht.
> Kurieren ischt mein Element,
> Das Genus war einst mein Patient,
> Hab's aber nit könne kuriere.
> Mit den Spezies tu ich's nun probiere.

Justinus klatschte begeistert. »Das müsste Johanna gehört haben!«

»Hat sie, Bruder, hat sie – sie kann's schon nicht mehr hören, so oft hab ich es schon vorgetragen. Es freut mich, wenn es dir gefällt. Weißt du, Justinus, auch wenn es manchmal nicht so aussieht: Ich lebe als Mann und Vater glücklich. Und auch als Bürger hier in Hamburg auf einem noch ziemlich freien, vielleicht dem freiesten Punkt in Europa. Aber als Deutscher, als Kosmopolit, fühle ich mich einfach schlecht. Und das hängt mit Napoleon zusammen, und nur mit ihm.«

»Seit er sich zum Kaiser gekrönt hat.«

»Mein Misstrauen hat schon der 18. Brumaire geweckt. 1799. Mit seinem Staatsstreich, als er sich zum Ersten Konsul einsetzen ließ, der niemandem Rechenschaft ablegen musste. Und wegen Napoleon haben Reinhard und ich uns auch zerstritten.« Georg seufzte. »Es hat lange gebraucht, bis wir uns wieder einigermaßen versöhnt haben. Eigentlich bis zu meiner Hochzeit. Reinhard und ich haben fast zwanzig gemeinsame Jahre lang bedeutende Erfahrungen gemacht, die wir freilich teuer bezahlt haben. Mit wenigen Jubeltagen des reinen Enthusiasmus begann diese lange blutige Periode, die bis heute anhält. Schon bald raste auf allen Seiten der Fanatismus. Der unbedingte Hass gegen alles Neue und der ebenso unbedingte Hass gegen das Alte sind für mein Zeitalter Skylla und Charybdis geworden, die Millionen von Menschen und die Ernte einer ganzen Generation verschlungen haben. Hoffentlich macht dieses Chaos vor deiner Generation halt.« Er zuckte mit den Schultern: »Wer weiß das schon!« Dann hob er wieder das Glas: »Auf die Zukunft, Bruderherz! Ich gehe ins Bett, muss mich ausschlafen. Trink du nur aus. Gute Nacht.«

Justinus beeilte sich zu versichern, dass er selbstverständlich auch gleich schlafen gehen werde, um am nächsten Tag um sieben Uhr wieder seinen Dienst in den Baracken antreten zu können.

War dieses Gespräch zwischen den beiden Brüdern noch versöhnlich verlaufen, so änderte sich das in den nächsten Tagen gründlich. In den Krankenbaracken zeigte sich Georg immer öfter unzufrieden mit der Arbeit seines jüngeren

Bruders. »Du hast zwar deinen Doktortitel, aber ob du mit diesen Leistungen jemals das große Staatsexamen bestehen und deine Approbation erreichen wirst, bezweifle ich doch sehr«, herrschte er ihn eines Tages an. Justinus war sich keiner Schuld bewusst, er hatte gearbeitet wie immer, und bis vor wenigen Tagen war Georg auch damit zufrieden gewesen.

Und dann kam da dieser Abend. Auf der Kutschfahrt nach Hause sprachen sie kein Wort. Aber als sie ihre Mäntel abgelegt hatten und Justinus ins Badezimmer gehen wollte, schrie Georg ihn plötzlich an: »Was glaubst du eigentlich, wer du bist, dass du meinst, meine Gastfreundschaft so ausnützen zu können?«

»Was ist denn auf einmal los?«, fragte der Jüngere irritiert.

»Nicht einmal die Tatsache, dass mein Frau schwanger ist, hält dich davon ab, ihr den Hof zu machen wie ein …, wie ein …, wie ein Casanova aus der Provinz!«

Justinus beteuerte, er habe nichts Unrechtes getan. »Dass ich Johanna von Herzen liebe – dafür kann ich doch nichts. Dich liebe ich nicht weniger, Georg, wenn auch ganz anders. Das musst du verstehen.«

Aber der Ältere konnte sich nicht beruhigen: »So naiv, wie du jetzt tust, bist du nicht. Es wird Zeit, dass du mir aus den Augen gehst. Je schneller, je lieber.«

Schlagartig war Justinus klar, dass seine Hamburger Tage gezählt waren.

Im September reiste er ab. Georg packte bereits wenige Tage später alle Briefe und Gedichte zusammen, die Justinus an Johanna geschrieben hatte und derer er habhaft werden konnte, und schickte sie an seinen Bruder Karl. Der solle sehen, wes Geistes Kind der Jüngste in der Familie sei und ihn genauso ächten wie er selbst, verlangte Georg. Nun wusste allerdings der nüchterne Karl, dass Georg auch so manche Affäre mit anderen Frauen gehabt hatte, und kümmerte sich nicht sonderlich um die Liebeshändel seiner Brüder.

Die lange Heimkehr nach Württemberg

Justinus Kerner schaute von seiner Bank zum Himmel über Weinsberg hinauf, der sich langsam eintrübte. Es war spürbar kühler geworden. Langsam schüttelte er seinen Kopf. Was nutzte es, den alten Geschichten nachzuhängen, die man doch sowieso nicht mehr ändern konnte. Und doch konnte er sich von seinen Erinnerungen nicht lösen.

*

Für seine Reise von Hamburg zurück in die Heimat hatte er sich damals viel Zeit genommen. Er fuhr zunächst nach Braunschweig, machte sich von dort aus zu Fuß auf durch den Harz, besuchte Nordhausen, Gotha, Meiningen und Coburg und kam schließlich nach Nürnberg, wo er sich eine Weile aufhielt und seiner Leidenschaft nachging, auf den Märkten und bei entsprechend gebildeten Leuten volkstümliche Lieder, Gedichte und Geschichten zu sammeln, wie es seit den Romantikern Arnim und Brentano Mode war. Von Nürnberg fuhr er mit den Postkutschen über Weißenburg endlich auch nach Augsburg, wo seine Verlobte Friederike auf ihn wartete.

*

Mühsam erhob sich der Doktor, griff nach seinem Stock und schickte sich an, den Garten zu verlassen. Just in diesem Moment erschien Rickele wieder oben am Fenster: »Willst du noch weggehen?«

»Nur mal kurz bei Josef in der Werkstatt vorbeischauen.«
»Aber bitte sei um sechs Uhr zum Abendessen wieder da.«
»Versprochen!«

Rickele schaute ihrem Mann nach, der auf seinen Stock gestützt den schmalen Gartenweg hinunterging. Er sollte sich mehr bewegen, dachte sie. Justinus wurde zu schwer, sein Herz war angegriffen, und sie war überzeugt, dass er zu viel trank. Es gab nur wenige Tage, an denen er es nicht auf zwei bis drei Liter Wein brachte. Mit einem leisen Seufzer schloss sie das Fenster und ging in ihre Küche zurück. Sie pflegte so zu kochen, dass jederzeit Gäste kommen und mitversorgt werden konnten. In diesen Dingen war sie sehr geschickt. Ihr Mann pflegte zu sagen, die vielen Besucher, die im Kernerhaus ein- und ausgingen, kämen überhaupt nicht seinetwegen, sondern nur wegen Friederikes Kochkünsten. Ein Lächeln huschte über ihr Gesicht, als sie daran dachte. Justinus machte ihr das Leben nicht leicht, aber er konnte so freundlich und liebevoll sein. Sie gönnte sich eine Pause, setzte sich auf einen der Küchenstühle, und auch ihre Gedanken wanderten in die Vergangenheit:

*

Es war ein harter Winter gewesen. In Augsburg war sogar der Lech zugefroren. Eiszapfen hingen an den Dachrinnen. Friederike arbeitete in der Familie, die sie auf Wunsch ihrer Lustnauer Tante aufgenommen hatte, oft 14 Stunden am

Tag. Nur selten erhielt sie eine kleine Anerkennung. Auch in jenen Wintertagen, da sie sich am Herd die Hand verbrannt hatte, gab es für sie keine Schonung. Es ging schon auf Weihnachten zu, als sie hörte, wie sich im Hausflur ein Mann bei der Magd nach der Jungfer Ehmann erkundigte und die schroffe Antwort bekam, die sei in der Küche. Ein paar Augenblicke später stand er in der Tür. Sie traute ihren Augen nicht. War er es wirklich? War dies der Mann, der sie mit so vielen Briefen immer und immer wieder vertröstet und ihr zugleich seine Liebe geschworen hatte? »Justinus?« Eine Sekunde später hing sie an seinem Hals.

Er könne nur wenige Tage bleiben, sagte ihr Verlobter, er müsse nach München und danach weiter nach Böhmen, wo er seinen Bruder Karl, Generaloberst und Quartiermeister des württembergischen Truppenkontingents dort, besuchen werde. Die schwäbischen Soldaten kämpften mit den Franzosen gegen die Österreicher. Danach führe ihn sein Weg nach Wien, wo er wichtige medizinische Studien treiben müsse.

Erst am Abend konnten sie in den Lechauen miteinander spazierengehen. Sie hielten sich an den Händen, umarmten sich immer wieder und suchten Wärme beim anderen in dieser eiskalten Nacht. Aber ein Gespräch kam nur stockend in Gang. Lange hielten sie es in der Kälte nicht aus. Weder bei Rickeles Herrschaft, noch in dem Gasthof, in dem Justinus wohnte, konnten sie länger bleiben. Immerhin reichte es zu einem kleinen Essen und einem Glas Wein in einer Wirtschaft. Justinus schaute Rickele immer wieder an. Sie sah zum Erbarmen aus. »Ich fürchte, du hast es auf der Lunge, Liebes.«

»Es ist nichts«, beeilte sie sich zu sagen. »Ich bin nur ein wenig erschöpft. Jetzt, wo ich dich wiederhabe, wird das schnell vergehen.«

Justinus war tief berührt. »So kann das nicht bleiben. Dir geht es in diesem Haus ja schlechter als der niedrigsten Magd bei den meisten Herrschaften, die ich in Hamburg kennengelernt habe. Du duldest alles und weißt von nichts anderem. Damit muss Schluss sein.«

Friederike schob eine Haarsträhne aus dem Gesicht. »Und wie soll das gehen?«

»Ich will dich bei mir haben«, sagte Justinus plötzlich fest entschlossen. »Auf meiner Rückreise von Wien nehme ich dich mit.«

»Ach, Justinus, versprich mir nicht Sachen, die du nicht halten kannst.« Tränen schossen ihr in die Augen. Seit Jahren nun schon führte sie ein Leben zwischen Hoffen und Bangen. Sie wollte so sehr daran glauben, dass es schließlich ein gutes Ende nehmen würde mit ihr und Justinus, aber dieser Glaube war Mal um Mal erschüttert worden.

Auch damals im Dezember 1809 hatte sie sich eingeredet, dass ihr Liebster schon in wenigen Wochen zurückkehren und sie aus ihrem Elend befreien würde. Aber es kamen immer nur Briefe, Briefe und wieder Briefe. Aus Böhmen, wo er es sich offenbar mit seinem Bruder Karl gut gehen ließ. Dann aus Wien, wo sich seine medizinischen Studien hinzuziehen schienen. Begeistert schrieb er ihr von den Künstlern und Literaten, die er in der österreichischen Hauptstadt traf, und von den Fortschritten seiner ärztlichen Weiterbildung. Die Wochen und Monate zogen sich, und in keinem der Briefe stand, wann er denn nun die Rückreise nach Schwaben antreten und sie mitnehmen würde. Sie wurde wieder krank, bekam kaum mehr Luft, versuchte dennoch brav weiterzuarbeiten, bis selbst ihre Gastfamilie einsah, dass es ihr nicht mehr zuzumuten war. Die Ärzte diagnostizierten ein Bronchialasthma, wussten es aber nicht zu lindern.

Anfang April 1810, Friederike war tief verzweifelt, litt nicht nur an ihrer Lungenkrankheit, sondern auch an einer tiefen Depression, und glaubte nicht mehr daran, dass es zu einer Heirat mit Justinus Kerner kommen würde – da stand er plötzlich wieder in der Tür, wie 15 Monate vorher, als er auf der Reise nach München gewesen war. Und diesmal nahm er sie tatsächlich mit zurück nach Württemberg.

Noch war er ja kein fertiger Arzt. Das medizinische Staatsexamen hatte er noch vor sich. ›Kein Wunder, wenn einer sich immer durch alles Mögliche ablenken ließ‹, dachte sie bei sich. Aber nun, da sie beide in der Kutsche Richtung Ludwigsburg saßen, nahm er ihre Hand und sagte. »Ein paar wenige Monate noch, und ich mache mein Examen. Dann bin ich ein richtiger Doktor und werde irgendwo als Landarzt arbeiten.« Es klang wie ein Versprechen.

Friederike kam in Schorndorf bei Verwandten unter. Justinus zog nach Ludwigsburg. Am 12. September 1810 legte er sein Staatsexamen ab und erhielt die Approbation als Arzt von der Regierung in Stuttgart.

*

Die Tür im Erdgeschoss fiel ins Schloss. Friederike Kerner stand von ihrem Küchenstuhl auf und sah auf die Uhr. Gleich sechs. Sie hörte ihren Mann die Treppe heraufstapfen.

Ein Schritt, dann der Stock, wieder ein Schritt. Zwischendurch blieb er stehen, und sie hörte, wie er schnaufte. Ihr fiel ein Spruch ein, den er damals als junger Landarzt von sich gegeben hatte: »Ich schufte wie ein Gaul, der immer im Kreis in einer Tabaksmühle herumlaufen muss.« Und doch: Wer hätte damals geglaubt, dass es ihnen einmal so gut gehen würde. Als sie an ihre Hochzeit dachte, musste sie unwillkürlich lachen. Beinahe wäre sie an der Bürokratie gescheitert.

*

Justinus hatte das Heiratsgesuch statt an die zuständige Behörde direkt an den König gerichtet, weil er dachte, so gehe es schneller. Als sein verwaltungserfahrener Bruder Karl davon erfuhr, schlug er die Hände über dem Kopf zusammen. König Friedrich war zu dieser Zeit auf der Suche nach frischen Soldaten, weil er ja 15.000 Mann im Russlandfeldzug verloren hatte. Aber eigentlich fehlten immer die frischen Soldaten. Schon Carl Eugen hatte 1787 württembergische Söldner an die Holländische Ostindienkompanie verkauft. Für eine halbe Million Gulden! Und die 15.800 Mann, die für Napoleon kämpften, waren letzten Endes der Preis dafür gewesen, dass Württemberg von Napoleon zum Königreich erhoben wurde. Und weil es an Nachschub, an neuen Rekruten fehlte, kam es häufig vor, dass der König bei einem solchen Gesuch an den Rand schrieb: »Hat nicht nötig zu heiraten. Soll unter die Soldaten!« Karl gelang es im letzten Moment, die Bittschrift vom Sekretär des Königs beiseiteschaffen zu lassen, ehe sie in Friedrichs Hände kam.

Und so fand das ganze doch noch ein gutes Ende. Im Februar 1813 wurden Friederike und Justinus in der Kirche von Enzweihingen von Justinus' Bruder Louis getraut.

Nach ihrer Hochzeit ging es schnell bergauf mit Friederikes Gesundheit. Sie musste zwar harte Jahre als Hausfrau und Mutter durchstehen, und Justinus war ein anstrengender Mann. Aber ihr hausfraulicher Verstand, ihre natürliche Klugheit und ihr unendlicher Fleiß halfen ihr, nicht nur eine gute Ehefrau und Mutter, sondern auch eine exzellente Gastgeberin zu sein, und dabei selbst die bizarrsten Einfälle ihres Mannes zu ertragen. Sie stützte ihn, wenn er seine schwermütigen Tage hatte, und schaffte es sogar, Justinus mit Ludwig Uhland zu versöhnen, als die beiden sich einmal so zerstritten hatten, dass niemand mehr glaubte, sie könnten wieder zueinanderfinden.

*

Rickele richtete ein kurzes Gebet an den lieben Gott und bat ihn leise, alles doch noch eine Weile so bestehen zu lassen. Die Küchentür ging auf. »Das riecht ja vielleicht gut!«, rief ihr Mann begeistert.

Seine Frau trat auf ihn zu und drückte ihm einen Kuss auf die Wange.

»Was war jetzt das?«, fragte er überrascht.

»Ich war grad in meinen Gedanken bei unserer Hochzeit und den ersten Jahren danach in Welzheim.«

Justinus lachte. »So ist das, wenn man ins Alter kommt. Man träumt sich in Gedanken immer häufiger zurück in die Zeit, als man noch jung war.« Er lehnte seinen Stock an die Wand und setzte sich auf die Küchenbank.

Während sich Friederike wieder ihren Kochtöpfen zuwandte, sagte sie: »Ich war damals ja schon fast 27. Und ich hab nicht mehr dran geglaubt, dass aus der Heirat jemals noch was werden würde.«

»Na ja, wie denn auch? Ich war bettelarm. Und das blieb ja auch nach unserer Hochzeit erst mal so. In Dürrmenz hab ich doch fast keine Patienten gehabt. Und in Wildbad war's auch nicht besser. Die reichen Kurgäste hatten ihre eigenen Ärzte, und die Einheimischen fast kein Geld. Ich hätte keine Frau und schon gar nicht eine ganze Familie ernähren können.«

»Und das war der einzige Grund, warum du so lange gezögert hast?«

»Lass gut sein. Wir haben ja schließlich doch geheiratet!«

Ohne vom Herd aufzuschauen sagte Rickele. »All die anderen Frauen, die so viel gescheiter waren als ich, die selber Gedichte geschrieben oder Bilder gemalt haben …« Aber sie redete nicht weiter.

Justinus wollte auf das Thema nicht eingehen und fuhr deshalb einfach in seinen Gedanken fort: »Erst 1812, als mein Studienfreund Tritschler aus Welzheim wegging und ich sein Nachfolger werden konnte, sah es dann besser aus. Die Besoldung betrug 100 Gulden pro Jahr.«

Rickele drehte sich um: »Ich hab dich damals ganz schön bewundert, als du dich durchgesetzt und dann doch 200 Gulden herausgeschlagen hast.«

Kerner nickte. »Ja, 1812 hätte ein schönes Jahr werden können, wenn nicht so plötzlich mein Bruder Georg gestorben wäre.«

»Lass dich jetzt bloß nicht wieder in deine düsteren Gedanken zurückfallen«, sagte Friederike resolut. »Heute ist doch ein guter Tag. Du warst bei Theobald und sein Leiden hat bald ein Ende. Er wird dir immer dankbar dafür sein.«

»Geb's Gott!« Kerner stand ächzend auf.

Rickele nahm Besteck aus dem Kasten und Teller vom Regal. »Ich decke den Tisch!« Sie ging ins Speisezimmer.

»Das ist leicht gesagt, mit den düsteren Gedanken«, sagte Justinus, aber sie hörte ihn schon nicht mehr. Dennoch redete ihr Mann weiter, nun eben mit sich selbst. »1812 war überhaupt ein Schicksalsjahr, für unsere Familie und für unser Land. Georg tot, und Karl grade so mit dem Leben davon gekommen. Wie oft hat er mir erzählt, wie er, der Generalmajor, nach diesen furchtbaren Feldzug nach Moskau vor seinen König treten musste.«

1812 – Ein König verliert seine Armee

Anfang Dezember 1812. Karl von Kerner hinkte schwer auf einen Stock gestützt durch den langen Korridor im Neuen Schloss. Ihm entgegen kam ein Offizier, der ihn erst auf den zweiten Blick erkannte. »Herr Generalquartiermeister von Kerner?«, rief er überrascht und voller Anteilnahme. »Der Krieg in Russland scheint Ihnen ordentlich zugesetzt zu haben.«

»Dabei geht es mir noch gut.«

»Aber man hat doch gehört, Sie seien in der Schlacht von Borodino schwer verwundet worden.«

Karl von Kerner winkte ab. »Wie Sie sehen, kann ich schon wieder ganz gut gehen. Jeder, der bei diesem schrecklichen Feldzug überhaupt mit dem Leben davon gekommen ist, kann von Glück sagen.« Er salutierte kurz und trat in den Vorraum des Audienzsaals.

»Seine Majestät erwartet Sie schon«, sagte der Ordonnanzoffizier und machte ein bedenkliches Gesicht.

König Friedrich saß hinter seinem Schreibtisch. Er erhob sich nicht zur Begrüßung seines Generals, sondern herrschte ihn nur an: »Mich wundert es, Sie hier zu sehen. Warum haben Sie meine Armee verlassen?«

Wenig beeindruckt antwortete von Kerner: »Majestät haben keine Armee mehr.«

Der König schlug mit der Faust auf den Tisch. »Wie kommt er dazu, so etwas zu sagen?«

»Mit 15.800 Mann sind wir ausgezogen. Davon leben nur noch wenige Hundert. Die anderen sind auf erbärmlichste Weise gestorben. Viele schon auf dem Hinmarsch durch Polen und Litauen. Verhungert, verdurstet, im Schlamm versunken, erfroren, aus dem Hinterhalt niedergeschossen.«

»Nicht im Gefecht?«

»Die einzige Schlacht, auf die sich die Russen eingelassen haben, war jene bei Borodino auf dem Hinmarsch. Da waren wir schon vor den Toren Moskaus. Sonst gab es praktisch keine Gefechte.«

»Borodino wurde mir doch als Sieg gemeldet, und ich habe Sie prompt zum Kommandeur des Militärverdienstordens Erster Klasse ernannt, General Kerner. Und im Oktober habe ich Sie noch in den erblichen Freiherrenstand erhoben.«

»Wofür ich Eurer Majestät auch sehr dankbar bin. Auch im Namen meiner Nachkommen. Dennoch muss ich sagen: Die Schlacht von Borodino haben wir zwar militärisch gewonnen, aber der Gewinn erwies sich als Pyrrhussieg.«

»Pyrrhus – aha.« Der König zitierte: »Noch so ein Sieg, und wir sind verloren.«

»Genau das war unsere Lage«, antwortete Karl von Kerner ohne eine Miene zu verziehen. »Ein Drittel unserer Soldaten tot und die Hälfte der Pferde. Was ich an Verwundungen und Verstümmelungen an Menschen und Tieren an diesem Tag gesehen habe, ist das Grässlichste, was mir je begegnet ist, und lässt sich nicht beschreiben.«

Der König schien an einer detaillierten Beschreibung der Gräuel nicht interessiert zu sein. »Wie schätzen Sie denn die militärische Lage nun ein?«

»Die Russen stellen sich nicht, sie weichen den Kämpfen

aus, wo immer es geht und lassen uns buchstäblich ins Leere laufen. Geschlagen werden unsere Truppen vom Wetter und von der Natur. Das wurde mir seltsamerweise schon beim Grenzübergang prophezeit, als wir auf dem Hinmarsch Polen erreichten, und viele unserer Soldaten noch begeistert die Grenzpfosten umarmten. Da sagte ein einfacher Dorfpastor zu mir: ›Ihr seid viele, ihr werdet am Anfang siegreich sein. Die Russen werden euch in das Mark ihres großen Reiches hineinlassen. Mittlerweile werdet ihr schwächer und werdet dann mit Frost und Mangel zu kämpfen haben. Dann erst fangen die Russen den Krieg mit vollem Ernste an; ihr werdet Mühe haben herauszukommen, und wenige nur werden zurückkehren.‹ Genauso ist es gekommen, Eure Majestät.«

Der König schlug die Hände vors Gesicht und atmete schwer. Schließlich stand er auf, deutete auf zwei Sessel in einer Nische. »Nehmen wir Platz.« Der Blick ging hinaus auf ein wildes Schneetreiben über dem Schlossplatz.

»Wir sahen uns einer Militärtaktik gegenüber, die ganz neu für uns war«, fuhr von Kerner fort.

»Die Taktik der Feigheit!«, empörte sich der König.

»Am Ende könnte man es vielleicht auch als Taktik der Klugheit bezeichnen. Ausgedacht von dem Kriegsminister und ersten Oberkommandierenden der russischen Armee, Barclay de Tolly. Der musste allerdings demissionieren, weil seine Strategie am Hofe des Zaren verächtlich als hasenfüßig bezeichnet wurde. Zudem galt er wegen seiner baltischen Herkunft als Freund der Deutschen. Er wurde ausgetauscht gegen General Kutusow. Tolly trat zurück ins Glied. In Borodino wurde er allerdings zum Helden. Die Legende sagt, dass wir ihm fünf Pferde unter dem Hintern weggeschossen haben, und dass neun seiner zwölf Adjutanten unserem Gewehrfeuer zum Opfer gefallen sind. Er aber hat unverwundet überlebt.«

»Was ist das denn überhaupt für ein Name, Barclay de Tolly?«, fragte der König.

»Ursprünglich handelt es sich um eine schottische Familie, die in Livland sesshaft wurde.«

Friedrich machte eine abschätzige Handbewegung. »Die meisten russischen Generäle sind ja gar keine Russen.«

»Nun, euer Neffe, Prinz Eugen, kämpft ja auch auf der russischen Seite.«

Der König schüttelte unwillig den Kopf. »Er kämpft nicht auf der russischen Seite, er kämpft für seinen Zaren. So wie Sie, Freiherr von Kerner, für mich kämpfen, Ihren König. Ihr Offiziere leistet euren Eid auf euren Herrscher und sonst auf niemand.«

»Und so kommt es, dass ich in Ihrem Auftrag, Majestät, mit den Österreichern gegen die Franzosen gekämpft habe, und später gegen die Österreicher und Preußen mit den Franzosen.«

»Anders als Ihr Bruder Georg«, warf der König ein, »der als notorischer Revolutionär immer auf der Seite der Franzosen war und aus meinem geliebten Württemberg am liebsten eine französische Republik gemacht hätte. Durch meine Politik sind wir in unserem Handeln immer unabhängig geblieben.«

»Aber wir haben einen hohen Blutzoll dafür bezahlt.« Und bevor der König etwas sagen konnte, fuhr von Kerner rasch fort: »Und was meinen Bruder Georg anbelangt: Er hat sich ja schon vor Jahren von Napoleon abgewandt, und zwar bevor eure Majestät die Allianz mit Bonaparte geschlossen hat. Im Übrigen: *De mortuis nihil nisi bene.*«

»Soll das heißen, er lebt nicht mehr?«

»Mein Bruder starb im April dieses Jahres als Armenarzt in Hamburg, wo er sich in seiner aufopfernden Arbeit bei einem Patienten angesteckt haben muss. Zur selben Zeit, als ich auf den Befehl eurer Majestät nach Russland aufgebrochen bin. Zusammen mit den Preußen, den Österreichern und allen Rheinbundstaaten. Und wenn mich nicht alles täuscht, wird es über kurz oder lang, mit den Russen und all diesen Staaten Richtung Paris gehen.«

»Er führt ein loses Mundwerk«, rief der König.

Aber Karl von Kerner fuhr ungerührt fort: »Und da möchte ich nicht mehr dabei sein.«

»Was soll das? Wollen Sie etwa Ihren Dienst quittieren?«

»Nur den militärischen. Eure Majestät haben mir doch in Eurer großen Huld, noch in meiner Abwesenheit, erst vor drei Wochen als Staatsrat und Direktor des Berg- und Hüttenwesens das Großkreuz des königlichen Verdienstordens verliehen. Und zu diesem Zivilstand würde ich gerne zurückkehren. Ich würde Eurer Majestät einfach gerne da dienen, wo ich für Eure Majestät, aber auch für unser Land am nützlichsten bin.«

»Er ist einer meiner fähigsten Generäle.«

»Immer wenn Krieg war, wurde ich zum Militär abgeordnet. In Friedenszeiten zu den Berg- und Hüttenwerken.«

»Wir haben aber Krieg!«

»Aber es fällt mir immer schwerer, in den Preußen mal meine Feinde, mal meine Verbündeten zu sehen. Dabei sprechen wir doch alle die gleiche Sprache.«

»Na, an unserer Sprache erkennt man uns doch nach wie vor überall als Württemberger! Und zu Ihrem Wunsch …«, der König erhob sich und auch Karl von Kerner stand sofort auf, »… zu Ihrem Wunsch, nur noch die Berg- und

Hüttenwerke zu leiten – das ist jetzt kein günstiger Moment. Warten Sie noch ein halbes Jahr.«

Karl von Kerner trat auf den Schlossplatz hinaus. Eine Windböe warf ihm nasse Flocken ins Gesicht. Die Menschen auf dem Platz und der nahen Königstraße rannten, um irgendwo einen trockenen Unterstand zu finden, wo sie den Schneeschauer abwarten wollten. Karl von Kerner musste unwillkürlich lächeln. Wie harmlos war dieses Wetter gegen das, was er und seine Soldaten in Russland hatten aushalten müssen. Er schlug den Mantelkragen hoch und wandte sich dem Park zu. Plötzlich hörte er eine Stimme.

> Hoch tön', o stolzer Hörnerklang!
> Schon blich der Morgenstern.
> Erwecke, froher Jagdgesang,
> Den König, unsern Herrn!
> Bis in die Wolken schwinge sich
> Ein jubelnd: Vivat Friederich!

Die Stimme kennst du doch, schoss es ihm durch den Kopf. Aber als Hymne an den König singt dieser Mann das nicht. Sollte das etwa … Die Stimme erklang wieder:

> Wohlan! Gefährten, frisch zu Holz,
> Mit freudigem Trara!
> Denn unsre Lust und unser Stolz,
> Der König, bleibt uns nah.
> Des edlen Weidwerks freut Er sich
> Nach Herrschersorgen ritterlich.

Karl von Kerner beschleunigte seine Schritte. Jetzt sah er den Sänger. Er stand in einem kleinen Seiteneingang des Schlosses, wo es über eine kurze Treppe zu einer schmalen Tür hinabging, die in die Souterrainräume führte. Unter einem Sandsteinbogen hatte der Mann in seinem abgegriffenen Militärmantel Schutz gefunden. Als Karl auf seiner Höhe war, rief der Sänger: »Na, wie war der Empfang bei Seiner Majestät?«

»Eisele, bist du es?«

»Herr Freiherr, hab schon gehört: Sie sind glücklich lebend aus Russland zurück!«

»Waren wir alten Kriegskameraden nicht beim Du geblieben?«

»Ja, das war vor Ihrer Erhebung in den Freiherrenstand und vor der Dekoration mit den höchsten Orden. Aber ich bin immer noch derselbe – Invalide.«

»Und ich bin auch immer noch derselbe Karl Kerner, Eisele. Wie du an meinem Hinken sehen kannst, mittlerweile auch Invalide.«

»Und die anderen? Was ist mit denen?«

»Welche anderen?«

»Die, mit denen du vor einem halben Jahr ausgezogen bist, um für euren Napoleon Russland zu crobern.«

»Sei froh, dass du da schon Invalide warst. Da kommt kaum noch einer. Ich habe es gerade dem König gesagt: ›Sie haben keine Armee mehr, Majestät.‹«

»So schlimm steht es?« Eisele trat unwillkürlich, mit beiden Armen auf seine Krücken gestützt, aus seiner geschützten Position in das Schneetreiben heraus. Auf Kerners Kopf und Schultern hatten sich kleine weiße Häufchen gebildet. »Und was hat er geantwortet?«

»Er war erschüttert.«

»Na, wenigstens das!«, höhnte der Invalide.

»Und was war das, was du da grade eben gesungen hast?«

»Die Hymne auf unseren verehrten Herrscher, gedichtet vom früheren Hofdichter von Dessau, nunmehriger Hofdichter von Stuttgart.«

»Der Matthisson? Und was sollte das?«

»Du konntest ja leider nicht dabei sein, Freiherr, am 9. November beim Dianenfest zu Bebenhausen, um den Geburtstag unseres Herrschers mit ›Hörnerton und Jagdhalloh‹ zu feiern. Ich durfte dabei sein, weil die körperlich intakten Kameraden ja zum Sterben für die Ehre Seiner Majestät im Russlandkrieg waren.«

»Du bist ganz schön bitter geworden, Eisele. Komm mit rüber in den Schwarzen Adler und lass uns ein Bier zusammen trinken. Sind ja nur ein paar Schritte.« Karl von Kerner marschierte los, verlangsamte aber seinen Gang, als er bemerkte, welche Mühe sein alter Kriegskamerad hatte, auf seinen Krücken mitzuhalten. Die beiden Männer gingen hinter dem Neuen Schloss entlang, machten einen Bogen um das Alte Schloss und landeten in der Schenke in der Dorotheenstraße.

Als sie an einem groben Holztisch Platz genommen hatten und die Schankmagd ihnen je ein Bier hingestellt hatte, tranken sie sich zu. Eisele wischte sich mit dem Ärmel seines Mantels, den er trotz der Wärme in der Gaststube nicht ausgezogen hatte, den Bierschaum vom Mund, zog einen Zettel aus der Tasche und strich ihn auf dem Holztisch glatt.

»Ich hab's mir aufgeschrieben, was dieser Friedrich von Matthisson in Bebenhausen gesagt hat. Willst du es hören?«

»Wenn du meinst, dass es wichtig ist …«

»Immerhin sagt es so einiges über die Herrschaften, die ... – nun, sagen wir ..., die anders leben als unsereins. Hör zu:

Die neuen Zeitperioden haben, soweit meine Kunde reicht, bis auf die leisesten Schattierungen kein vollendeteres Jagdfest aufgestellt, als das heurige Dianenfest. Selbst die berühmte Treibhatz im Jahre 1783, an den vaterländischen Ufern des Bärensees, und, was unstreitig noch vollwichtiger lautet, sämtliche Prunkszenen dieser Gattung nicht ausgeschlossen, welche größtenteils mit mehr Vergeudung an Geschmack, durch einige von Frankreichs Ludwigen aufgeführt wurden ...«

»Das hat er gesagt?«

»Das hat er gesagt und noch mehr in der Art, was ich mir nicht gemerkt habe, und Seine Majestät haben huldvoll gelächelt und die erlegten Tiere zählen lassen. Warte, die Zahlen hab ich mir dann wieder aufgeschrieben: 753 Stücke Wild. Rehe, Hasen, Wildschweine und Hirsche, darunter drei Sechzehnender.«

Karl von Kerner sah Eisele in die Augen und schüttelte fast unmerklich den Kopf. »Und wieviel Russen habt ihr erlegt zur gleichen Zeit?«, fuhr der Invalide mit böse funkelnden Augen fort.

Karl war es elend zumute. Er musterte die hagere Gestalt in dem schäbigen alten Militärmantel, wie sie zusammengesunken am Tisch saß. Er selbst, dachte er, dürfte im Moment auch nicht viel besser aussehen nach den ungeheuren Strapazen des Rückzugs, geschwächt von der nicht ausgeheilten Verwundung, die er sich auf dem Schlachtfeld von Borodino zugezogen hatte. Er rief sich die Begrüßungsworte des Königs wieder ins Gedächtnis, den Vorwurf, als ob es in seiner und seiner Soldaten Macht gestanden hätte, diesen Feldzug zu gewinnen, wo schon auf dem Hinmarsch erst der litauische Landregen und dann die gnadenlose russische Julihitze die Soldaten demoralisierten. Doch das war alles nichts gegen das, was ihnen auf dem Rückzug widerfuhr. Es hätte Kutusows Armee gar nicht gebraucht, um die *Grande Armee* zu dezimieren. Am 3. Oktober fiel der erste Schnee, und am Tag des Dianenfestes, als in Bebenhausen bei frohem Hörnerschall gefeiert wurde, waren sie bei einer unvorstellbaren Eiseskälte immer weiter gen Westen marschiert. Der Schnee bestand nicht aus Flocken, sondern aus Eiskristallen, die von einem eiskalten Wind wie spitze Messer in ihre Gesichter getrieben wurden. In der Nacht hatte er in einer Scheune geschlafen. Als der Morgen graute, ging er ins Freie, kehrte aber gleich darauf zurück und sagte zu den Offizieren, die, wie er, dort Schutz gefunden hatten:

Nun habe ich das Schrecklichste in meinem Leben gesehen. Draußen auf der Ebene liegen unsere Leute, wie sie sich abends um die Feuer gelagert haben, erstarrt, erfroren und tot. Die Bestien des Waldes, auch Hunde, die uns bisher begleitet haben, haben unseren Männern das manchmal noch lebende Fleisch von den Füßen und Händen gerissen. Sie konnten sich gegen die Tiere nicht mehr wehren. Und danach müssen die Kosaken gekommen sein. Sie haben unsere toten Männer ausgeplündert.

»Was ist mit dir, Kamerad?«, fragte Eisele.

Karl von Kerner winkte ab. »Die Geschichten, an die ich grade denken musste, will niemand mehr hören. Aber für mich haben sie die Folge, dass ich nie wieder, sei es für oder gegen Napoleon, als Soldat in ein Gefecht marschieren werde.« Er stand auf.

»Jetzt, wo's grade gemütlich wird, willst du schon gehen?«, fragte der Invalide.

»Ich muss«, sagte Karl von Kerner. »Bleib ruhig noch sitzen, Eisele, trink und iss was auf meine Kosten.« Er legte ein paar Münzen auf den Tisch. »Sicher werden wir uns irgendwann einmal wiedersehen.« Er klopfte ihm auf die Schulter, fuhr ihm kurz mit einer fast zärtlichen Geste übers graue Haar und verließ dann schnellen Schrittes die Gaststube.

Es dauerte kein halbes, sondern nur noch ein Vierteljahr, da erschien im Königlich-Württembergischen Staats- und Regierungsblatt folgende Notiz: »Seine königliche Majestät Haben vermöge allerhöchsten Rescripts vom 28. März den General-Major Staats-Rath von Kerner zum Director der Section der Berg-, Hütten- und Eisenwerker im ganzen Königreich zu ernennen gnädigst geruht.« Zusätzlich ernannte ihn der König auch noch zum Direktor der Gewehrfabrik in Oberndorf mit dem dazugehörigen Hammerwerk.

»Ist denn Politik das Höchste im Leben?«

Es war ein ungewöhnlicher Abend an diesem Herbsttag 1851 im Kernerhaus zu Weinsberg. Friederike und Justinus blieben alleine, was wirklich nur selten geschah. Und so konnten sie gemeinsam noch ein wenig ihren Erinnerungen nachhängen.

»Eigentlich ist es erst in Gaildorf so richtig aufwärts gegangen«, sagte Rickele.

»Schwer zu sagen«, Justinus löffelte den Rest seiner Grießklößchensuppe, die er zuvor schon ausführlich gelobt hatte. »Ich seh den Anfang noch in Welzheim 1813, als unser Mariele geboren wurde und wir endlich aus dem Gasthaus Ochsen in ein eigenes kleines Haus umziehen konnten.«

»Trotzdem wolltest du auch dort nicht bleiben.« Rickele trug die Suppenteller in die Küche. »Dabei warst du so beliebt in Welzheim«, rief sie von dort.

»Hat ja immerhin zwei Jahre gehalten, und als die Stelle des Oberamtsarztes in Gaildorf frei wurde – hätte ich da nicht zugreifen sollen?«

»Doch, natürlich.« Die Hausfrau kam mit dem Braten und den Spätzle aus der Küche zurück. »Und endlich bist du dann ja auch wieder zum Dichten gekommen.« Justinus bediente sich, und seine Frau bemerkte zu seinem anerkennenden Lob: »Den hat uns Metzger Schäch geschickt, weil du doch seine Jüngste so schnell gesund gemacht hast.«

»Was kein so großes Kunststück war. Wenn Kinder zahnen, jammern sie immer ein bisschen.« Er lachte. »Die Naturalien als Zweithonorar sind nicht zu verachten.« Sie aßen schweigend, bis Justinus an seinen vorigen Gedanken wieder anschloss: »Waren eigentlich ganz gute vier Jahre in Gaildorf, aber der Umzug hierher, nach Weinsberg, war wie der Eintritt in eine ganz neue Zeit, in ein ganz neues Leben.«

Rickele nickte. »Das hat aber vor allem mit den vielen Besuchern zu tun, die hier seitdem aus und ein gehen. Am liebsten war mir immer der Uhland. Aber auch Gustav Schwab und Nikolaus Lenau sind mir richtig ans Herz gewachsen. Und natürlich der Fürst.«

»Du meinst Alexander von Württemberg, den Bruder unseres Königs? In seinem Brief neulich nannte er mich seinen Herzensfreund. Und er ist es auch gewesen, der den entscheidenden Anstoß dafür gab, dass unser Theobald nun bald wieder ein freier Mann sein wird.«

»Ein freier Mann?«, Frau Kerner schien Zweifel zu haben. »Auch er wird sich unterwerfen müssen, wenn er nicht erneut mit den Mächtigen aneinandergeraten will.«

Sie wusste nicht, ob ihr Mann ihr zugehört hatte; denn er beschäftigte sich angelegentlich mit dem Essen, nahm zwischendurch einen Schluck Wein. Er sah erst nach einer ganzen Weile wieder auf, schob seinen Teller von sich, lehnte seinen schweren Körper weit zurück und drückte seine Fingerknöchel links und rechts gegen seine Stirn, eine Geste, die seiner Frau in letzter Zeit immer häufiger bei ihm aufgefallen war. »Politik hat in meiner Familie von jeher eine Rolle gespielt«, begann er einen kleinen Vortrag. »Bitte bleib sitzen, Rickele, ich will dir das gerne erklären.«

Friederike, die aufgestanden war, um das schmutzige Geschirr in die Küche zu bringen, setzte sich gottergeben wieder hin.

»Schließlich hatte mein Vater ja ein politisches Amt, und er war ein Meister darin, zwischen dem damals noch sehr absolutistisch herrschenden Herzog und den Bürgern zu vermitteln, die nicht wenig unter ihm zu leiden hatten. Er hat manche Erlasse der Stuttgarter Regierung einfach links liegen lassen, wenn er sie für unsinnig hielt oder wenn er glaubte, sie würden dem alten geltenden Verfassungsvertrag zwischen der Monarchie und den Ständen widersprechen. Er war sehr dagegen, dass Carl Eugen diese Subsidienverträge ... – du weißt, was das ist?«

Rickele musste unwillkürlich lächeln. Zeit ihrer Ehe war ihr Mann auch ihr Schulmeister gewesen. »Oh ja«, sagte sie, »die hat der Herzog mit anderen Staaten abgeschlossen, damit er württembergische Soldaten ans Ausland verpachten konnte. Und das nur, um die Staatskasse aufzufüllen, weil er sie rücksichtslos ausgeplündert hat, um seinen ausschweifenden Lebenswandel bezahlen zu können.«

»Pssst!«, machte ihr Mann. »So etwas solltest du nicht mal in diesen geschützten vier Wänden laut sagen, Rickele.«

»Wenn's doch aber wahr ist.«

»Es ist so vieles wahr, was man nicht unbedingt aussprechen muss.«

»Ja, ja, ich weiß schon. Wie hat der Schubart über die Soldaten gedichtet?

    Auf, auf ihr Brüder und seid stark.
    Der Abschiedstag ist da.

Schwer liegt er auf der Seele, schwer!
Wir sollen über Land und Meer
Ins heiße Afrika.«

»Das hast du gut auswendig behalten«, lobte Justinus seine Frau gönnerhaft. Rickele seufzte. »Aber wie wenige von diesen armen Männern sind zurückgekommen?«

»Sicher«, Justinus nickte. »Und von den 15.800 in Russland haben auch nur 700 ihre Heimat wiedergesehen. Andererseits muss man unserem jetzigen König zugutehalten, dass er sich sehr für die Verbesserung der Bildung eingesetzt hat. Und hat sich in unserem Land nicht alles auch wirtschaftlich wunderbar entwickelt?«

Rickele schickte sich an, wieder aufzustehen, aber Justinus griff nach ihrem Arm und drückte sie auf ihren Stuhl zurück. »Dass die Politik in unserer Familie so eine große Rolle spielte, hatte natürlich auch mit meinem Bruder Georg zu tun. Er war in seinen Meinungen das ganze Gegenteil zum Vater, und er hat damit nicht hinter dem Berg gehalten, dieser Feuerkopf. Du glaubst ja gar nicht, wie es da manchmal zuging bei uns zu Hause.«

»Die auf der Karlsschule waren doch wohl alle so. Der Schiller zum Beispiel«, sagte Friederike.

»Nicht alle. Mein Bruder Karl hat sich, im Unterschied zum Georg, schon damals mehr zur bürgerlichen Mitte hingezogen gefühlt. Und danach war er ein erfolgreicher Offizier, später dann ein liberaler Politiker und erfolgreicher Geschäftsmann. In den Verfassungskämpfen 1816 bis 1818 hat er aber doch auch eine sehr fortschrittliche Haltung eingenommen.«

»Und du?«

»Als ob du das nicht wüsstest.« Justinus fuhr mit einer zärtlichen Geste über Rickeles Wange. »Ich hab schon als Bub in der Ludwigsburger Tuchfabrik erlebt, wie schlecht die Arbeiter dran waren. Und später in Welzheim und Gaildorf konnten wir doch auch nicht übersehen, wie dreckig es den Kleinbauern ging. Vor allem nach der katastrophalen Missernte im Jahr 1816 mit der schrecklichen Hungersnot, die im ganzen Land herrschte. Schließlich war ich nicht ganz unbeteiligt daran, dass im Jahr 1817 endlich Schluss war mit der Lehensabhängigkeit der Bauern von den feudalen Grundherren.«

»Na ja, ganz alleine dein Verdienst war es nicht.«

»Natürlich nicht. Seinerzeit war ja mein Bruder Karl auch kurz Innenminister. Der hat da natürlich ganz andere Verdienste, und er hat mir oft davon berichtet, wie aufgeklärt und vernünftig König Wilhelm I. war. Er hat auch mit den unsinnigen Ausgaben des Hofes aufgehört und manche Reform eingeführt, die den Menschen geholfen hat.«

»Hätte er das ohne seine Frau Katharina auch gemacht?«, fragte Friederike dazwischen.

»Ich weiß nicht. Auf jeden Fall war er sehr offen für ihre Vorschläge, und ohne den Einsatz der Zarentochter aus Moskau und die Hilfslieferungen aus Russland, die sie organisiert hat – und das ein paar Jahre, nachdem wir dort einmarschiert sind – wir Schwaben hätten die schweren Zeiten wohl kaum so schnell überwunden.«

Justinus liebte es, zu politisieren. Seine Vorträge über die jüngste Geschichte des Landes Württemberg konnten sich deshalb gewaltig in die Länge ziehen. Friederike überlegte, wie sie das ›Seminar‹, wie sie solche einseitigen Unterhaltungen manchmal nannte, abkürzen könnte. »Aber dass du dich mit dem Uhland darüber zerstritten hast …«, warf sie ein.

»Ich versteh's bis heute nicht. Er und seine bürgerlichen Demokraten wollten, dass wir Amtsärzte durch die Versammlung der Oberämter gewählt werden sollten. Ein Blödsinn, hab ich ihm gleich gesagt. Dann wären wir nämlich nicht mehr aufgrund unserer Fähigkeiten und unserer Leistung ausgewählt worden. Da hätten vielmehr lokale Interessen und persönliche Beziehungen die entscheidende Rolle gespielt, und der Vetterleswirtschaft der Amtsschreiber wäre Tür und Tor geöffnet gewesen.«

Rickele stand entschlossen auf. »Jedenfalls bin ich froh, dass ich es geschafft habe, euch zwei Dickköpfe wieder miteinander zu versöhnen.« Damit war es ihr gelungen, einen Punkt zu setzen, und sie ging mit dem Geschirr in ihre Küche.

»Ich hab ja immer gesagt: Eine persönliche Freundschaft darf doch unter den unterschiedlichen politischen Auffassungen nicht scheitern«, rief Justinus ihr nach.

»Das hat der Uhland ja dann auch eingesehen«, kam es aus der Küche zurück.

Justinus überlegte, ob er seiner Frau nachgehen und ihr erklären sollte, dass sein Zerwürfnis mit Uhland tiefer gegangen war. Aber er ließ es dann. Uhland sprach immer im Interesse einer traditionsbewussten Bürgerschaft. Und obwohl Justinus die gleiche Herkunft hatte, fühlte er sich doch immer als Anwalt der kleinen Leute, der Schwachen, die ihr Recht nicht selbst vertreten konnten. Ihnen lieh er seine Feder. Kerner beherrschte einerseits eine Sprache, die die Bauern und Häusler verstanden, und er war andererseits in der Lage, ihre Anliegen in eine Form zu bringen, die am Hof akzeptiert wurde. So verfasste er zum Beispiel für die Bauern und einfachen Bürger in seinem ärztlichen Distrikt die sogenannte »Welzheimer Adresse« an den König, weil die Macht der lokalen Amtsschreiber durch ein neues Gesetz wieder deutlich vergrößert werden sollte. Er erreichte damit, dass König Wilhelm ihre Delegation empfing. Justinus' Bruder Karl, damals Innenminister, schrieb danach: »Deine Welzheimer waren sehr entzückt über ihren Empfang, entzückt von König und Königin.« Justinus verborgene Schriftbeteiligung sei natürlich nicht verborgen geblieben. Der Erfolg der Mission blieb freilich mäßig.

In einem Brief an Karl Mayer hatte Justinus seinen Konflikt mit Uhland so beschrieben: »Ich habe allerdings die Sache des Königs ergriffen, weil diese durchaus rein die Sache des Volkes ist. Andere haben eine andere Parthie ergriffen, die Parthie der Kasten, die Parthie des Adels, der Ausschüsse, der Advocaten, die Parthie derjenigen, die an kein Bürgerthum glauben, die das Volk noch lange recht unmündig erhielten, um selbst desto mündiger zu seyn …« Justinus war zutiefst davon überzeugt, dass das geltende Feudalsystem abgelöst werden und die Bevormundung der einfachen Leute durch eine kleine Kaste von Advocaten und Schreibern aufhören musste. Das machte ihn beim Volk beliebt. Aber sie wussten auch, dass er als Dichter ein berühmter Mann war, und obwohl die meisten nicht lesen und schreiben konnten, verehrten sie ihn dafür. Manche seiner Gedichte gingen von Mund zu Mund, ebenso wie Verse von Uhland, zum Beispiel »Ich hatt einen Kameraden …« oder »Droben stehet die Kapelle …« und Kerners berühmtestes Gedicht »Preisend mit viel schönen Reden …« war längst populär geworden.

Der Arzt und Dichter Kerner wünschte sich nichts mehr, als dass die einfachen Menschen ohne Ausnahme Lesen und Schreiben lernen sollten. Nur so konnten sie selbständig werden. Sie brauchten Neugier, Einfallsreichtum und vor allem Bildung. Erst kürzlich hatte er gelesen, dass für die Juden im Land galt, »wo es keine Schule gibt, kannst du nicht wohnen«. So steht es offenbar im Talmud. Es kam also nicht von ungefähr, dass die Juden den Deutschen in vielem geistig so voraus waren.

Justinus Kerner litt sehr darunter, dass die enge Freundschaft zwischen ihm und Uhland, die seit ihren gemeinsamen Tübinger Studententagen überdauert hatte, nun nicht mehr gelten sollte. Immer wieder schrieb er an Uhland, doch dieser beantwortete die Briefe aus Gaildorf nicht mehr. »Warum willst du mir nicht mehr schreiben? Ist denn Politik das Höchste und Einzigste im Leben? Wussten wir doch einst gar nichts von Politik und waren so vergnügt, all unsere Briefe hielten sich rein von ihr – warum kann es nicht ferner so sein?«, schrieb Kerner verzweifelt.
Und dann argumentierte er doch politisch und versuchte es mit einem Beispiel:
Kommt einer zu mir, seinem Arzt, und sagt: »Herr Doktor, hier habe ich eine alte, gültige Verschreibung auf ein Lot Arsenik für mich für den leichten Atem, nach der Weise meines Vaters und meines Großvaters, die alle daran laborierten«, so antworte ich: »Herr Meier, ich wäre ein Giftmischer, wenn ich Ihnen dies verabreichen

lassen würde, mag das Rezept noch so gültig sein, wenn Sie es für sich wollen. Wollen Sie es aber für die Mäuse und Ratten in Ihrem Haus, so sollen Sie es haben.« Und für Mäuse und Ratten hätte unser König Wilhelm die alte Verfassung verabreichen lassen können, aber nicht für ein Volk, das, mündig geworden, sich aus hundertjährigen Vorurteilen und Banden losreißen will und soll.

Und er fuhr in seiner Argumentation fort:
Ich will auch den Fall setzen, die königliche Verfassung habe große Mängel – so sage ich Dir dennoch, dass es ein Fehler wäre, nichts Besseres als nur das Alte zu begehren. Als man die königliche Verfassung, die auch die Verfassung meines Bruders Karl und des Kultusministers Wangenheim ist, verworfen hat, hätte man gleich dazu sagen müssen: »Wir wollen für den Stillstand stimmen!« Gott im Himmel weiß, dass ich die Wahrheit rede – es ist alles – der ganze Frühling, den Gott mit diesem Verfassungswerk senden wollte – es ist alles wie Blütenblätter zwischen dem *Corpus Iuris* dürr und entsaftet worden. – O Uhland! Uhland! Ein anderes Leben wird uns zeigen, wer Recht hat!

Ludwig Uhland antwortete nicht, er reagierte erst nach einem halben Jahr auf einen Brief von Justinus mit Glückwünschen zum Geburtstag. Justinus hatte verbittert geschrieben:
Heute ist dein Geburtstag! Ich wünsche Dir dazu von Herzen Glück! Heute vor elf Jahren waren wir auf der Achalm, da feierten wir Deinen Geburtstag zusammen. Heute denke ich seiner allein und mit dem schmerzhaften Gefühl, dass Du meiner dabei nicht oder mit Hass

gedenkst. Es lebt nur noch ein Mensch, der alles weiß und klar darin sieht, das ist Rickele, die ich damals zum ersten Mal sah. Sie wird Dich nach meinem Tod belehren. Dein Kerner.

Es dauerte dann doch nicht bis zu Justinus' Tod, sondern nur vierzehn Tage, bis die Antwort in Gaildorf eintraf: »Nach dem was vorgefallen ist«, schrieb Uhland, »musste mir wenigstens zu schweigen gestattet sein. Ich will über diese politischen Gegenstände forthin schweigen und das übrige der Zeit anheimstellen.«

Rickele konnte nicht mit ansehen, wie ihr Justinus litt. Kurz entschlossen machte sie sich im Dezember 1817 in Begleitung ihrer Tochter Marie, die Uhlands Patenkind war, auf den Weg nach Stuttgart, um Uhland zu treffen und sich für eine Versöhnung der beiden Männer einzusetzen. Danach war das Eis ein wenig dünner. Die beiden Dichter fanden aber erst wieder richtig zueinander, als sie sich in Weinsberg endlich wieder persönlich trafen, weil sie gemeinsam Hölderlins Dichtungen herausgeben sollten.

*

Justinus schmunzelte, als er sich daran erinnerte. Man hatte unter dem großen Apfelbaum im Garten, dicht beim Kernerhaus, gesessen. Ein schöner, warmer Spätfrühlingstag war es gewesen. Die Bienen summten in den Blüten, und der kühle Weißwein schmeckte besonders gut. Plötzlich war es, als ob es nie eine Verstimmung zwischen ihnen gegeben hätte. Sie waren sich in der Einschätzung der Werke Hölderlins einig und entschieden rasch gemeinsam, in welcher Reihenfolge man die Texte am besten aufeinanderfolgen lassen sollte. Auch in der Kommentierung gab es zwischen den beiden Dichtern keinen Widerspruch. Uhland blieb über Nacht, und beim Frühstück am nächsten Tag hielt er eine fast feierliche Ansprache über den Wert der Freundschaft, die man über die Zwistigkeiten in politische Fragen stellen müsse.

Die politischen Divergenzen zwischen den beiden blieben, doch bei ihren künftigen Treffen waren die beiden Dichter klug genug, sie gar nicht erst zur Sprache zu bringen.

Das war ein wenig wie im Verhältnis zu seinem Bruder Karl, dachte Justinus, goss sich noch einmal vom Wein nach und hob das Glas vor die Augen. Gab es eine schönere Farbe als die des Weins im hellen Sonnenlicht, auch wenn seine geschwächten Augen den goldenen Ton mehr ahnten als sahen?

Karl und er waren in vielem nicht einig, aber das trübte ihre tiefe Bruderliebe nicht. Justinus fühlte sich mit einem Mal seltsam leicht, er empfand plötzlich ein tiefes Gefühl der Zufriedenheit. Das mochte daran liegen, dass ihm plötzlich sein älterer Bruder in den Sinn gekommen war. In einem war der nüchterne Karl mit ihm immer einig gewesen, wenn es um seinem Einsatz für die einfachen Menschen seines Sprengels ging – zumal als Karl dann selbst Landwirt geworden war.

Immer schon hatte ihm Karl, der Militär und Ökonom, mit seinem klaren Verstand und seiner ruhigen Art, Dinge zu bedenken und zu entscheiden, besonders imponiert. Justinus nahm einen kräftigen Schluck aus seinem Weinglas. Er dachte an seinen ersten Besuch auf Gut Schnaitberg zurück. Dort war die Witwe seines Bruders Georg nach dessen plötzlichem Tod mit ihren drei Kindern für ein paar Monate zu Besuch gewesen und Karl hatte geschrieben, er wünsche sich dringend, dass auch Justinus mit seiner Familie auf ein paar Tage kommen möge.

Der Gutsherr auf dem Schnaitberg

Die Kutsche verließ die breite Straße durch das Remstal kurz hinter Aalen und bog nach rechts in einen schmalen Weg ein. Nach Süden hin tauchten die langgezogenen Höhen der Ostalb auf. Justinus Kerner hatte sich neben den Kutscher Josef auf den Bock gesetzt. Friederike saß hinten im Fond. Der Pfad wurde steiler und schlängelte sich in engen Kurven eine Steigung hinauf.

»Ist das schön hier!«, rief Friederike von der gut gepolsterten Rückbank.

»Trotzdem, wenn ich gewusst hätte, wie anstrengend das wird …« Justinus unterbrach sich. Den ganzen Tag über hatte er mit finsterer Miene neben dem Kutscher gesessen. Der warf immer wieder einen Blick zu Kerner hinüber. Einmal sagte er: »Es ist doch so ein schönes Wetter, Herr Doktor.«

»Die Sonne scheint, na und?«

Da beschloss Josef, für den Rest der Fahrt den Mund zu halten. In letzter Zeit schien der dichtende Doktor mit allem und jedem unzufrieden zu sein.

Ein Bauer kam der Kutsche entgegen. Er trug eine Sense über der Schulter. Höflich trat er zur Seite, um das Gefährt vorbeizulassen, zog seine Mütze vom Kopf und verbeugte sich ein wenig. »Brrrr«, machte der Kutscher. Das Pferd blieb stehen. »Sind wir hier auf dem richtigen Weg zum Schnaithof?«

»Ja freilich. Immer dr Nas nach, vorbei an dr Ölmühle, durch Essingen durch und dann no amal a bissle bergauf. Aber mr sieht den Hof dann scho! En era halbe Schtond müsstet ihr da sein.« Es war deutlich, dass sich der Mann bemühte, ein wenig nach der Schrift zu sprechen.

»Kennet Sie den Freiherra von Kerner?«, fragte Justinus bewusst im Dialekt.

Der Bauer nickte. »Den kennt doch jeder do hanne rom. Dem g'hört ja jetzt dr Schnaitberg.«

Justinus fügte hinzu: »Mhm, er hat ihn letztes Jahr gekauft, um nicht weniger als 4.060 Gulden.«

»Des wisset Sie?« Der Bauer trat näher an die Kutsche heran. »Mir hätt't's scho lang gern gwisst, was er dafür hat zahle müsse. Früher isch es jo ein Gnadenlehen gwesa, bevors die Königliche Regierung zu ama Zins- und Gültgut gmacht hat. Send Sie verwandt mit dem Herra Geheimrat?«

»Ich bin sein Bruder.«

»Der Dichter etwa?«

»Hoppla!«, machte der Kutscher überrascht. Rickele rief von hinten. »Jetzt ist mein Mann aber ganz schön stolz.«

»Kann er jo au sei, wo mr landauf, landab seine Liadle sengt.« Der Bauer setzte seine Mütze wieder auf, schulterte die Sense und machte sich weiter auf den Heimweg, dabei pfiff leise die Melodie von »Wohlauf noch getrunken den funkelnden Wein …« vor sich hin.

Justinus Kerners Laune hatte sich schlagartig gebessert. Er summte die Melodie, die der Bauer angestimmt hatte, mit, und als der Kutscher das Lied zu singen begann und Friederike leise mit einfiel, ging ein strahlendes Lächeln über Justinus Kerners Gesicht.

Johanna Friederike Kerner, die Witwe des ältesten der drei Kerner-Brüder, war zusammen mit ihren beiden Töchtern Klara und Bonafine und dem kleinen Georg, der nach seinem viel zu früh verstorbenen Vater benannt worden war, schon vor ein paar Wochen auf den Schnaitberg gekommen. Gleich nach Georgs Tod hatte Karl von Kerner seine Schwägerin eingeladen. »Komm zu uns, wir sind für dich da«, hatte er in seiner schlichten Art geschrieben. Zunächst hatte Johanna die weite Reise von Hamburg ins schwäbische Remstal nicht auf sich nehmen wollen. Aber nun war sie froh, dass sie doch gefahren waren. Die Kinder hatten die Fahrt sehr genossen, zumal Johanna eine gemächliche Tour mit fünf Unterbrechungen in schönen Herbergen geplant hatte.

Der Mai hatte viele schöne Frühlingstage gebracht. Rascher als sonst blühten die Büsche und Bäume auf. Bis in den Abend hinein konnte man im Garten des herrlichen Anwesens sitzen, das Karl von Kerner nun seit zwei Jahren bewirtschaftete. Und heute war wieder so ein milder Tag. Johanna saß mit ihrem Schwager Karl und dessen Frau Christiane im Obstgarten des Hofguts unter einem blühenden Apfelbaum und genoss die frische Luft, die ein leichter Wind von den Bergen im Süden zu ihnen trug. Gut 500 Meter hoch liege der Schnaitberg, hatte der Hausherr erklärt. In dieser Gegend sei es selten zu heiß oder zu schwül. Im hinteren Teil des riesigen Gartens mit seinem prächtigen Baumbestand hatte Karl von Kerner einen Brunnen graben und einen Teich anlegen lassen, der zusätzliche Kühle lieferte.

Ob ihn das Leben eines Landwirts nicht manchmal langweile, fragte die Hamburger Schwägerin.

»Ganz und gar nicht. Ich wollte nur alles andere sein als ein Soldat. Die Aufgabe, aus diesem heruntergekommenen Stück Land ein mustergültiges Gut zu entwickeln, macht mir ausgesprochen Freude. Und die Aussichten sind gut. Der Boden hier kann sehr ertragreich sein, wenn man richtig mit ihm umgeht.« Schon geriet der einstige Generalmajor ins Dozieren:

Hier, auf der Höhe des Albuchs haben wir einen fruchtbaren, lockerbündigen Kalkboden, der sich besonders gut für den Anbau von Dinkel- und Gerste eignet. In den Taleinschnitten und an den Berghängen findet man schweren Tonboden – oder, wie wir sagen: Lettenboden, der ziemlich viel Kieselerde enthält. Da geraten alle Hülsenfrüchte gut. Ich habe mich gleich für die Dreifelderwirtschaft entschieden. Wir pflanzen erst Dinkel, Gerste und Hafer, dann im nächsten Jahr Hülsenfrüchte, und im dritten lassen wir auf der Brache Klee und Futterkräuter wachsen. Und zu all dem kommt noch die Viehwirtschaft. An den Berghängen haben wir ausgedehnte Weiden. Und ich habe auch gleich die richtigen Pferde gekauft, um eine vernünftige Zucht zu beginnen.

»Lass gut sein«, mischte sich seine Frau ein. »Johanna kommt aus der großen Stadt. Es wird sie kaum interessieren ...«

Aber ihre Schwägerin unterbrach sie. »Da täuschst du dich, meine Liebe. Ich finde das wirklich sehr interessant.«

»Und das sagst du jetzt nicht nur aus Höflichkeit?«, fragte Karl.

Sie lachte. »Höflich bin ich außerdem, aber zu allererst bin ich interessiert.« Sie stand auf, streifte ihre Schuhe von den Füßen, ging ein paar Schritte barfuß durch das hohe

Gras, kam aber in einem Bogen an den Gartentisch zurück.

»Wie schade, dass Georg das alles nicht mehr sehen kann.«

Karl nickte. »Es zerschneidet mir das Herz, wenn ich daran denke, wie jung er sterben musste.« Er seufzte. »Wir haben uns viel zu selten gesehen.«

»Wir wollen uns das Herz jetzt nicht beschweren«, warf Christiane ein. »Ich weiß ja, wie es ist, wenn man den Mann verliert, und drei kleine Kinder hatte ich auch.«

Johanna nickte. »Wie gut, dass du Karl gefunden hast.«

»Oder er mich«, Christiane lächelte ihrem Gatten zu. »Er war für alle drei ein wunderbarer Vater. Jetzt sind sie aus dem Haus, aber sie kommen, so oft sie können.«

»Ihr habt doch zusammen auch noch ein Kind, wie verstehen sich denn die drei mit der kleinen Lina?«, fragte Johanna.

»Sie sind ein Herz und eine Seele.« Christiane lächelte. »Du hast schon Recht, Johanna, damit kann man nicht unbedingt rechnen. Karl kümmert sich nach wie vor um alle, und seitdem wir hier auf dem Schnaitberghof sind, hat er sogar noch ein bisschen mehr Zeit dafür, obwohl er doch mit der Leitung der Berg- und Hüttenbetriebe des Königreichs so viel zu tun hat.«

Karl sprang auf. »Hab ich das richtig gehört?«

Die beiden Frauen sahen ihn fragend an.

»Das war doch ein Peitschenknallen. Das könnte die Kutsche von Justinus sein!« Eilig verließ er den Garten, ging um das mächtige Gutsgebäude herum in den Hof. Von dort hatte man einen weiten Blick ins Remstal hinab. Tatsächlich bog in diesem Moment eine Kutsche um ein großes Dorngebüsch und nahm den letzten kleinen Anstieg zum Schnaitberg in Angriff. Laut rief Karl: »Sie kommen!«

Nun erschienen auch Christiane, Johanna und kurz darauf – durch die Rufe angelockt – die Kinder, die irgendwo in den Scheunen gespielt hatten. Schon nach ganz kurzer Zeit hatten die drei Hamburger und das kleine Schwabenkind dicke Freundschaft geschlossen.

Die eisenbeschlagenen Räder der Doktorskutsche drehten sich knirschend im Kies vor der großen Eingangstreppe des Gutshofs und kamen zum Stillstand.

»Do semmer!«, rief Justinus in gemütlichem Schwäbisch. Er stieg vom Bock und half seiner Frau aus der Kutsche. Er gab seinem Bruder Karl die Hand, nahm Christiane kurz in die Arme und stand dann vor seiner Schwägerin Johanna. Es war ja schon fünf Jahre her, aber auf einmal war er – für einen kurzen Moment – wieder genauso unbeholfen wie damals, als er ihr gegen allen Sinn und Verstand, wie er sich längst eingestanden hatte, seine heißen Liebeserklärungen gemacht hatte. Johanna streckte ihm beide Hände entgegen, zögernd nahm er sie und führte die rechte kurz an seine Lippen. »Gut siehst du aus«, sagte er.

»Du aber auch«, Johanna wandte sich Rickele zu, die die kleine Szene beobachtet hatte, und nahm sie in den Arm. Die Kinder hüpften um die Erwachsenen herum, forderten laut, sie wollten auch »Grüß Gott« sagen, die eine; die anderen drei »Guten Tag«. Christiane sagte, sie habe für alle Limonade gemacht. Sie sollten sich in den Garten setzen, und in zwei Stunden gebe es Abendessen.

Gegen neun Uhr waren die Kinder ins Bett gegangen. Die Erwachsenen saßen um einen großen ovalen Tisch im Salon und sprachen dem Wein zu, der von den Hügeln des nahen Remstals stammte. Plötzlich stand Justinus auf. »Ich hab ein Gedicht auf dich gemacht, Karl. Willst du's

… – wollt ihr es hören?« Einmütig verlangten alle, er solle es sofort zum Besten geben.

»Nun gut.« Justinus stellte sich in Positur, nahm noch ein Schlückchen von seinem Rotwein und hob dann an:

> Mein Schatz ist ein braver,
> Ein wackrer Soldat,
> Ein braver, ein mut'ger
> Vom russischen Zug.
> Er hütet jetzt Schaf
> Und geht hinterm Pflug,
> Er knallt mit der Peitsche,
> Sät Korn und sät Mohn.
> Kleesamen sein Pulver,
> Der Pflug sein Kanon,
> Und Sichel und Spat
> Sein Degen und Schwert,
> O Schnaitberger Karle,
> Wie bist du mir wert!

Die Familie applaudierte und prostete dem Dichter zu. »Du hast schon recht, lieber Christian« – Karl sprach seinen elf Jahre jüngeren Bruder mit dem vertrauten, in der Familie gebräuchlichen Vornamen an und nicht mit dem offiziellen »Justinus« – »Du hast schon recht, erst seit ich auf dem Schnaitberg wirtschaften kann, fühle ich mich wirklich als Zivilist.«

Seine Frau seufzte. »Hoffentlich stimmts. Ich tät's ja so gern glauben.«

»Du wirst es schon sehen.« Karl beugte sich zu seiner Frau hinüber und drückte ihr einen Kuss auf die Wange.

Dann wandte er sich wieder den Gästen zu: »1810 war mein Glücksjahr, ich habe Christiane und ihre drei wunderbaren Kinder gefunden. Und dann kam auch schon bald unser Sonnenschein Lina auf die Welt. Und schließlich überraschte mich unser guter König mit einer erklecklichen Schenkung, mit der ich später den Schnaitberg kaufen konnte. Als Bauer, glaubt es mir, ziehe ich nie mehr in den Krieg, ganz gleich gegen oder für wen.«

»Unser jetziges Jahr 1814 könnt' man aber auch loben«, sagte Justinus. »Immerhin hat es uns am 12. April die Abdankung Napoleons gebracht.«

»Zu spät, wenn du mich fragst«, gab Karl zurück.

»Ja«, sagte Johanna so laut, dass alle überrascht zu ihr hinsahen. »Ich glaube, mein Georg hätte nicht so früh aufgegeben …« Sie sah Justinus an. »Ich weiß, es ist vom Medizinischen her schierer Unsinn, aber ich glaube, dass Georgs schlimmste Krankheit zum Tode Napoleon hieß.«

»Ach, Johanna, als Georg im April vor zwei Jahren in Hamburg gestorben ist, waren wir ja noch nicht mal auf dem Marsch nach Moskau, dem Anfang vom Ende Napoleons«, meinte Karl.

»Und du«, ergänzte Justinus, »warst zwar schon Generalmajor, Staatsrat und provisorischer Chef des gesamten Hütten- und Bergwesens im Königreich, Ritter des Friedrich- und Commenthur des Militärverdienst-Ordens sowie Offizier der französischen Ehrenlegion, aber noch nicht der erbliche Freiherr mit eigenem Wappen: Ein schrägrechts geteiltes Schild, dessen obere Hälfte golden, die untere silbern und mit zwei roten Querbalken durchzogen ist. Soll ich fortfahren?«, fragte er in die Runde, und ein einhelliges »Ja« erscholl zur Antwort, in dem Karls leise gemurmeltes

»Ach, lieber nicht«, unterging. Und so fuhr Justinus in der Beschreibung des an seinen Bruder von König Friedrich verliehenen Wappens mit erhobener Stimme fort: »Auf der Sektion beider Quartiere steht ein zum Kampfe gerüsteter schwarzer Löwe mit rot ausgeschlagener Zunge. Den Schild deckt – alle bitte aufmerken – die Freiherrnkrone mit einem gekrönten Helm, aus dem der schwarze Löwe, hier eine weiße Rübe in der rechten Pranke haltend, hervorgeht. Die Decken sind rechts rot und silbern, links schwarz und silbern.« In die andächtige Stille ließ sich Christianes Stimme vernehmen: »Und mehr ist nicht drauf?« Alle lachten gelöst, und zuletzt stimmte auch Karl in die allgemeine Heiterkeit ein.

Natürlich war er stolz auf all die Orden, Auszeichnungen und Anerkennungen, die ihm sein König Friedrich hatte zukommen lassen, aber er wollte es sich nicht anmerken lassen. »Wenn man lang genug beim Militär dabei ist«, sagte er trocken, »bleibt die eine oder andere Ehrung schon nicht aus. Und jetzt wird euch sicher klar, warum ich Bauer werden wollte – die Ordensbrust ist einfach voll.«

Christiane lachte und bemerkte sarkastisch: »Seine Demut ist sein größter Stolz.«

Karls Blick verfinsterte sich. Um keine Missstimmung aufkommen zu lassen, fragte ihn Justinus rasch: »Glaubst du denn, dass Napoleon sich auf die Dauer mit Elba zufrieden geben wird?«

»Wer kann das schon wissen? Er ist ja erst seit dem 4. Mai dort gelandet. Aber mit den 1.000 Soldaten, die ihm von den Alliierten zugestanden worden sind, kann er nicht viel Unheil anrichten«, antwortete Karl. »Immerhin: Kaiser darf er sich ja weiter nennen.«

»Er könnte ja Bauer werden, wie du«, meldete sich Johanna. »Wie viele Leute gibt es denn auf der Insel?«

»Ein paar Tausend werden es wohl sein, jedenfalls mehr als die paar Leute, die mir auf dem Schnaitberg zur Hand gehen.« Karls kurzer Unmut war verflogen. Das Gespräch über die neueste Wendung, die das Schicksal Napoleons nach der Völkerschlacht bei Leipzig und der Einnahme von Paris durch seine Kriegsgegner genommen hatte, brachte ihn plötzlich auf ganz andere Gedanken. »Wisst ihr eigentlich, dass ich Napoleon auch zweimal begegnet bin, wie mein Bruder Georg? Natürlich nicht in so intimer Runde beim Abendessen, mehr so von Soldat zu Soldat.«

»Erzähl!«, rief Johanna.

»Das eine Mal war beim Feldzug gegen Österreich 1809, als ich im April bei Abensberg nicht ohne Erfolg die reitenden Batterien in ihre Stellungen führte. Die Ausrüstung der reitenden Artillerie und die spezielle Konstruktion meiner Munitionswagen fand bei einer Truppenparade in Schönbrunn das besondere Interesse Napoleons. Er war immer an Innovationen interessiert, nicht nur an militärischen, und es hat mich beeindruckt, mit welcher Sachkenntnis er seine Fragen stellte.«

»Da hatte sich Georg schon von seinem Einfluss gelöst«, sagte Johanna.

»Ja, ich weiß. Aber beim Militärischen war Napoleon ganz auf der Höhe, und ich bin immer mehr Soldat als Politiker gewesen. Beim zweiten Mal sahen wir beide schon nicht mehr aus wie Sieger. Es war auf dem Rückzug aus Moskau. Ich konnte mich, getroffen von einer Kartätschenkugel in der Schlacht von Borodino, kaum grade auf dem Pferd halten, als wir in der Nacht vom 27. November 1812 mit dem zusammengeschmolzenen Rest unserer Württemberger über die Beresina gingen. Ich weiß es noch wie heute.«

Christiane ließ sich hören: »Es gab ja kaum noch welche von euch.«

Karl erwiderte: »700 von ursprünglich 15.800.«

Alle schwiegen. Niemand wusste etwas zu sagen. Dieser Unglücksfeldzug lag ja nicht einmal zwei Jahre zurück, die Wunden waren noch frisch, die Narben nicht verheilt. In die Stille hinein sagte Karl: »Da kam plötzlich Napoleon aus dem Dunkel der Nacht, umgeben von seiner Leibgarde. Als er meine Leute sah, ließ er anhalten und fragte mich, wer dieses kleine Häuflein sei. Achtzig meiner Leute hatten sich um mich versammelt und standen stramm. Ich sagte: ›Es sind die Württemberger, das heißt, die wenigen, die noch übrig geblieben sind.‹ ›Habe ich es mir doch gedacht‹, rief Bonaparte, ›das können nur die Tapfersten der Tapferen sein.‹ Und zu seiner Begleitung gewandt: ›Das sind die einzigen von allen, die sich noch in Reih und Glied befinden!‹ Anderthalb Jahre ist es her, aber es ist wie eine kleine Ewigkeit!«

»Der Karl war nicht wiederzuerkennen, so elend sah er aus«, ergriff nun Christiane das Wort. »Der Muskel am Oberschenkel war durch einen Prellschuss zerrissen, sodass er den Ritt von Russland nach Stuttgart kaum durchgestanden hatte. Fieberkrank war er und zum Skelett abgemagert.«

»Du hast mich ja schnell wieder aufgepäppelt.« Karl drückte seine Frau an sich. »Und auch das Wiedersehen mit unserer kleinen Lina ließ mich schnell wieder gesund werden. Ich hatte während des ganzen Feldzuges ein Bild von dem Kind bei mir, das Christiane für mich hatte malen lassen. Das kleine zweijährige Ding mit den großen braunen Augen steht im weißen Empirekleidchen im Garten, mit einem Körbchen in der Hand, und streckt die Ärmchen nach dem Betrachter aus, also nach mir, dem Vater. Ich hatte es in einer kleinen Maroquin-Mappe verwahrt. Dieses Bildchen hat mich in den Tagen und Nächten unseres schmählichen Rückzugs immer wieder aufgerichtet. Allerdings hat mein Mutz mich nicht gleich wiedererkannt, als ich nach Hause kam. Das Kind hat sich richtig gefürchtet vor mir.«

»Kein Wunder, wie du ausgesehen hast«, sagte seine Frau und wandte sich dann der Tischrunde zu. »Er hat darüber sogar ein Gedicht gemacht.«

»Was denn? Der Karl?«, rief Justinus verwundert.

»Ja. Hört zu!« Christiane zitierte:

Dein Vater konnt' durch Schnee und Leichen
Die kleine Mutz kaum mehr erreichen,
Doch als er kam aus fernem Land,
Hat Mutz sich von ihm abgewandt!
Die Jahre kommen, gehen, eilen,
Es ist hinieden kein Verweilen,
Folgt Mutz mir einst ins fernste Land,
Streckt Vater gleich nach ihr die Hand.

Justinus applaudierte. »In dir steckt also auch ein Dichter, und wie habt ihr Brüder euch über mich lustig gemacht, als ich anfing, meine ersten Gedichte zu schreiben!«

»Ja, ja, ich weiß, ich bin dir noch eine Abbitte schuldig, weil ich – so wie Georg – deine Neigung zur Poesie nicht gerade gefördert habe. Aber wer konnte auch ahnen, dass bei dir Heil- und Dichtkunst so erfolgreich zusammengehen!«

Rickele griff nach der Hand ihres Mannes: »Was heißt hier Hand in Hand, je besser er als Arzt ist, desto mehr beflügelt ihn das beim Dichten!«

»Und wie geht deine Praxis in Welzheim?«, fragte Karl.

»Nicht so gut, wie sie sollte. Ich schaue mich nach etwas Besserem um, besonders seit Marie auf der Welt ist und die Familie wächst. Ich hab auch schon was im Auge: Gaildorf. Ist aber noch nicht spruchreif.«

»Ja, dann ist ja alles ganz wunderbar. Meine Schwäger steigen unaufhaltsam auf, die Kinder gedeihen, Glück und Frieden sind ungetrübt.« Johanna sagte es ein wenig bitter und schaute niemanden direkt dabei an. Gerade in solchen Momenten spürte sie den Verlust ihres Mannes besonders stark. Aber sie dachte auch, dass ihre angeheirateten Verwandten ja alles Recht hatten, sich des Lebens zu freuen – sie würde es ja auch tun, wenn Georg noch lebte. Im gleichen Augenblick gestand sie sich freilich auch ein, dass ihr Glück mit Georg stets verschattet war, weil Georg so kompliziert war, was ja auch seine besondere Attraktivität ausgemacht hatte. Nein, tauschen hätte sie mit keiner ihrer Schwägerinnen wollen. Aber gern würde sie der kleinen Gesellschaft erzählen, wie es war, im Frühjahr vor zwei Jahren, als es mit ihm zu Ende ging.

Und als hätte er ihre Gedanken erraten, war es Justinus, der in die Stille hinein fragte: »Willst du uns nicht von Georg erzählen? Von seinen letzten Tagen? Er fehlt uns allen so sehr. Es vergeht kein Tag, an dem ich nicht an ihn denke. Ich glaube, das liegt daran, dass wir im Streit geschieden sind, in einem ganz und gar blödsinnigen Streit, der das reine Missverständnis war.«

Johanna lächelte: »Nur ein Missverständnis? – Aber wir wollen die alten Geschichten nicht aufwärmen.«

»Es gibt ja auch keinen Grund dafür«, sagte Karl, der das Thema nicht vertiefen wollte. Zu genau erinnerte er sich noch daran, wie damals vor fünf Jahren in seiner Post dieses Paket aus Hamburg gewesen war, gesandt von seinem älteren Bruder Georg. Der Inhalt: Briefe von Justinus an Johanna, Gedichte, ja auch Liebesgedichte, an die Schwägerin gerichtet. Und Karl sollte, so hatte es sich Georg gedacht, Schiedsrichter spielen zwischen den beiden Männern. Aber er wusste ja auch ein wenig Bescheid über Georgs Eskapaden, die ihm von den Frauen auch immer leicht gemacht wurden. Deshalb hatte er damals dieses Konvolut einfach in eine Kiste gepackt, die jetzt in einer dunklen Kellerecke stand. Dass er die Briefe und Gedichte nicht vernichtet hatte, lag an seinem Sinn für Ordnung, jegliche Aktenvernichtung widerstrebte ihm, wenngleich man natürlich die Liebespost nicht als Akten deklarieren konnte. Aber es gab noch einen zweiten Grund. Karl wollte nicht ausschließen, dass Johanna vielleicht eines späteren Tages diese Zeugnisse einer romantischen Schwärmerei aus Jugendtagen gerne zurückhaben wollte.

Bevor die Gesprächspause zu lang wurde, sagte Christiane zu Johanna: »Wolltest du uns nicht von Georgs letzten Tagen in Hamburg erzählen? Ich denke, dass dies eigentlich die Stunde dafür wäre.«

Johanna nickte. Langsam, stockend begann sie zu erzählen: »Er klagte über Kopfschmerzen, was neu war. Wir wussten nicht, was ihm so sehr zusetzte, der Zorn und die Trauer über die politischen Zustände oder seine körperliche Schwäche. Dazu kam ein steigendes Misstrauen, ein Argwohn gegen die liebsten Freunde. Selbst ich war davon nicht ausgenommen. – Aber warum soll ich euch mit all dem behelligen? Und gerade heute, an diesem herrlichen Maientag?« Niemand reagierte. Stille herrschte um den Tisch, und so fuhr sie nach einigem Zögern fort: »Er hat sich für seine Patienten eingesetzt bis zuletzt. Nur ein Beispiel: Mitten im Winter lässt ihn eine Frau auf eine der Elbe-Inseln rufen. Obwohl ich ihn beschwöre, sie an einen anderen Arzt zu verweisen, macht er sich in seinem geschwächten Zustand auf. Er muss einen weiten Weg über den nur leicht zugefrorenen Fluss zurücklegen. Für den Fall, dass er einbrechen sollte, trägt er eine Stange auf der Schulter. Aber er kommt unversehrt nach Hause zurück. Was heißt unversehrt? Er war tief deprimiert, konnte kaum reden, wollte nichts essen und nichts trinken. Und als ich immer weiter in ihn drang, was ihm fehle, sagte er: ›Ich erliege der Zeit der Reaktion, die eingetreten ist.‹ Ich war hilflos, verstand nicht recht, was er damit meinte, aber ich ließ ihn in Ruhe. Was sollte ich auch anderes tun? Und dann bricht auch noch der Flecktyphus aus – und er steckt sich an. Ich weiß nicht: War die Krankheit so heftig, weil sie auf einen so sehr geschwächten Körper traf? Hätte ein kräftigerer Mensch widerstanden? Er diagnostizierte die Krankheit jedenfalls und erklärte sie für tödlich. Trotzdem fuhr er fort, Patientenbesuche zu machen, den letzten am 30. März 1812. Es war Paul Christian Wattenbach, einer unserer guten Freunde. Von ihm verabschiedete er sich mit den Worten: ›So, nun geht der Doktor Kerner nach Hause und legt sich selbst zum Sterben nieder.‹ Das hat mir Paul Wattenbach später unter Tränen erzählt.«

Johanna atmete ein paar Mal schwer und nahm einen Schluck Rotwein. Niemand am Tisch sprach. Alle hingen mit ihren Augen an Johannas Lippen. Ein kurzes Räuspern, dann fuhr sie, eine Spur leiser, fort: »Er will nicht, dass ich einen Arzt rufe, aber weil ich selbst Fieber habe, schicke ich nach Doktor Ebeling, und der hält Georgs Erkrankung nur für eine leichte Erkältung. Georg schüttelt nur den Kopf über die Diagnose und lacht kurz auf. Aber er sagt nichts dazu. Als am Ende der Woche keine Besserung eintritt, wird sogar Ebeling besorgter, aber da ist es zu spät.« Johanna fuhr sich mit der Hand über die Augen, brauchte ein paar Momente, bis sie weiterreden konnte und endete dann sachlich: »Nach zwölfstündiger Bewusstlosigkeit starb Georg am Dienstag, 7. April, um vier Uhr nachmittags – zwei Tage vor seinem 42. Geburtstag.«

Eine tiefe Stille trat ein. Rickele wischte sich die Tränen aus den Augen. Karl hatte den Kopf tief gesenkt, Justinus hielt die Augen geschlossen. Es dauerte lange, ehe er es dann war, der als erster das Schweigen brach: »Im Hamburger Korrespondenten ist schon drei Tage später der Nachruf erschienen. Ich habe ihn mit Georgs Bildnis zusammengerollt in eine Urne fassen lassen, die bei mir gut behütet steht. Da heißt es: ›Georg Kerner – man müsste ein Buch über ihn schreiben, um ihm Gerechtigkeit widerfahren zu lassen – war der wildeste, biederste Schwabe, den die Erde getragen hat. Einem Kometen zu vergleichen, trug er eine Welt von elektrischem Feuer in sich, das auf der exzentrischen Bahn nach allen Seiten ausströmt, hier Leben, dort Verderben bringt und jede Berechnung täuscht.‹ Ich hab's auswendig gelernt, so treffend finde ich, was dort steht.«

Noch einmal ergriff Johanna das Wort. »Die Teilnahme an seinem Tod war groß. Vor allem die Armen, die ihm so am Herzen lagen, wollten von ihm Abschied nehmen. Sie strömten in unser Haus und konnten selbst mit sanfter Gewalt kaum dazu bewegt werden, das Sterbezimmer wieder zu verlassen. Er liegt übrigens auf dem St. Petri-Friedhof. Und nicht in einer Urne.«

Johanna schien mit einem Mal erleichtert. »Ich danke euch für eure Geduld«, sagte sie. »Heute und in den letzten Wochen. Ich glaube, es wird nun Zeit für mich, wieder nach Hause zu gehen. Es war ein schöner Tag mit euch und ist auch ein schöner Abschied. Schaut mich nicht so entsetzt an: Ich bleibe schon noch ein paar Wochen. Aber der eigentliche Abschied ist heute.«

Abschied von Rickele

Schön war das gewesen, dieser Besuch auf dem Hofgut des Bruders. Heitere Tage. Und alle waren sich so zugetan. Auch das gute Wetter hatte die ganze Zeit gehalten, und so konnten die Kerners diese fröhlichen Tage fast gänzlich draußen verbringen.

*

Justinus saß noch immer unbeweglich und tief in Gedanken am Esstisch. Friederike kam aus der Küche und trocknete die Hände an ihrer Schürze ab. »Das war ein guter Tag!«, sagte der Hausherr.

»Ja, dass Theobald endlich wieder freikommt ...«, antwortete seine Frau.

»Daran hab ich jetzt gar nicht gedacht. Ich habe mich grade an unseren Besuch bei Karl auf seinem Gut erinnert. Es war, als ob's gestern gewesen wäre.«

Rickele trank ein wenig von Justinus' Wein. »Aber der Tag heute ...«, sie nahm noch einen Schluck. »Wann haben wir zwei schon mal Zeit für uns ganz alleine.«

Viele solche Tage waren ihnen nicht mehr vergönnt. Drei Jahre später erkrankte Friederike schwer. Justinus erkannte bald, dass ihr keine ärztliche Kunst mehr helfen konnte. Er verfiel in eine tiefe Schwermut. Ein Leben ohne sein Rickele konnte er sich nach 41 Jahren Ehe nicht vorstellen. Viele Stunden saß er weinend an ihrem Bett, bis sie in der Nacht vor dem Ostersonntag 1854 resolut zu ihm sagte: »Du darfst nicht weinen, ich will's nicht haben; du störst sonst meine Ruhe. Wir waren so viele, viele Jahre glücklich miteinander. Es wäre undankbar von dir, wenn du über die kurze Zeit der Trennung klagen würdest. Bald sind wir wieder beisammen, und dann gibt's kein Scheiden mehr.«

Zwei Nächte später starb sie und wurde noch vor Sonnenaufgang begraben, wie es der Brauch war. Ohne Glockengeläut, um den tief schlafenden Justinus nicht zu wecken.

In der Zeit danach war Justinus Kerner verstört, kaum ansprechbar und blieb oft tagelang im Bett. Seine Tochter Marie, die nach dem Tod ihres eigenen Mannes mit ihren Kindern ganz in der Nähe des Kernerhauses lebte, übernahm die Pflichten der Verstorbenen. Nach und nach gelang es ihr, die Lebensgeister ihres Vaters wieder zu wecken. So konnte sie ihn dazu überreden, eine Reise nach Meersburg zu unternehmen. Justinus Kerner hatte schon 1850 begonnen sich mit dem Mesmerismus zu beschäftigen. Franz Anton Mesmer galt als Entdecker des tierischen Magnetismus. Er hatte sich einen Ruf als Heiler erworben, und sein Nachlass befand sich seit seinem Tod 1815 in Meersburg.

Justinus Kerner und seine Tochter Marie hatten es gut getroffen. Sie logierten in einer kleinen Pension in der Unterstadt. Es war nicht weit zur Promenade am See. An einem warmen Nachmittag flanierten sie auf dem Weg dicht am

Wasser entlang. Es war klares Wetter, man konnte die Alpen deutlich sehen.

»Was hat es eigentlich mit deinem Mesmer auf sich?«, fragte Marie. »Und wie funktioniert denn nun dieser tierische Magnetismus?«

Justinus fasst seine Tochter am Arm und führte sie zu einer Bank. »Ich erklär's dir: Nach Mesmer trägt ein unendlich feiner Stoff Kraft durch das ganze Weltall. Die gegenseitige Beeinflussung lebender Wesen durch diesen Stoff nannte er den tierischen Magnetismus, im Gegensatz zum mineralischen, den er zwar für wesensverschieden hielt, aber auch zu Beginn für Behandlungen verwendete.«

»Und das soll wirken?«

»Ja, nach meinen Erfahrungen durchaus.«

»Und wie genau?«

»Wenn der Magnetismus im menschlichen Körper gestört ist, wird der Mensch krank. Die Heilung erfolgt, indem man durch magnetisierte Gegenstände die Kräfte wieder in Ordnung, oder sagen wir besser: ins Gleichgewicht bringt.«

»Aha.« Es klang wenig überzeugt. »Und darüber schreibst du nun das Buch?«

»Ja, auf meine alten Tage kommt in mir der Forscher wieder zum Vorschein. Ich habe auch schon einen Titel: ›Franz Anton Mesmer aus Schwaben. Entdecker des tierischen Magnetismus‹. Vielleicht wird das meine letzte wissenschaftliche Arbeit.«

Es war erstaunlich, wie die Kraft zurückzukehren schien, während er sich am Bodensee in die Mesmerschen Studien vertiefte und Seite um Seite an seinem Buch schrieb. Immer wieder unternahm er auch kleine Bootsfahrten auf dem See, vor allem an Tagen, an denen man im Süden die Berge des Bregenzer Waldes und dahinter die schroffen Gipfel der Alpen erkennen konnte. Gern ging er auch über den Panoramaweg Richtung Überlingen. Nahe der Birnauer Basilika suchte er dann eine Bank hoch über dem Seeufer auf, um zu rasten und seine Gedanken »spazieren zu schicken«, wie er es nannte. Marie war ihm dabei eine treue Begleiterin, und sie hörte ihm so geduldig zu, wie dies früher schon ihre Mutter getan hatte.

An solchen Tagen bekam sie einen Begriff davon, wie wichtig für Justinus seine Brüder gewesen waren. Dass er sich mit Georg, dem Ältesten nicht mehr hatte aussöhnen können, lag schwer auf seiner Seele. Ihn musste er besonders geliebt haben. Ein wenig anders war wohl Justinus' Beziehung zu seinem Bruder Karl gewesen: Den hatte er hoch geachtet, ja verehrt. Zeitweise hatten sie sich täglich brieflich ausgetauscht. »Der Karl«, sagte er einmal, »war immer der Gradlinigste von uns allen und wahrscheinlich auch der Gescheiteste. Nicht umsonst hat der König unseren Karl, nachdem er nicht mehr General sein wollte, schließlich gar zu seinem Innenminister gemacht.«

»Aber das ist er ja nicht lange geblieben«, wandte Marie ein.

Ihr Vater nickte. »Karl hat eben gemerkt, wie wenig er im Grund bewirken konnte.« Der alte Dichter lehnte seinen Kopf weit zurück, streckte die Beine aus und verschränkte seine Hände auf dem Knauf seines Spazierstocks. »Einmal hat er mir ganz genau erzählt, wie es bei einer Audienz, die ihm der neue König Wilhelm gemeinsam mit dem Justizminister gewährt hatte, verlaufen ist.

Neun Monate Minister

»Wir haben ein Problem mit der verstärkten Rückkehr von Auswanderern«, referierte Karl von Kerner als zuständiger Innenminister.

»Woran liegt das?«, erkundigte sich der Justizminister.

»In der gegenwärtigen Situation hat es grundsätzlich erst einmal mit der schlechten wirtschaftlichen Lage zu tun.« Bevor Karl von Kerner mit seinen Ausführungen fortfahren konnte, unterbrach ihn der König: »Und wieso drängen die Auswanderer verstärkt wieder zurück, wenn es ihnen zu Hause angeblich so schlecht geht?«

»Ich will versuchen, diesen Widerspruch aufzulösen, so gut ich kann, Majestät. Die Regierung Ihrer Majestät Vorgänger hat über Jahre eine schwankende Politik zur Auswanderung verfolgt. Mal war sie ihr genehm, mal wurde sie verboten. Jetzt gilt die Auswanderung wieder als ein probates Mittel, die Wirtschaft zu entlasten, da es wegen der Missernten der letzten Jahre an Nahrungsmitteln für eine wachsende Bevölkerung fehlt.«

Der König wurde ungeduldig. »Deshalb ja meine Frage: Warum zieht es die Leute wieder zurück, wenn ihnen die Heimat angeblich nicht genug zum Leben bieten kann?«

»Es liegt hauptsächlich daran, dass viele unserer Württemberger die große Fahrt ins Unbekannte aus schierer Verzweiflung angetreten haben. Sie waren in keiner Weise auf das vorbereitet, was sie in der Fremde erwartete. Viele von ihnen sind durch falsche Berichte verführt worden und haben geglaubt, dass in Amerika oder in Russland Milch und Honig fließen. Es sind ganz einfach oft die falschen Leute, die auswandern. Menschen, die man in den fremden Ländern schlicht nicht gebrauchen kann. Die scheitern dann und kehren zurück, ohne Geld, dafür aber mit Schulden. Zu Hause haben sie ja alles versetzt und verkauft, um die Überfahrt überhaupt bezahlen zu können. Zurück kommen sie als Bettler.«

»Das leuchtet ein«, sagte der Justizminister.

»Furchtbar!« Der König schlug mit der Faust auf den Tisch. »Und was gedenken Sie dagegen zu tun, Kerner?«

»Den Rückwanderern werden an der Grenze Pässe ausgestellt. Die Vorsteher der Ortschaften, in denen sie dann eintreffen, werden verpflichtet, dafür zu sorgen, dass diese Menschen sich nicht dem Müßiggang ergeben und der Gemeindekasse zur Last fallen. Wer nicht auf andere Art Erwerb und Nahrung findet, ist gegen geringe Bezahlung als Taglöhner für Kommunalarbeiten heranzuziehen.«

»Mehr ist Ihnen dazu nicht eingefallen?« König Wilhelm war sichtlich unzufrieden.

»Ich habe darüber hinaus veranlasst«, fuhr Kerner fort, »Ihre Untertanen, die auswandern wollen, gründlich über die entstehenden Kosten für die Überfahrt nach Amerika, aber auch für die Auswanderung nach Russland zu belehren. Sie sollen auch darüber aufgeklärt werden, was sie dort erwartet.«

»Das scheint mir alles nicht zu genügen, um gegen diese Auswanderungssucht anzukommen. Ich erwarte Vorschläge die endlich Wirkung zeigen, meine Herren!« ließ sich König

Wilhelm abschließend vernehmen. »Da helfen nur harte Maßnahmen! Tun Sie etwas!« Mit diesen Worten entließ er seine Minister.

Die beiden durchschritten das Vorzimmer des Audienzsaales, nickten dem Sekretär des Königs zu und schlossen die hohe Flügeltür hinter sich. »Sie sind nicht zu beneiden, lieber Herr von Kerner«, sagte der Justizminister. »Härtere Maßnahmen sind nicht populär. Arbeitshäuser zum Beispiel, in die man die Zurückkommenden einsperrt, bevor sie als Bettler enden und der Gemeinde zur Last fallen, werden denen nicht gefallen.«

Sie schritten dicht nebeneinander den langen Korridor entlang und danach die breite Marmortreppe zum Ausgang hinunter. »Wenn ich ehrlich bin, mir ist der Gedanke, weiter dieses Amt ausfüllen zu müssen, mehr und mehr zuwider«, antwortete Karl von Kerner.

»Ich will nicht hoffen, dass Sie uns im Stich lassen. Sie und Kollege Wangenheim gelten doch als unser Reformministerium.« Es war nicht ganz klar, wie der Justizminister seine Bemerkung meinte. Mit einem etwas schiefen Lächeln gab er seinem Kollegen zum Abschied die Hand. Karl von Kerner trat auf den Schlossplatz hinaus. Der Nebel, der sich am Morgen noch in den Straßen und Gassen eingenistet hatte, schien sich etwas gehoben zu haben und lag nun als graue Decke auf den Dächern. Kerner wandte sich nach rechts. An der Ecke zum Park stand auf seine Krücken gestützt ein Bettler. Man sah jetzt immer mehr von ihnen, an vielen Stellen der Stadt. Manche wurden von der Polizei vertrieben und suchten sich ein anderes Plätzchen. Was blieb ihnen auch übrig? Die Not war groß. Die Menschen hungerten.

Kerner blieb stehen, als ahnte er, wer dort stand, in diesem zerschlissenen Militärmantel, und seine Hand nach ein paar Münzen ausstreckte. Als sich der Minister dem Mann näherte, merkte er schnell, dass ihn seine Ahnung nicht getrogen hatte. »Eisele! Sieht fast so aus, als hättest du auf mich gewartet.«

»Ja, Herr Minister ...«

»Für dich immer noch Kamerad Karl!«

»Ja, Kamerad Karl. Es gibt da ein paar Sachen, die ich dich fragen will.«

»Nur raus mit der Sprache!«

»Du musst ja wohl jede Menge Erlasse unterschreiben. Liest du die auch alle vorher?«

»Nicht nur das. Ich schreibe sie sogar zu großen Teilen selber.«

»Den auch, in dem es um die vermissten Soldaten aus dem Russlandfeldzug geht?«

»Ja, den auch.«

»Dann hast du also per Dekret alle Vermissten für tot erklären lassen?«

»Ja!«

»Und dann hast du auch geschrieben: ›Wenn nach Wiederverheiratung einer Witwe der für tot erklärte Gatte wider Erwarten doch noch auftauchen sollte, so tritt er in seine früheren Rechte ein.‹ Wie soll das denn gehen?«

»Nein, das stammt nicht von mir. Das haben mir meine Juristen reingeschrieben. Und es geht ja auch noch weiter im Text: ›... die später geschlossene Ehe hat aber in Beziehung auf die darin erzeugten Kinder alle Wirkungen einer im guten Glauben geschlossenen sogenannten putativen Ehe‹.«

»Was heißt überhaupt putativ?«, wollte Eisele wissen.

»Irrtümlich oder auch ›auf einem Rechtsirrtum beruhend‹.«

»Und das soll nun ein Mensch verstehen. Zum Glück muss man nicht damit rechnen, dass noch viele auftauchen, die in diesen verdammten Krieg gezogen sind.«

»Du siehst aus, als hättest du Hunger«, sagte Kerner, um das Thema zu wechseln.

»Da geht es mir wie den allermeisten Menschen in unserem Land.«

»Komm mit. Wir gehen in den Adler. Viel Auswahl wird man dort auch nicht haben, und es wird sehr teuer sein. Trotzdem, lass uns einen Happen essen und bei einem Bier weiterreden.«

Eisele war noch schlechter zu Fuß als bei ihrem letzten Treffen. Und so dauerte es ziemlich lange, bis sie das Wirtshaus erreichten. Unterwegs sagte Kerner seufzend. »Weißt du, Kamerad, in so einem Ministerium werden viel zu viele Papiere produziert. Mal trifft es die Auswanderer, mal Schriftsteller, die sich auf die Pressefreiheit berufen, und die wir darauf hinweisen müssen, dass es bei uns zwar keine Zensur gibt, dass aber nichts veröffentlicht werden darf, was in seinem Inhalt ›nicht durch gegenwärtiges Gesetz oder künftig im verfassungsmäßigen Wege errichtetes Gesetz für ein Verbrechen oder Vergehen erklärt wird‹. Das haben mir auch meine Juristen hineingeschrieben.«

Eisele blieb, auf seine Krücken gestützt, stehen und schüttelte den Kopf, dass seine wenigen grauen Haare nur so flogen. »Das heißt doch nichts anderes als dass jeder Journalist, der auch nur einen kritischen Satz gegen die Obrigkeit schreibt, dafür ins Gefängnis kommen kann.«

»Du hast völlig Recht!« Karl von Kerner öffnete die Tür zum Gasthaus und ließ Eisele den Vortritt. Der Wirt, der zuerst nur den abgerissenen Invaliden sah, wollte ihm schon den Eintritt verwehren, aber Karl von Kerner herrschte ihn an: »Lassen Sie den Mann in Ruhe. Er ist mein Gast!«

Sie setzten sich in die gleiche Ecke beim Kachelofen, in der sie beim letzten Mal auch gesessen hatten. Es gab frisch geschabte Spätzle »mit einer Soß, die früher au scho amol a Schtück Fleisch gseha hat«, wie der Wirt sagte. Kerner bestellte zwei große Portionen und zwei Bier. »Weißt«, sagte er dann zu seinem Kriegskameraden, »bevor ich Minister geworden bin, war ich bloß Direktor des Berg- und Hüttenwesens. Da hab ich andere Dekrete erlassen wie zum Beispiel: ›Dem Publikum wird hierdurch bekannt gemacht, dass das Fahren in den Königlichen Anlagen mit Einspännern auf allerhöchsten Befehl verboten ist.‹« Er lachte ein wenig in sich hinein. »Das Leben könnte einfacher sein, mein Lieber.«

Das Bier kam, sie prosteten sich zu und nahmen einen ersten Schluck. »Ich find's gut, wenn so einer wie du Minister ist«, sagte Eisele.

»Was meinst du mit ›so einer‹?«

»Einer, der weiß, dass es auch ein Unten gibt und nicht nur ein Oben.«

»Da bin ich jetzt aber nicht der einzige bei Hofe. Unsere Königin ersetzt gleich ein ganzes Ministerium mit ihrem Sinn fürs Praktische.«

»Die Russin? Man hört viel Gutes.«

»Katharina *tut* viel Gutes. Ohne sie wären in diesem schrecklichen Jahr nach all den Missernten und der rasenden Hungersnot noch viel mehr Menschen gestorben. Sie hat ihren Bruder, den Zaren, dazu gebracht, die großen Weizenlieferungen zu uns nach Württemberg zu schicken.«

»Trotzdem nennt man das letzte Jahr nicht 1816, sondern Achtzehnhundertunderfroren.«

Kerner nickte. »So etwas gibt es in tausend Jahren nur einmal. Das Jahr hat doch schon ganz unheilvoll begonnen, mit einem Neujahrstag, der so heiß war wie sonst ein Julitag. Dafür war es dann im Mai wie im Februar und all das Obst ist in der Blüte erfroren, das Getreide ist auf dem Halm verfault, und die Kartoffeln genauso noch in der Erde. Und deshalb ist auch unser jetziges Jahr 1817 ein rechtes Unglücksjahr geworden. Die Vorräte gingen schon ganz früh zur Neige, was auf den Markt kam an Nahrungsmitteln, war unerschwinglich, und besonders die Armen, die keine Vorräte hatten, krepieren vor Hunger. Damit hängt natürlich auch das Problem mit der Auswanderung zusammen. Es ist ein ewiges Hin und Her. In Kriegszeiten und auch in der ersten Nachkriegszeit hatten wir ein striktes Auswanderungsverbot, das für Russland und für Übersee galt. Dem Aderlass durch die gefallenen Soldaten durfte nicht noch nachgeholfen werden, indem die letzten tatkräftigen und unternehmungslustigen Männer das Land auch noch verließen. Und trotzdem fehlen immer noch tüchtige junge Kerle, und es gibt viel zu viele alleinstehende junge Frauen. Dass in dieser Situation unser König sich trotzdem entschlossen hat, die Auswanderung wieder zuzulassen, ja zu forcieren, versteht kein Mensch.«

»Na ja«, gab Eisele zu bedenken: »Jeder, der abhaut, ist ein Esser weniger.«

»Als ob man so das Problem lösen könnte!« Kerner trank sein Glas aus und gab dem Wirt Zeichen, es nachzufüllen.

»Dass die Russen nach wie vor daran interessiert sind, tüchtige schwäbische Bauern und Handwerker mit ihren Familien anzuwerben, wundert niemand. Aber davon haben wir nichts. Das sag ich dir jetzt im Vertrauen, Eisele: Ich war im Geheimen Rat gegen den königlichen Erlass, konnte mich aber nicht durchsetzen. Wenn es nach mir gegangen wäre, hätten wir stattdessen eine Reform für die Landwirtschaft beschlossen, bessere Anbaumethoden eingeführt, vielleicht auch für eine bessere Düngung gesorgt – der Chemiker Justus Liebig soll da ja eine Art mineralischen Dünger entwickelt haben, der die Erträge steigern würde –, auf jeden Fall, habe ich im Geheimen Rat gesagt, brauchen wir gerade in den nächsten Jahren die Arbeitskräfte, die jetzt abwandern, in Württemberg. Und die brauchen wir nicht nur in der Landwirtschaft.«

»Aber König Wilhelm hat doch eine Agrarreform eingeleitet und die Lehensabhängigkeit der Bauern beseitigt.«

»Ja, genau. Und darauf muss man aufbauen, und nicht die Leute noch animieren, unser Land zu verlassen«, Kerner war laut geworden. Die wenigen Gäste, die im Adler saßen schauten aufmerksam zu ihm herüber. Der Minister hob beschwichtigend die Hände und fuhr leiser fort. »Es kommt nicht von ungefähr, dass man uns in anderen Ländern um unser Königspaar beneidet.«

Der Wirt brachte das Essen. Er hatte den letzten Satz gehört, und während er die Teller vor die beiden Männer hinstellte, sagte er. »Ganz Recht! Vor allem die Königin Katharina ischt ein Segen. Dui hot doch den württembergischen Wohlfahrtsverein gegründet.«

Kerner zog seinen Teller zu sich her. »Das weiß hier niemand besser als ich. Sie hat nämlich vorgeschlagen, dass ich der Vorsitzende dieses ersten staatlich geförderten Fürsorge- und Sozialsystems in Deutschland werden soll.«

»Des dät jo passe!«, sagte der Wirt. »Guten Appetit«, sagte Eisele und machte sich über die Spätzle her, die in einer wunderbar duftenden braunen Soße schwammen.

Es war spät geworden, als die beiden sich trennten. Der Innenminister steckte Eisele einen ansehnlichen Geldbetrag zu. Die Gegenwehr des alten Kriegskameraden war nicht sonderlich heftig, und als Kerner sagte: »Lass gut sein. Ich bin ein Freund des Teilens!«, schob er die Münzen mit einem leisen »Vergelt's Gott« in die Taschen seines alten Mantels.

»Du kommst auch jeden Tag später aus dem Amt«, empfing Christiane ihren Mann. Seit er Minister war, hatten sie eine Wohnung in der Residenz. »Lina schläft schon«, sagte Karls Ehefrau, »dafür wartet Justinus noch im Herrenzimmer auf dich. Soll ich dir noch einen Imbiss richten?«

»Ich habe im Adler mit dem Eisele eine Kleinigkeit gegessen.«

»Ach, du mit deinem ewigen Eisele!« Sie strich ihm liebevoll über das Haar, kannte sie doch seine treue Anhänglichkeit an den Kriegskameraden aus längst vergangenen Zeiten.

Die Brüder begrüßten sich herzlich wie immer. Justinus sagte: »Eigentlich hätte ich längst fort sein müssen, aber ich wollte dich doch noch sehen. Christiane ist so besorgt um dich.«

»Besonders seit du Minister bist«, ergänzte Christiane, die in diesem Moment hereinkam und eine Rotweinflasche und zwei Gläser auf den Tisch stellte.

»Ich habe mich gegen die Ernennung ja auch mit Händen und Füßen gewehrt, weil ich mich auf die dafür notwendigen

Formen und Förmlichkeiten nicht verstehe. Und was antwortet Seine Majestät: ›Eben deswegen wünsche ich, dass Sie das Amt übernehmen.‹ Was will man dagegen noch sagen?« Karl nahm einen Schluck. »Eigentlich sollte ich heute nichts mehr trinken.«

»Es sind schlimme Zeiten«, erwiderte Justinus, »letzthin war der Johannes Lämmerer – du weißt, das ist der Weber, der so gern dichtet – bei mir. Niedergeschlagen wegen der teuren Zeit, ganz abgehungert und elend sah er aus. Er findet keinen Drucker für das wenige Geld, das ihm bleibt.«

»Ja, wir erleben schreckliche Zeiten«, stimmte Karl seinem Bruder zu.

»Und wieso liest man nirgendwo etwas darüber?«

»Worüber?« Karl tat überrascht.

»Na ja, das überall Hunger herrscht. Im Großherzogtum Baden sollen sich die Menschen schon von Moos und Katzenfleisch ernähren.«

»Du liest deshalb nichts darüber, weil die Zensur zwar abgeschafft ist und jeder schreiben kann, was er will und das Geschriebene auch publizieren kann – es sei denn, er wiegelt damit die Volksmeinung auf. Und so lässt der kluge Mann es lieber, darüber zu schreiben, was er so sieht und erlebt.«

»Schlimme Zeiten«, ließ sich Justinus wieder vernehmen.

»Schlimme Zeiten gebären aber auch manchmal Gutes. Im Badischen hat ein gewisser Drais ein Fortbewegungsmittel auf zwei Rädern erfunden.«

»Und was hat das damit zu tun, dass die Menschen Moos und Katzenfleisch fressen?« Justinus wurde langsam ungeduldig mit den halben Erklärungen seines Bruders.

»Nicht nur die Menschen verbacken Baumrinde, Stroh und Kleie zu Brot, auch die Pferde haben nichts zu fressen und wandern ins Schlachthaus – den Hafer haben ihnen die Soldaten wegrequiriert –, und so hat der Herr von Drais eine Art Pferdeersatz erfunden. Man stößt sich von der Erde mit seinen Füßen ab und bringt die Räder ins Rollen. Eine geniale Sache – aus der Not geboren.«

»Du mit deiner Liebe zu allen technischen Absonderlichkeiten. Das fing ja mit deinen Munitionswagen für die reitende Artillerie schon an.«

»Die kleine Schrift wird heute noch nachgedruckt. Ich müsste sie gründlich überarbeiten, habe dafür aber keine Zeit. Ich kann auch im Augenblick mein Ministeramt nicht loswerden. Ich muss mit allen Mitteln versuchen, dass wir eine Agrarreform hinkriegen, die diesen Namen verdient. Ich will freie Bauern, die nicht mehr mit irgendwelchen Feudallasten geknebelt werden. Richtige Landwirte, die für ihren Beruf auch ausgebildet werden. Je mehr sie wissen, umso vernünftiger können sie wirtschaften. Eins haben wir schon erreicht: In Hohenheim wird es in Zukunft eine staatliche Versuchs- und Ausbildungsstätte für die Landwirtschaft geben. Worüber ich mich aber ärgere, sind Leute wie dein Freund Uhland mit seinem starrsinnigen Beharren auf dem, was er das ›alte, gute Recht‹ nennt.«

»Ja«, Justinus nickte bekümmert, »es ist schon merkwürdig. Da gibt es mal einen König, der auf seine Berater hört und einen fortschrittlichen Verfassungsentwurf vorlegt, und dann wird der ausgerechnet von den Demokraten bekämpft.«

»Was ist das überhaupt – das ›alte, gute Recht‹?«, schaltete sich Christiane in das Gespräch der Brüder ein.

»Damit ist nichts anderes gemeint, als die guten alten Vorrechte des Adels.«

»Und es will die gute alte Vetterleswirtschaft fortschreiben bis ultimo«, ergänzte Justinus. »Aber das soll dich nicht davon abhalten, deinen Kurs weiter zu verfechten«, wandte er sich wieder seinem Bruder zu. »Reformen erwecken immer Geschrei, sind sie aber echt, setzen sie sich am Ende irgendwann doch durch!«

»Du hast gut reden als Oberamtsarzt, Bruderherz.« Karl nahm einen langen Schluck aus seinem Glas, und als er es absetzte, legte er seine Hand auf den Arm des Bruders. »Du hast natürlich Recht, man muss fechten, bis man als Kadaver auf dem Boden liegt, weil sich vorher der Sieg vielleicht doch noch wenden kann.«

»Du bleibst also im Amt?«

»Ich bleibe der Sache treu, wo immer Gott mich hinstellt.«

»Oder dein geliebter neuer König Wilhelm«, fügte Justinus hinzu.

Christiane lächelte. »Du stellst dich da schon selber hin. Deine Entscheidungen hast du noch immer selber getroffen!«

Justinus trank sein Glas aus. »Zeigt mir, wo ich schlafe. Ich bin müde!«

Auch Karl stand auf und umarmte seinen Bruder. »Die Zeiten sind so schlimm, dass es nicht ohne Grund die Verordnung gibt, Kinder, die ihre Eltern und Großeltern misshandeln, mit fünf Jahren Zuchthaus zu bestrafen.«

»Dagegen sind wir mit unseren Kindern gefeit.« Christiane küsste ihren Schwager auf beide Wangen und brachte ihn ins Gästezimmer.

*

Sie hatten lange auf der Bank über dem Bodensee gesessen. Im Westen, wo man die Silhouette des Hohentwiel sehen konnte, ging bereits die Sonne unter. »Du hast mir schon so viele Geschichten von euch Brüdern erzählt, aber die kannte ich noch nicht«, sagte Marie.

Justinus wollte aufstehen, brauchte dazu aber die Hilfe seiner Tochter. »Schön ist es hier«, sagte er, als er endlich aufrecht stehen konnte. »Aber es wird mich Mühe kosten, bis Meersburg zurückzuwandern.«

»Das musst du nicht. Ich habe für fünf Uhr eine Kutsche bestellt«, antwortete Marie.

Justinus seufzte. »Ach Kind, du denkst auch immer an alles. Was wäre ich ohne dich? Ein alter Krüppel, zu nichts nütze, außer vielleicht dazu, ein paar Verse zu schmieden.«

Marie lachte. »Na, als wenn das nichts ist!« Sie fasste ihren Vater am Arm und führte ihn ein Stück den steilen Weg hinauf. Oben an der Panoramastraße hielt bereits ein Zweispänner. Die beiden Pferde und der Kutscher schienen eingenickt zu sein. Jedenfalls hingen alle drei Köpfe ziemlich tief.

Als die beiden eingestiegen waren, der Mann auf dem Bock mit der Peitsche geknallt hatte und der Wagen langsam anruckte, sagte Justinus: »Ich freu mich so, dass wir bald wieder zu Hause sind.«

Die kleine Tony und ihr Onkel Justinus

Schon Anfang 1850 hatte Justinus Kerner um seine Pensionierung als Oberamtsarzt gebeten, mit den Worten:
Ich lebe gegenwärtig unsäglich traurig und krank. Mein Augenleiden nimmt reißend zu und es ist mir unmöglich, mehr Sektionen zu machen, Akten zu lesen, Tabellen zu schreiben so dass ich um meine Pensionierung bitte, die freilich bei einem Oberamtsarzte, hatte er auch 31 Jahre gedient, nicht der Lohn eines Bedienten ist – aber es kann eben nicht mehr sein. Es wäre gewissenlos. Ich tue es mit Tränen, aber ich muss es tun. Die Nacht der Augen wollt' ich noch ertragen, aber mein Gemüt wird immer dunkler, kränker, und ich weiß mir fast nicht mehr zu helfen.

Wilhelm I. kam dem Wunsch Justinus Kerners nach. In Anerkennung seiner Verdienste wurde der Arzt mit dem Ritterkreuz des Ordens der württembergischen Krone und einer Ehrenpension belohnt.

Nachdem sich sein Zustand zunächst verbessert hatte, veränderte sich das nach seiner Rückkehr aus Meersburg rasch wieder. Gesundheitlich war es ein ständiges Auf und Ab. Oft fiel er in eine tiefe Melancholie, aus der ihn allerdings seine Gäste manchmal herausrissen.

Seine Tochter Marie erinnerte ihn eines Tages daran,

dass bald wieder Besuch kommen werde. »Schon nächste Woche.«

»Warum? Was ist nächste Woche?« Justinus vergaß alles, was er sich nicht aufgeschrieben hatte, und was er sich notierte, konnte er oft nicht mehr lesen.

»Deine Nichte Lina kommt doch mit ihrer kleinen Tochter!«

»Ach ja. Dass ich das vergessen konnte. Dabei hab ich doch die Einladung selbst geschrieben.«

Lina war das einzige Kind seines Bruders Karl, der nun schon seit fast zwanzig Jahren tot war, und sie war Justinus` Lieblingsnichte. Lina hatte Fidel von Baur-Breitenfeld geheiratet, einen hohen Offizier der württembergischen Armee, der jetzt gerade mit seiner Truppe ganz in der Nähe Weinsbergs in Heilbronn Quartier bezogen hatte. In der Familie hatte man immer wieder die Geschichte erzählt, wie sich Karl Kerner und Fidels Vater, einstmals auf dem napoleonischen Marsch nach Moskau beteiligt, begegnet sind, Generalmajor Kerner als Generalquartiermeister des württembergischen Kontingents und Oberst Baur-Breitenfeld als Kommandant des dritten Grenadierregiments.

Justinus wusste, wie sehr Lina unter der Trennung von ihrem Mann litt. Deshalb hatte er ihr geschrieben: »Packe auf und komme nach Weinsberg und bleibe so lange als möglich hier in der Nähe deines Mannes. Und bringe so viele deiner Kinder mit als möglich.« Es war aber Tony, dem Nesthäkchen, vorbehalten geblieben mitzureisen. Sie wohnte als einziges der Geschwister noch zu Hause.

Jetzt zweifelte Justinus daran, ob die spontane Einladung

richtig gewesen war. »Ich habe aber ab Montag auch wieder die Patientin da«, gab er zu Bedenken.

»Das war doch noch nie ein Hindernis, wenn wir Gäste erwartet haben«, entgegnete Marie.

»Da hast du allerdings auch wieder Recht«, beruhigte sich Justinus selbst.

Lina und ihre Tochter trafen am frühen Dienstagnachmittag mit einer zweispännigen Kutsche ein. Justinus begrüßte sie vor dem Haus unter der Linde. »Ich freue mich, dass ihr da seid. – Und du bist also die Tony?«, sagte er, obwohl er das Kind doch kannte. Er hatte Lina und ihre Familie in den vergangenen Jahren oft in Ludwigsburg besucht, und es war immer ein großes Hallo gewesen, wenn der alte Josef peitschenknallend mit der Doktorskutsche vorgefahren war. Justinus war nie extra zu Besuch gekommen, aber wenn ihn seine ärztlichen Geschäfte in die Nähe seiner Nichte führten, machte er dort halt. Linas Freude war immer groß. Sie liebte den Onkel, und Tony hatte schon als kleines Kind das Gefühl, dass dieser Mann mit keinem der vielen anderen Onkel zu vergleichen war. Und nun hatte sie also ihre erste große Reise ins Kernerhaus geführt, über das so viele Geschichten erzählt wurden. Doch der Onkel Justinus war ihr auf einmal ganz fremd vorgekommen. Schon sein Äußeres war seltsam: Er trug eine braune Kapuzinerkutte, die er zu seiner Bequemlichkeit gern zu Hause anzog. Fast fürchtete sich Tony ein wenig vor ihm und rannte deshalb schnell in den großen Garten hinter dem Haus.

Dort hatte sie aber gleich eine noch viel merkwürdigere Begegnung. Eine hagere Frau im hellen Kattunkleid, ein Tuch kreuzweise um die Taille geschlungen, näherte sich ihr von dem dicken Turm her. Tony wusste aus den Erzählungen ihrer Mutter, dass es sich bei dem Gebäude am anderen Ende des Gartens um den »Geisterturm« handelte, von dem viele dunkle Geschichten erzählt wurden. Da musste es unergründliche Verliese geben, aus denen man nachts Klagelaute hörte. Sie wusste auch, dass hier der berüchtigte Ritter Helfenstein hingerichtet worden war.

Aufmerksam beobachtete sie die seltsame Frau, die nicht so ging, wie Menschen für gewöhnlich gehen. Sie schritt mit rhythmischen Bewegungen und starr vor sich hin blickend, beinahe schwebend den Laubengang herunter, der vom »Geisterturm« zum Kernerhaus führte, und kam direkt auf Tony zu. Das kleine Mädchen war wie gelähmt. Sie wollte wegrennen, schaffte es aber nicht. Reglos blieb sie stehen und sah der Frau entgegen, die näher und näher kam. Plötzlich hatte Tony einen rettenden Einfall. Sie erinnerte sich an die zwölf Kreuzer, ein riesiges Vermögen für ein elfjähriges Kind, das ihr die Großmutter großzügig auf die Reise mitgegeben hatte. Sie solle sich was Schönes davon kaufen. Tony verwahrte das Geld in einem Lederbeutel. »Da! Bitte!« Sie hielt ihren Schatz der Frau auf der offenen Hand entgegen. Da schien die Fremde plötzlich aus ihrer Erstarrung aufzuwachen. Mit einer leisen, angenehmen Stimme sagte sie: »O liebes Kind, behalte du dein Geld. Ich bin reicher als du und habe kein Geld nötig.« Und in schleppendem Tonfall erzählte sie eine wirre Geschichte von einem Geist, der über sie komme, von einem roten Herzen auf weißem Grund, von dem Flug in den Mond und in die Sonne und wie ihr der Geist Bücher diktiere, das Geschriebene aber wieder entwende, aber wie sie immer weiter schreiben müsse, ob sie wolle oder nicht.

Plötzlich war alle Angst verflogen. Mit großen Augen hörte Tony der fremden Frau zu und wurde erst durch die Rufe ihrer Mutter aus der Verzauberung gerissen. Das Mädchen rannte zum Haus zurück, drehte sich aber noch einmal um und sah, dass die fremde Frau ihren gravitätischen Gang wieder aufgenommen hatte. Erst sehr viel später wurde ihr klar, dass diese Geistererscheinung eine der Somnambulen war, die Justinus aus Neugierde, aber auch aus ärztlichem Interesse zur Beobachtung und zur Behandlung bei sich aufnahm.

Gefrühstückt wurde im Garten. Unter einem weit ausladenden Apfelbaum war der Tisch gedeckt. Wann immer es das Wetter zulasse, frühstücke er hier mit seinen Gästen, erklärte Onkel Justinus seiner Großnichte Tony.

»Was sind denn das für Leute?«, fragte die Kleine ungeniert. »Solche wie die Frau, die ich gestern im Garten gesehen habe?«

»Nein, die Frau ist eine Patientin. Die Gäste in unserem Haus sind meist meine Dichterfreunde.«

»Die kommen und gehen, wie sie wollen«, warf Tonys Tante Marie ein.

Justinus nickte. »Und wenn sie da sind, möchte ich so ein Frühstück am liebsten über den ganzen Tag ausdehnen. Am meisten mag ich es, wenn mir aus der neuesten Zeitung vorgelesen wird.«

»Und warum liest du die nicht selber?«, fragte das Kind.

»Weil ich es nicht mehr kann. Meine Augen sind krank. Man nennt diese Krankheit den grauen Star. Irgendwann werde ich gar nichts mehr sehen.«

»Dann bist du ja blind!«

»Ja, ganz recht, mein Kind, und du wirst mir glauben, dass ich mich da sehr davor fürchte.«

»Vielleicht liest du dem Onkel Justinus ja vor«, sagte Lina zu ihrer Tochter.

»Sonst machen das meine Töchter«, warf Marie ein. »Sie schreiben auch nach dem Diktat ihres Großvaters die Briefe. Aber nun sind ja beide nicht da.« Sie wandte sich an Tony: »Es wäre also sehr schön, wenn du einspringen würdest.«

»Ich kann das doch noch gar nicht so gut.«

»Sei mal nicht so bescheiden!« Lina wandte sich an Justinus. »Für ihr Alter liest sie sehr gut!«

»Lass es uns probieren«, sagte Justinus. Marie und Lina räumten den Frühstückstisch ab und der Onkel reichte Tony die Zeitung.

Stockend begann das Kind zu lesen, blieb aber immer wieder an Wörtern hängen, die ihm fremd waren. Dann buchstabierte Tony: »Po ... po - li - tik« zum Beispiel, oder Kri ... mmmh - kri - tik - tik, Re - ak - ti - ... hmm ... on, Li ... li - be ... hmm - ra - lis - mus.« Schwierige Wörter waren das, die weder in den häuslichen Unterhaltungen des Ehepaares von Baur-Breitenfeld noch in der Schule je vorgekommen waren. Sie scheute vor diesen Wörtern wie ein Pferd vor einer hohen Hürde und überbrückte ihr Zögern mit einem langgezogenen »Hmmm.« Justinus nannte sie von nun an scherzhaft »Muh«. Aber er begann sofort, dem Kind die politischen Grundbegriffe zu erklären. Er tat dies mit sanfter Stimme und nie von oben herab.

Während der Wochen ihres Aufenthaltes in Weinsberg wurde Tony zu Justinus' Lieblingsvorleserin, obwohl sie noch lange über die vielen ihr fremden Begriffe stolperte. Justinus liebte es, das Kind zu unterrichten. Und er hatte ein diebisches Vergnügen dabei, Tony beiläufig mit den brennenden Fragen der Zeit vertraut zu machen, von denen er wusste, dass sie im erzkonservativen Haus der Familie Baur-Breitenfeld ganz anders gesehen wurden.

Aber Tony interessierte sich mehr für Geschichten als für Geschichte und Politik. »Warum heißt denn die kaputte Burg da oben ›Weibertreu‹?«, fragte sie, als Justinus wieder einmal das Frühstück bis in die Mittagszeit ausdehnte. Der Onkel nahm eine gemütliche Haltung ein, streckte die Beine weit von sich und legte seine Hände verschränkt auf den Knauf seines Spazierstocks. »Also, pass auf! Das war im Jahr 1140 …«

»Ui, ist das lange her!«

»Kannst du denn ausrechnen, *wie* lange?«

Tony beschäftigte sich mit ihren Fingern, und hinter ihrer Stirn, die sie in ernste Falten gelegt hatte, schien es mächtig zu arbeiten. Schließlich rief sie »719 Jahre!«

»Sehr gut«, lobte der Onkel. »Da hat ein Kaiser namens Konrad die Burg belagert. Eine ganze Weile hielten die Weinsberger dort oben stand.« Justinus zeigte zu der Ruine hinauf, die von seinem Garten aus gut zu sehen war. »Aber der Feind war übermächtig, und so ergaben sie sich eines Tages. Man wusste, Konrad war ein wüster Mensch. Er würde die tapferen Kämpfer alle umbringen lassen. Nur die Frauen und Kinder sollten freikommen. Eine Delegation … – also ein Abordnung – der Frauen erschien vor dem Herrscher und bat um das Leben der Männer. Der Kaiser blieb stur, wollte die Frauen aber nicht so ohne Zugeständnis wieder gehen lassen. Also befahl er: ›Ihr könnt morgen die Burg verlassen, und was ihr tragen könnt, dürft ihr mitnehmen. Alles andere fällt in unsere Hände.‹«

Tony hatte mit großen Augen und halb offenem Mund zugehört. »Und die Männer mussten sterben?«, fragte sie kaum hörbar.

»Warte. Die Geschichte geht ja weiter. Die Weiber beratschlagten und kamen zu dem Entschluss, sie würden ihre Männer die Burgtreppe hinuntertragen.«

»Ehrlich?«, Tony war begeistert.

»Ja, ehrlich. Herzog Friedrich, der damals die Truppen kommandierte, wollte das nicht zulassen, aber der Kaiser sagte: ›Es geht doch nichts über Weiberlist, und überhaupt, ich habe mein Kaiserwort gegeben und dabei bleibt es.‹«

»Und alle Frauen konnten ihre Männer tragen? Da waren doch sicher ganz schwere drunter.«

»Sie haben es alle geschafft. Die Männer waren im Lauf der Belagerung dürr und ausgehungert. Trotzdem mag manche der Frauen schwer unter der Last geseufzt haben. Der Kaiser war aber nicht in allem so gnädig. Kaum hatten die Weinsberger ihre Festung verlassen, ließ der Herrscher die Burg niederreißen und abbrennen. Später ist sie zu Teilen wieder aufgebaut worden, aber im Bauernkrieg wurde sie dann erneut zerstört.«

»Und die Geschichte ist wirklich wahr?«

»Ich selbst habe die Belege dafür gefunden. 1824 hat man die Burgruine dann soweit wieder hergestellt, dass sie begehbar war. Das haben wir dann auch gebührend gefeiert. Ein gewaltiger Zug Weinsberger Bürger unter der Führung des Stadtschultheißen Pfaff zog den Berg hinauf und sang dabei ein Lied, das ich extra für diesen Anlass gedichtet hatte. Ich gründete dann noch einen Frauenverein, den es auch heute noch gibt. Jede Frau, die einen kleinen Beitrag zur Erhaltung der Ruine leistet, wird als Mitglied eingetragen und bekommt ein Bild von mir und einige Steinlein aus den Mauern der Weibertreu geschenkt.«

Am Abend, als Lina die kleine Tony schon ins Bett gebracht hatte, betrat Onkel Justinus noch kurz die Kammer, in der das Kind während des Besuchs untergebracht war. »Du wolltest mich noch etwas fragen?«

»Ich dachte, das hättest du vergessen.« Tony richtete sich in ihrem Bett auf.

»Nein, nein, aber die Gespräche gingen so lebendig hin und her, da wollte ich nicht unterbrechen. Also sag: Was hast du auf dem Herzen?«

»Gestern. – Die Frau im Garten …«

»Ach ja. Solche Patienten habe ich immer mal wieder hier. Eine Frau ist besonders bekannt geworden, weil ich über sie und ihre Krankheit ein Buch geschrieben habe: ›Die Seherin von Prevorst‹.«

»Das Buch steht bei uns zu Hause«, sagte Tony, »aber meine Mama sagt, es sei noch nichts für mich.«

Justinus lächelte. »Da hat sie sicher Recht. Weißt du, die Dinge sind sehr kompliziert. Es sind Beschreibungen, die nur Erwachsene verstehen und viele von denen auch nicht.«

»Und was ist Prevorst?«

»Ein Dorf in der Nähe von Löwenstein. Dort stammte eine meiner Patientinnen her. Sie hieß Friederike Hauffe und hatte eine ganz besondere Beziehung zur Geisterwelt.«

»Geisterwelt?«

Justinus legte beruhigend seine Hand auf Tonys Arm. »Du musst keine Angst haben. Es gibt nun mal noch eine andere Welt als die, die wir jeden Tag sehen. Und dort geschehen Dinge, die wir nur schwer begreifen können. Nur wenige Menschen lernen diese Welt überhaupt kennen, und das kann sie so sehr beschäftigen, dass sie krank davon werden. Ich versuche denen zu helfen und sie wieder ganz in unsere Welt zurückzuholen.«

»Und das kannst du?«

Kerner strich der kleinen Tony mit dem Handrücken über die Wange. »Leider viel zu selten, mein Kind. Leider viel zu selten«, wiederholte er. »Und jetzt schlaf gut. Dir kann gar nichts geschehen.«

Die Seherin von Prevorst

Erst viel später las Tony die Bücher, die Justinus über seine Forschungen geschrieben hatte. Da hatte sie bereits begriffen, dass ihr Onkel Justinus weniger für seine Gedichte und Geschichten berühmt war, als für sein Tun als Geisterseher und Heiler somnambuler Patientinnen. Eine davon war jene Friederike Hauffe, von der er gesprochen hatte, als sie seinerzeit als Kind bei ihm zu Besuch gewesen war: Die Seherin von Prevorst. So hieß dann auch das Buch, über das damals die ganze Welt sprach – ein Werk, das eigentlich nur für die Wissenschaft gedacht war, aber auch von vielen Laien richtiggehend verschlungen wurde. Es wurde sogar ins Englische übersetzt, und auch in Großbritannien machte es Furore. Erschienen war es 1829. Der Untertitel lautete »Eröffnungen über das innere Leben des Menschen und über das Hereinragen einer Geisterwelt in unsere«. Die ›Seherin‹ Friederike Hauffe wurde 1801 als Tochter eines Revierförsters geboren. Sie heiratete ihren Vetter, einen wohlhabenden Kaufmann, fiel aber gleich nach der Hochzeit in tiefe Depressionen. Sie geriet fast täglich in Dämmerzustände, in denen sie, wie sie sagte, Geistern begegnete. In diesen Zuständen sagte sie Dinge voraus, die oft genau so eintrafen, so dass Friederike Hauffe bald den Ruf einer Hellseherin bekam. Aber die Frau litt unsäglich unter diesen Zuständen. Als sich ihre Verwandten schließlich nicht mehr zu helfen wussten, brachten sie die Kranke im November 1826 nach Weinsberg zu Justinus Kerner, der feststellen musste: »Sie war ein Bild des Todes, völlig verzehrt, unfähig sich zu halten oder sich auch nur aus eigener Kraft hinzulegen.« In den ersten Wochen war die Patientin in der Nachbarschaft des Kernerhauses untergebracht, später nahmen Rickele und Justinus sie in ihrem Haus auf. Jeden Abend um sieben Uhr verfiel Friederike Hauffe in einen Dämmerzustand, den Justinus Kerner als ›magnetischen Schlaf‹ bezeichnete. Zuerst versuchte er, dieses Verschwinden in der Geisterwelt durch Zureden zu unterbrechen. Als dies nicht fruchtete, versuchte er es mit magnetischen Strichen, indem er sich zuvor selbst magnetisierte, wie er das nannte, um den Magnetismus dann auf die Patientin zu übertragen. Tatsächlich schien diese Behandlung zu helfen. Frau Hauffe erholte sich, kam wieder zu Kräften. Nun glaubte sie fest, einen Schutzgeist zu haben, sie redete in ihrem Dämmerschlaf sehr verständlich und berichtete von Erscheinungen, die zugleich an einem ganz anderen Ort oder auch später ganz in ihrer Nähe in Wirklichkeit geschahen. Kerner notierte, Frau Hauffes Berichte über die Erscheinungen, die sie hatte, seien wie ein »sinniges, oft sehr poetisches Gemälde« gewesen und nie ein Gewirr von bunten Bildern, wie sie in gewöhnlichen Träumen durcheinanderschwebten.

Drei Jahre lang behandelte Justinus Kerner Friederike Hauffe. In dieser Zeit entwarf die Patientin selbst ein Konzept für ihre Behandlung. Die Rollen schienen manchmal vertauscht. Die Kranke verordnete sich selbst bestimmte Kräuter und schuf ein eigenes Bild ihrer Erkrankung und ihres Zustandes. Sie beschrieb dabei ihre seelische Entwicklung und schuf sich das Bild, in ihrem Inneren wirke ein Sonnenkreis und ein Lebenskreis.

Justinus Kerner wurde im Verlauf der Behandlung Friederike Hauffes und anderer unter Somnambulismus leidender Frauen mehr und mehr in deren Vorstellungswelt hineingezogen und entwickelte eine eigene Beziehung zu Zauber- und Geisterwesen. Ludwig Uhland redete ihm in einem Brief ins Gewissen, er solle seine Geisterseherei nicht zu weit treiben. In seiner Antwort verteidigte sich Kerner:

Vielleicht kann ich keinem zumuten, in meine Begriffe von Krankheit und Tod einzugehen. Tod nenne ich die innigste Vereinigung mit dem Geist der Natur, Krankheit ist Hinstreben nach dieser Vereinigung. Magnetischer Schlaf, Epilepsie, Verzückung, Wahnsinn, Metallfühlen, dann die organische Zerstörung in einzelnen Teilen des Körpers, alte Narben, welche die Veränderung der Atmosphäre voraussagen – all dies sind Zustände, in denen der Mensch dem Geist der Natur und dem Leben der Geister und der Gestirne näher kommt, befreundet wird … Im innigsten Umgang mit der Natur kann man dahin gebracht werden, Metalle und Gewässer in Tiefen zu erfühlen, in die Zukunft zu schauen, Geister zu sehen, kurz, alles zu erkennen, was dem Geiste durch das bloß für sich bestehende, harte, begrenzte Bollwerk des Körpers verdeckt ist.

Justinus Kerners Leben und Wirken wurde zunehmend von seinem Hang zum Übersinnlichen bestimmt. Aber wenn ihm Freunde vorwarfen, er habe einen neuen Geisterglauben erfunden, wurde er wütend. »Ich bin Naturforscher«, erwiderte er dann – »ein Naturforscher am Ende einer langen historischen Tradition.« An Chamisso schrieb er: »Sie umsegelten die Welt als Naturforscher und ich trieb und treibe mich als Forscher in den Nachtgebieten der Natur herum und suche die Schatten des Mittelreiches auf.«

Als Tony sehr viel später – nun schon selbst eine erfolgreiche Schriftstellerin – dies alles zur Kenntnis nahm, wunderte sie sich, mit welchem Sinn für die Wirklichkeit ihr Onkel aus seinen Studien in der Geisterwelt Kapital geschlagen hatte. Seine Bücher über somnambule Patientinnen machten ihn als Arzt und als Schriftsteller weit über seine schwäbische Heimat hinaus bekannt. Der Erfolg des Buches »Die Seherin von Prevorst« regte ihn dazu an, alsbald die »Blätter von Prevorst« herauszugeben, die ab 1831 in unregelmäßiger Folge erschienen. Es handelte sich dabei um eine Zeitschrift, in der Spuk- und Geistergeschichten erschienen, die nur einer Bedingung genügen mussten: Sie durften Kerners Geistertheorien nicht widersprechen. Er, der eigentlich naturwissenschaftlich vorgebildet war, brachte sich immer mehr in Widerspruch zur ernsten Wissenschaft. Dabei war er überzeugt, Vorkämpfer eines vernachlässigten Gebietes der Wissenschaft zu sein. Tatsächlich schrieb Kerner nach dem großen Erfolg der »Seherin von Prevorst« immer unkritischer, spekulativer und phantasievoller über die Krankheit der Somnambulen und der Besessenen und verteidigte seine Theorien verbissen.

Friederike Hauffe verlangte Anfang August 1829, zu ihrer Familie nach Löwenstein zurückgebracht zu werden. »Aber

Sie sind noch lange nicht gesund«, sagte Justinus Kerner. Seine Patientin lächelte. »Ich weiß. Aber ich werde in den frühen Morgenstunden des 25. August sterben. Und da möchte ich zu Hause sein.«

Ihre Weissagung traf ein. Sie starb genau zu der Stunde, die sie vorhergesehen hatte.

*

Lina und Marie saßen noch in der Wohnstube, als Justinus vom Dachgeschoss herunterkam. Der Hausherr öffnete eine Flasche Wein und goss für alle drei ein. »Die Tony ist ein ganz besonders aufgewecktes Kind«, sagte er.

Lina lachte. »Manchmal viel zu aufgeweckt. Was die mich alles fragt, wenn der Tag lang ist.«

»Zum Beispiel?«, fragte Justinus.

»Gestern wollte sie wissen, ob du nun eigentlich ein berühmter Dichter oder ein berühmter Arzt seist.«

»Sagen wir so: Ich wäre lieber als Dichter so bekannt geworden, wie ich es als Arzt geworden bin. Aber über Württemberg hinaus bin ich mit meinen medizinischen Untersuchungen und Berichten wesentlich berühmter als mit meinen Gedichten.«

»Du redest über deine Arbeit mit Somnambulen und besessenen Frauen?«, fragte Lina.

Kerner winkte ab. »Viel wichtiger waren meine Forschungen zum Botulismus. Da hat man handfeste Ergebnisse. Bei den Geistersehern ist man doch immer auf schwankendem Boden.«

»Man kann sich ja auch einmal fragen, was wichtiger ist«, warf seine Tochter ein. »Niemand weiß, wie viele Menschen dem sicheren Tod entgangen sind, seitdem es deine Forschungsergebnisse zum Botulismus gibt.«

Justinus wandte sich seiner Nichte zu. »Deine Cousine hat natürlich Recht, wie immer. Erst nachdem ich 1817 in den Tübinger ›Blättern für Naturwissenschaften und Arzneykunde‹ beschrieben hatte, wie es zur Wurst- oder Fleischvergiftung kommt und was man dagegen tun kann, gingen die Erkrankungen zurück. In der gleichen Ausgabe kam übrigens mein Kollege Georg Steinbuch zu ganz ähnlichen Ergebnissen wie ich. Professor Autenrieth hat bewusst unsere beiden Artikel nebeneinandergestellt. Steinbuch ist leider ein Jahr später schon gestorben.«

»Wie muss man sich denn die Erforschung so einer Krankheit vorstellen?«, fragte Lina.

»Erst einmal muss man die Symptome und den Verlauf der Krankheit genau beobachten und beschreiben. Dann muss man Patienten, die an der Wurstkrankheit gestorben sind, obduzieren, also das Innere der Toten untersuchen. Und dann muss man natürlich das Wurstgift finden und genau analysieren. Lange glaubte man ja, da sei Blausäure mit im Spiel. Aber das stimmte nach meinen Beobachtungen nicht. Deshalb habe ich immer neue chemische Untersuchungen gemacht, und dafür habe ich Tierversuche unternommen.«

Marie stöhnte auf. »Ja, daran erinnere ich mich noch heute mit Schrecken. An deine Versuche mit Hunden, Katzen, Kaninchen und Vögeln, was ein großer Jammer für mich war. Besonders erinnere ich mich noch an zwei kleine Hunde, die, als du ihnen das Gift eingießen wolltest, sich auf die Hinterfüße stellten und dich ganz kläglich ansahen. Ich stand dabei und hörte nicht auf damit, dich zu bitten, die Tiere am Leben zu lassen.«

»Das habe ich dann auch getan«, rief der Vater dazwischen. »Ich hab doch ein genau so großes Mitleid mit den Tieren gehabt, wie du, Marie. Aber wenn es die Wissenschaft verlangt ... – Ich konnte das Gift ja nicht irgendwelchen Menschen einflößen, um seine Wirkung zu studieren. Allerdings habe ich einige Selbstversuche unternommen, von denen mir heftig abgeraten wurde.«

»Und mit Recht!«

Justinus wandte sich an seine Nichte Lina: »Es war vor allem dein Vater, mein Bruder Karl, der mich deshalb heftig ins Gebet genommen hat. Aber ich habe die Versuche ja überstanden und konnte danach den Krankheitsverlauf sehr viel genauer beschreiben – und, was das beste war, die richtigen Ratschläge zur Vermeidung der schrecklichen Krankheit geben, an der so viele bei uns gestorben sind.«

Marie fügte hinzu, und es klang ein gewisser Stolz aus ihrer Stimme: »155 Menschen hatte der Vater unter Beobachtung, 84 davon sind zwar gestorben, aber die anderen haben dank ihm überlebt. Seitdem man weiß, wie sich das Gift in Wurst und Fleisch bildet, wenn man sie falsch lagert, muss niemand mehr an dieser Krankheit sterben.«

Justinus hob den Zeigefinger. »Aber man kann diese Krankheit nur in einem sehr frühen Stadium heilen. Deshalb ist es so wichtig, dafür zu sorgen, dass es gar nicht zu ihr kommt. Und dafür habe ich genaue Richtlinien ausgearbeitet. Wenn man sich an sie hält, kommt es auch nicht mehr zum Botulismus.«

»Und was muss man tun?«, fragte Lina.

»Blut- und Leberwürste, die noch im Februar im Kamin sind, soll der Schornsteinfeger mit allem Unrat wegwerfen. Die Landmetzger dürfen der Wurstmasse kein Gehirn, keine Milch und keine aufgeweichten Wecken beigeben. Und am allerwichtigsten: Man muss die Würste gründlich absieden oder verwellen, wie man bei uns sagt. Das Wasser muss wirklich kochen. Und danach, wenn man sie räuchert, muss auch dies gründlich geschehen und nicht nur so obenhin. Dass du danach fragst, zeigt mir allerdings, dass man diese Regeln im Allgemeinen noch nicht kennt. Obwohl ich das schon vor vierzig Jahren geschrieben habe.«

»Und wie soll man das ändern?«, fragte Marie.

»Das Volk nimmt Warnungen und Belehrungen nie gläubiger und folgsamer an, als wenn man sie ihm im Bauernkalender, geschärft mit Mordgeschichten, nahebringt«, sagte Justinus schmunzelnd. »Und jetzt lasst uns über angenehmere Dinge reden.«

Justinus' letzte Tage

Als Lina und ihre Tochter Tony abgereist waren, wurde es immer ruhiger im Kernerhaus. Die Gäste blieben nach und nach aus. Viele der Freunde waren jetzt zu alt, um zu reisen, manche wurden durch Krankheiten ans Bett gefesselt. Andere starben.

Für Marie wurde es immer schwerer, den Vater aufzuheitern. Seine Schlaflosigkeit nahm zu, und er bekämpfte sie mit immer größeren Dosen Morphium. Auch seinem Sohn Theobald, der sich anschickte, die Praxis des Vaters in Weinsberg zu übernehmen, gelang es nicht, ihn davon abzubringen. Oft klagte Justinus: »Ach hättet ihr mich doch, als mein geliebtes Rickele gestorben ist, mitgenommen zu ihrem Grab. Ich hätte mich hineingelegt und wäre vielleicht auch gestorben. Was wäre das für ein Glück für mich gewesen!«

Mitte Februar 1862 erreichte ihn ein Geschenk aus München: ein Fässchen Bier. Er befahl seiner Tochter, die ihm vertrauten Bürger Weinsbergs einzuladen. Es wurde ein merkwürdiges Fest. Fröhlich tauschten die alten Weggefährten ihre Erinnerungen aus, sprachen kräftig dem bayerischen Bier zu, während Justinus über seinen nahen Tod redete. Er sagte, wie sehr er ihn herbeisehne, und nahm den Freunden das Versprechen ab, ihn nicht zu vergessen. Sie protestierten heftig, saß er doch höchst lebendig unter ihnen und trank kräftig mit.

Zwei Tage später konnte er das Bett nicht verlassen. In der Nacht vom 21. auf den 22. Februar 1862 starb er bei vollem Bewusstsein im Kreise seiner Lieben mit den Worten: »Herr, dein Werk ist vollbracht.« Er gab allen die Hand und ermahnte sie zur gegenseitigen Liebe und verschied mit den Worten: »Gute Nacht, gute Nacht! Schlaft alle wohl.«

Schon am Tag seiner Pensionierung 1850 hatte er seinen letzten Willen schriftlich niedergelegt, überschrieben mit »Verordnung«, als sei es ein ärztliches Rezept:

Meine Leiche soll man in aller Stille ohne Gesang und Klang wie die meines Vaters begraben. Mit meinem Sohne und dem Tochtermann soll nur noch ein Freund und ein Geistlicher, sonst niemand meine Leiche zum Grabe geleiten. Keine Rede soll gehalten, auch nicht gesungen werden. Man soll ein stilles Vaterunser beten, den Sarg versenken und dann fortgehen. Dies soll geschehen und nichts anderes.

Es geschah ganz anders. In aller Frühe kamen die alten Freunde wie Ludwig Uhland, Karl Mayer und auch Linas Mann, General von Baur-Breitenfeld, und umstanden den offenen Sarg, in dem Justinus Kerner in seiner braunen Kapuzinerkutte lag. Sein Sohn Theobald erinnerte sich: »Die schönen weißen Hände ruhten auf dem Tuch der Mutter, und er lag schmerzlos wie schlafend da. Seine edlen klaren Gesichtszüge von der Morgensonne beschienen, erregten nicht den schreckenden Eindruck einer Leiche.«

Später wurde der Sarg von Bürgern Weinsbergs durch die Stadt getragen, gefolgt von einem langen Zug vieler Freunde, ehemaliger Patienten und der Sänger des Weinsberger Liederkranzes. Von dem alten Turm und der Burg Weibertreu wehte eine Woche lang eine schwarze Fahne.

Im selben Jahr starb auch Ludwig Uhland, der sich bei Kerners Beerdigung eine Erkältung zugezogen hatte, von der er sich nicht mehr erholte – und es starb auch Johanna, die Schwägerin, die Justinus einst so heftig wie erfolglos umworben hatte.

EPILOG
Tony Schumacher zieht um und gerät ins Sinnieren

Die alte Frau schaute zum Fenster hinaus auf die Olgastraße. Blind geworden waren die Scheiben, geputzt gehörten sie schon längst. Aber warum? In ein paar Tagen würde der Möbelwagen vorfahren, und nach ein paar Stunden wäre von den 48 Jahren, die sie – erst mit ihrem Mann, dann allein mit der Haushälterin – hier gelacht, gelebt und gelitten hatte, keine Spur mehr zu sehen. Doch natürlich, die verfärbten und vergilbten Tapeten, da, wo die schweren Schränke gestanden hatten, die legten noch Zeugnis ab, dass hier die Jugendschriftstellerin Tony Schumacher ihr halbes, ja fast ihr ganzes Leben verbracht hatte. Im ersten Stock war der Wohnbereich, da wo sich auch das gesellige Leben abgespielt hatte mit den vielen Besuchern und Festen, als ihr Mann noch gelebt hatte. Im Erdgeschoss war beider Arbeitszimmer gewesen, wo sie sich am Schreibtisch gegenübergesessen hatten, und dort war auch der Platz für die Schränke mit den Glastüren für die Sammlungen. Und ganz oben, durch eine steile Treppe zu erreichen, war der größte Schatz, den eine Stadtwohnung ohne Garten und Balkon aufweisen konnte, ganz oben gab es einen Dachgarten. Zu einem wirklichen Garten reichten die paar eingepflanzten Tannenbäumchen und die Efeuhecke zwar nicht ganz, obwohl sogar ein kleines

Bassin mit ein paar Goldfischen Platz gefunden hatte, aber es war ein wunderbares Refugium in lauen Sommernächten. Tempi passati! Nun, im Herbst 1923, ging es also zurück in ihre Geburtsstadt, nach Ludwigsburg. Zum Schauplatz ihrer Mädchenjahre im Schatten des Schlosses und der Kasernen, wo ihr Vater und auch ihr Großvater als vom König hochgeschätzte Offiziere Dienst getan hatten.

Wenn sie aus dem Fenster schaute in Richtung Wilhelmspalais, schoss ihr unwillkürlich ein ketzerischer Gedanke durch den Kopf: Warum um alles in der Welt musste sie die altvertrauten Dinge in Stuttgart verlassen, weil die Behörden zu dem Schluss gekommen waren, dass ihre Wohnung angesichts der allgemeinen Not zu groß für eine alleinstehende alte Frau wäre, berühmt oder nicht berühmt spielte da keine Rolle. Und hundert Schritte von der umkämpften Wohnung entfernt stand ein ganzes Palais leer, seit dem November 1918, als die revolutionären Soldaten ihren König Wilhelm II. von Haus und Thron vertrieben hatten. Das war nun schon fünf Jahre her, und der alte Mann, nun von der Republik zurückgestuft zum bürgerlichen Herzog von Württemberg, war in ein anderes Schloss zu Bebenhausen gezogen und war schlecht auf seine undankbare Hauptstadt zu sprechen. Das ging so weit, dass der Leichenzug, als Wilhelm 1921 starb, laut testamentarischer Verfügung an Stuttgart vorbei nach Ludwigsburg geführt wurde. Um das Leichenbegängnis miterleben zu können, hatte sich Tony für eine Nacht in die Wernersche Kinderheilanstalt einquartiert, zu der die Verbindung seit ihrer Jugend nie abgerissen war, als sie unter Anleitung des Arztes und Menschenfreundes Doktor Werner dort zu orthopädischen Turnübungen hatte antreten müssen. Das Zimmer, das sie bezog, ging nach hinten in den Garten hinaus und gefiel ihr so, dass sie gleich die ganze Sommerfrische dort verbracht hatte. Und als ihr jetzt die Möglichkeit geboten wurde, eine zufällig leerstehende kleine Wohnung, die zur Anstalt gehörte, zu mieten, und die Verhältnisse in der Olgastraße immer unbehaglicher wurden, beschloss sie, ganz nach Ludwigsburg zu ziehen. Das würde die zwei Menschen wieder verbinden, die Schriftstellerin und ihren alten König, das letzte Ziel: Ludwigsburg. Tony Schumacher gedachte allerdings, noch lange in ihrer weltlichen Behausung zu leben und zu arbeiten. Die schmucklosen Räume mit der Aussicht auf eine gegenüberliegende Kaserne schreckten sie nicht. Sie würde in ihrem geliebten Ludwigsburg schnell wieder heimisch werden. Ganz besonders hatte sie fasziniert, dass, abgetrennt von einem schweren dunkelgrünen Türvorhang, ein paar Treppen direkt in einen Krankensaal für leidende Kinder führten. Dies schien ihr der größte Vorzug des neuen Heims. Dorthin also sollte die Reise gehen, mit den Resten des kostbaren Mobiliars, mit der Tassensammlung und mit der Puppensammlung, die sie unbedingt selbst in die beengten neuen Verhältnisse mitnehmen wollte, zur Freude für die Kinder.

Die alte Frau wandte sich wieder der Unordnung im Wohnzimmer zu. Da standen offene Kisten und Kasten, halb voll und noch nicht zugenagelt. Manchmal dachte sie, die Unordnung des Umzugs wäre die kleinste, die sie in den letzten Jahren erlebt hatte.
Ein Umbruch war es schon, als 1915 am Karfreitag ihr Mann starb, nach einer vierzigjährigen, nicht immer einfachen Ehe. Vielleicht hatte sie ja, gerade weil die Ehe kinder-

los geblieben war, unter dem Namen Tony Schumacher einst angefangen, Mädchen- und Jugendgeschichten zu schreiben. Und das immer erfolgreicher, da sie Tausende begeisterte junge Leserinnen fand, die zu ihren eigentlichen Kindern wurden. Nach dem Jahr der allergrößten Unordnung 1918 folgte der Sommer 1919, als das städtische Wohnungsamt fremde Leute in ihre beschlagnahmte Wohnung einquartierte. All ihre Proteste und Verweise auf die Verdienste, die sie sich erworben hatte, halfen nichts. Einer Freundin hatte sie ihr Leid geklagt: »Fünf Zimmer muss ich abgeben, und mein liebes Haus ist voll fremder Menschen. Meine schöne Krippensammlung ist fort im Altertumsmuseum.«

Seitdem hatte sie begonnen, sich mehr und mehr einzuschränken, sich von vielen liebgewonnenen Dingen zu trennen, nicht nur von den Krippen, deren erste sie auf einer Sommerfrische mit ihrem Mann in Oberammergau mit viel Mühe und gutem Zureden von dem Herrgottschnitzer Jakob Rutz erstanden hatte. Der hatte sie mit den Worten: »Dös g'hört all's z'samm'n und is' heilig Gut!« abwimmeln wollen. Und nun war, vierzig Jahre später, »all's z'samm« – halt im Museum. »Ist vielleicht viel besser so«, redete sie sich ein.

Überhaupt war das Jahr 1923 für Tony Schumacher bisher gar nicht so schlecht verlaufen. Der evangelische Stuttgarter Quellverlag, dessen Motto »furchtlos und treu« ihrem Wesen sehr entsprach, brachte nicht nur ihre Erinnerungen »Aus früher Jugendzeit« heraus, auch die Fortsetzung war schon in Vorbereitung. Sie hatte nicht das Gefühl, das ihre schöpferischen Kräfte versiegt wären. Es gab noch so viel zu erzählen, und täglich sah und hörte sie etwas Neues. Natürlich fragte sie sich manchmal, ob sie, die mittlerweile sechzig Jahre von ihren Leserinnen trennten, die Gefühlswelt der Jugend noch begreifen konnte. Doch die Auflagezahlen und die Briefe, die der Postbote täglich ins Haus brachte, ließen sie mit Elan an die neuen Geschichten herangehen. Wie hatte sie noch einer Freundin geschrieben? »Ich als 75-Jährige weiß nichts von einem Achtstundentag. Der Meinige geht von morgens halb acht Uhr bis nachts ein Uhr und oft zwei Uhr. Und jede Stunde ist ausgefüllt.«

Und da stand noch eine Kiste, mit der es eine ganz eigene Bewandtnis hatte: die Kernerkiste. Wenn sie auch ihren Großvater von Mutters Seite her, den General und späteren Direktor der württembergischen Hütten- und Eisenindustrie Karl von Kerner, nicht mehr kennengelernt hatte – der war ja schon acht Jahre tot, bevor sie auf die Welt kam, so verband sie doch eine innige Beziehung mit ihrem Großonkel Justinus, zu dem sie als Elfjährige 1859 ihre erste große Reise nach Weinsberg geführt hatte. Es waren unvergessliche Wochen, die sie im Kernerhaus verbracht hatte.

Die Verbindung zu den Kerners war nie mehr ganz abgerissen, auch nicht nach dem Tod von Justinus. Mit dessen leicht exzentrischem Sohn Theobald blieb sie in Verbindung, sie schätzte dessen unterhaltsames Erzählbuch »Das Kernerhaus und seine Gäste«. Und als nach dem Tod Theobalds, der 1907 als Neunzigjähriger gestorben war, klar war, dass von seiner Feder die Geschichte von Justinus Kerner und seinen Brüdern nicht geschrieben worden war – es gab nur unzusammenhängende Notizen, die immerhin auf die Absicht Theobalds, ein solches Buch zu schreiben, hindeuten mochten – sprach dessen Witwe, die Goldelse, Tony irgendwann auf das Vorhaben an. Sie wäre doch als ausgewiesene

Schriftstellerin eine geeignete Chronistin der Kernerschen Familiengeschichte. Else Kerner selbst hatte erst vor kurzem ihre Erinnerungen an ihre Ehe mit Theobald zu Papier gebracht. Nicht ohne Bitterkeit gegenüber dem Kernerverein, der ihr für ein Butterbrot, wie sie anmerkte, das Kernerhaus abgeluchst hatte, das Theobald doch ihr vermachen wollte als Entschädigung für das Vermögen, das sie in die Ehe eingebracht hatte. Und dann hatte der undankbare Verein auch noch Beschwerde darüber geführt, dass in dem Haus zu viele Spuren von ihr und Theobald zu finden seien und angeblich zu wenige von Justinus und seinem Rickele. Welcher Undank! Es gab da einen entscheidenden Augenblick, als sie im Kernerhaus den Abtretungsvertrag unterzeichnete. Plötzlich gab es im Nebenzimmer ein Geräusch, das sich wie ein Gemisch aus einem Zischen und einem Seufzen anhörte. Das große, fest verankerte Kruzifix war in dem Moment ihrer Unterschrift zu Boden gefallen, die Arme des Jesus Christus waren abgebrochen. Während der anwesende Weinsberger Bürgermeister kühn anmerkte: »Herr Hofrat Theobald hat seinen Segen dazu gegeben«, wusste es die Witwe besser: Theobald hatte sein Missfallen ausgedrückt. Aber es war zu spät. Es gab kein Zurück mehr, und Else hatte Weinsberg kurz darauf für immer verlassen.

So waren die Aufzeichnungen von Theobald, die Notizen von Justinus, aber auch die Schriften der Brüder Georg und Karl samt den Skizzen und Abbildungen vom Kernerhaus, zu Else gewandert, um schließlich bei Tony anzukommen. Manches davon hatte sie in ihren Erinnerungen an die eigene Kindheit verwendet, anderes aus den Augen verloren. Die Aufgabe schien ihr allzu groß, und die Kerners mit ihren weitverzweigten Interessen und Beziehungen allzu fern.

Und da stand sie nun, die Kiste mit den ungehobenen Schätzen, bereit, die nächste Reise anzutreten. Zaghaft begann sie, in den Papieren zu kramen, die Bilder anzuschauen: Das war das Kernerhaus, so sah Georg, der älteste Bruder aus, der nun schon seit über hundert Jahren weit weg in Hamburg unter der Erde lag. Und da war eine Skizze von der Festung Hohenasperg, vermutlich von Theobald selbst angefertigt, während er selbst in diesem Gefängnis eingesperrt war. Theobald hatte später für sich eine atemberaubende Balance zwischen Ideal und Wirklichkeit zuwege gebracht. Er schrieb weiterhin republikanische Gedichte und wurde doch gleichzeitig zum Leibarzt jenes Königs ernannt, der ihn seinerzeit auf den Asperg geschickt hatte. Und vor Tonys Augen erstand die Begegnung zwischen Justinus und Theobald: Es war an einem schönen Herbsttag 1851, als sich Justinus mit der Kutsche auf den Hohenasperg fahren ließ, um seinen Sohn auf die bevorstehende Begnadigung vorzubereiten. Er wollte ihn aber auch schonend mit den Umständen vertraut machen, die zu dieser Begnadigung geführt hatten. Ausschlaggebend waren nämlich seine sehr devoten Eingaben und ein Gedicht, mit dem er das Vaterherz des Königs zu erweichen gedachte. Tony Schumacher stellte sich vor, wie die Kutsche mit dem Dichter durch das fruchtbare Land fuhr, inmitten der Weinberge, wo die Trauben zu reicher Ernte heranreifen. Während sie sich die Szene der heiklen Begegnung von Vater und Sohn ausmalte, fiel ihr ein, dass Theobald ja erst im November 1851 seine Haft angetreten hatte. Also leider: keine bukolische Stimmung von Herbstsonne und reifendem Wein, sondern eher Regen, grauer Himmel, matschige Straßen und schlechte Laune? Die Begegnung der beiden würde wohl eher frostig ausfallen, und wer weiß, ob Theobald überhaupt auf diese Weise seine Freiheit hatte erlangen wollen.

Tony Schuhmacher lebte noch acht Jahre in Ludwigsburg. Die ganze Zeit über kümmerte sie sich fürsorglich um die Kinder in der »Gustav Wernerschen Kinderheilanstalt«, von ihnen liebevoll »Heimela« genannt. So hatte einmal ein kleines Mädchen die Anrede »Frau Geheimrat« verballhornt. Sie schrieb in dieser Zeit noch zwölf erfolgreiche Bücher und starb auf eine Weise, die ihrem Leben entsprach. Es war Freitag, der 13. Juli 1931. Auf dem Heimweg vom Nachmittagskaffee bei der Frau des Stadtpfarrers ruhte sie sich im Gemüseladen Cantz aus und sprach noch freundlich scherzend mit einem Kind, als sie, ohne einen Laut des Schmerzes, plötzlich zur Seite sank. Der rasch herbeigerufene Arzt konnte nur noch den Tod durch Herzschlag feststellen.

Das Buch über Justinus Kerner und seine Brüder zu schreiben, hatte sie freilich nicht geschafft.

Zeittafel – die Kerners und ihre Zeit

(Zeitgeschichtliche Ereignisse kursiv)

1541 Lienhard Kärner/Kerner gest., Maier in Flatschach, heute Unternberg, Land Salzburg

1576 Michael gest., Sohn von Lienhard, geb. in Flatschach, 1531 Student in Leipzig, 1533 Baccalaureus, 1536 Uni Wittenberg, 1552 Lehrer Klagenfurt, 1557 Präzeptor (Rektor) Lateinschule Schwäbisch Hall.

1609 Balthasar gest., Sohn von Lienhard, Prediger am Ulmer Münster.

1744 Christoph Ludwig Kerner geb. 1744, 1766 Regierungsrat und Oberamtmann in Ludwigsburg, ab 1795 in Maulbronn, verh. 1767 in Stuttgart mit Friederike Luise Stockmayer (geb. 1750 Stuttgart, gest. 1817 Ilsfeld), 1799 gest.

Überlebende Kinder, alle in Ludwigsburg geboren: Johann Georg (1770-1812 Hamburg); Ernst Ludwig (Louis) Friedrich (1773-1837 Hohenmemmingen bei Giengen); Karl Friedrich (1775-1840 Stuttgart); Ludowike Christiane Dorothea (1778-1823 Derdingen), verh. mit Pfarrer Heinrich Friedrich Zeller; Auguste Wilhelmine Charlotte (1782-1864 Stuttgart), verh. mit Johann Jakob Steinbeis, Pfarrer in Ölbronn, später Ilsfeld; Justinus Andreas Christian (1786-1862 Weinsberg), dazu früh verstorben weitere 6 Mädchen.

1764 *Ludwigsburg ist Residenzstadt. Als der Hof 1775 nach Stuttgart zieht, verliert es die Hälfte seiner Einwohner.*

1779 Juni: Georg tritt in die Hohe Karlsschule ein, er studiert Medizin.

1789 *Juli: Sturm auf die Bastille in Paris; August: Erklärung der Menschen- und Bürgerrechte durch die Französische Nationalversammlung*
Karl tritt in die Hohe Karlsschule ein und studiert das Militärwesen. Justinus beschreibt ihn »von großem schlanken Körperbau

mit einem schönen Ebenmaß im Gesicht und einer Würde ohne Steifheit in seinem ganzen Betragen«.

1790 Georg geht während der Oster- und Herbstvakanz zu Fuß nach Straßburg, um die Auswirkungen der Französischen Revolution kennenzulernen. Die zweite Reise unternimmt er mit seinem Freund Ernst Franz Ludwig Freiherr Marschall von Bieberstein (1770-1834), später Staatsminister der Fürsten von Nassau-Usingen.

1791 *Juni: vereitelte Flucht des französischen Königs nach Varennes, September: Verabschiedung der ersten französischen Verfassung.*
April: Georg verlässt nach bestandener Doktorprüfung die Karlsschule; er verlobt sich mit Auguste Breyer (aus Stuttgart, 1770-1806); langjährige unglückliche Beziehung.
Ende Mai: Aufbruch nach Straßburg; Ende Juni: Eintritt in die »Gesellschaft der Freunde der Konstitution«.
September: Herzog Carl Eugen streicht Georgs Stipendium, weil er sich »zu Straßburg auf das schlechteste aufgeführt und sich sogar an die Spitze derlei gesinnter Leute gestellt habe«.
November: Georg bricht mit 40 Pfund Gepäck auf dem Rücken zu Fuß nach Paris auf, wo er 10 Tage später eintrifft.

1792 *September: Französische Truppen erringen ersten Sieg gegen Preußen bei Valmy. Stillstand der Gegenrevolution.*
Georg wird als freier Mitarbeiter Paris-Korrespondent der Hamburger »Adreß-Comptoir-Nachrichten«;
Oktober: Georg schickt ein Memorandum, »Beobachtungen über Württemberg«, an den girondistischen Außenminister Lebrun.

1793 *Januar: Hinrichtung Ludwigs XVI.;*
September: Beginn der Terrorherrschaft Robespierres.
Tod Carl Eugens, Ende der Hohen Karlsschule, sein Nachfolger Ludwig Eugen regiert bis 1795.
Georg arbeitet zusätzlich als Arzt am dänisch-schwedischen Hospital;
November: Georg erwähnt Karl Friedrich Reinhard (1761-1837) zum ersten Mal.

1794 *Februar: Preußen und Frankreich schließen Frieden.*
Juli: Sturz und Hinrichtung Robespierres, von Georg *begeistert begrüßt.*

Januar: Karl wird als 19-Jähriger Leutnant bei der Artillerie der württembergischen Landmiliz.
Anfang Mai: Georg flieht vor der drohenden Verhaftung als Girondist in die Schweiz. Er entwirft einen Agentenplan für Württemberg.
Oktober: Reise nach Württemberg, geheimdienstliche Aktivitäten für die Französische Republik; Besuch bei den Eltern; der Vater zeigt ihn beim Herzog an, der die Ankunft Georgs aber ignoriert.
November: Zweite Reise nach Württemberg.

1795 *Regierungsantritt von Herzog Friedrich Eugen (1732-1797)*
April: Sansculotten-Aufstand in Paris; August: Errichtung des Direktoriums.
Januar: Georg wieder in Paris.
Karl findet in der Familie von seines Vaters Amtsnachfolger in Ludwigsburg, Volz, einen Ersatz für sein Elternhaus.
Georg begleitet Reinhard auf einer Reise über Frankreich durch Belgien und Holland nach Hamburg. Reinhard ist französischer Gesandter in den Freien Hansestädten (Hamburg, Bremen, Lübeck), Georg sein Sekretär.

1796 *Juli: Herzog Friedrich Eugen schließt nach der österreichischen Niederlage den Waffenstillstand von Baden: Verpflichtung, sich vom Reichsheer zurückzuziehen und 4 Mill. Gulden Kontribution zu zahlen.*
August: Die Franzosen marschieren in Württemberg ein.
November: Zarin Katharina II. stirbt.
März: Abreise Georgs aus Hamburg.
Karl nimmt mit der Artillerie der Landmiliz an den Kämpfen gegen die französischen Eindringlinge unter Jean-Victor Moreau teil, die für Württemberg verloren gehen.
Juli: Teilnahme Georgs an dem von Preußen einberufenen Hildesheimer Kongress.
Vorübergehende Verwendung Karls bei der württembergischen Artillerie – Karl und Georg stehen auf gegnerischen Seiten.
September: Reinhard und Georg ziehen von Bremen in das dänische Altona;
November: Georg wird von Reinhard nach St. Petersburg geschickt, kommt jedoch nur bis Berlin.

1797 *Herzog Friedrichs Amtsantritt.*
September: Staatsstreich der Republikaner in Paris

Oktober: Österreich und Frankreich schließen in Campo Formio Frieden.
Georg gründet in Hamburg die Philanthropische Gesellschaft, deren Hauptaufgabe ist republikanische Propaganda;
Juli: Freiheitsfest in Harvestehude bei Hamburg;
August: Georg wieder in Paris, will bei Außenminister Talleyrand (1754-1838) Honorierung als Sekretär von Reinhard erreichen;
Dezember: Reinhard wird zum französischen Gesandten in Florenz ernannt, Georg begleitet ihn als Sekretär.

1798 *Mai: Staatsstreich in Paris*
August: Zweite Koalition von Österreich, England, Russland, Neapel und der Türkei gegen Frankreich.
April: Georg besucht mit den Reinhards seine Familie in Maulbronn. Versöhnung mit dem Vater, der an einem Magentumor erkrankt ist. Auch Karl kommt öfter zu Besuch.
Justinus leidet an Pubertätsmagersucht, die durch eine Hypnose vom Hofrat Dr. Eberhard Gmelin (1751-1809) geheilt wird.
Mai: Reinhard und Georg erreichen Florenz, wo sie 14 Monate verbringen; viele Reisen. Ernste Zweifel Georgs an Napoleons Größe.

1799 *März: Nach der Kriegserklärung Österreichs besetzt eine Kolonne von General Paul-Louis Gaultier Florenz. Rückschläge der Franzosen, die Ende April Mailand räumen.*
Ende Mai: Die Russen besetzen Genua; Mitte Juni: Russen und Österreicher gewinnen die Entscheidungsschlacht an der Trebbia.
November: Staatsstreich;
Dezember: Bonaparte wird Erster Konsul mit unumschränkter Macht.
Flucht von Reinhard und Georg aus Florenz.
Ende Juli: Reinhard wird zum Außenminister der Französischen Republik ernannt.
August: Der Vater Christoph Ludwig stirbt, die Familie zieht zurück nach Ludwigsburg.
Ende August: Die Reinhards und Georg sind wieder in Paris.
Justinus ist Kaufmannslehrling im Kontor der Herzoglichen Tuchfabrik in Ludwigsburg, später geht er ans Lyceum. Er lernt Lateinisch, Griechisch, Italienisch und Französisch. Auf Rat des Bruders Georg geht er gleichzeitig bei einem Schreiner in die Lehre.

Seit August gehört Karl zum Artilleriekorps und macht als Leutnant den Feldzug an der nordwestlichen Grenze Württembergs mit.
Georg begrüßt den Staatsstreich in Frankreich.
Dezember: per Erlaß wird Georg erstmals offiziell vom Außenminister Talleyrand bei der Gesandtschaft in Bern beschäftigt.

1800 Februar: Georg, Reinhard und dessen Frau Christine treffen in Bern ein. Georg hat den Rang eines Legationssekretärs und bezieht ein Jahresgehalt von 2.400 Francs, von dem er seine Verwandten und seine ehemalige Braut Auguste Breyer unterstützt.
Juni: Georg begegnet in Aosta Napoleon zum ersten Mal, im Sommer folgt die zweite Begegnung in Mailand.
Die Ironie in der Geschichte der Brüder: Karl, der anfangs gegen Frankreich kämpft, während Georg auf Seiten Frankreichs agiert, wird später, als Georgs Sympathie zu Napoleon längst erkaltet ist, im Dienste seines Königs auf Seiten Napoleons ins Feld ziehen.
Mitte Oktober: Georg ist für fünf Wochen in der Heimat. Das Land ist von den Franzosen besetzt, der Herzog nach Wien geflüchtet. Georg besucht in Maulbronn das Grab des Vaters und in Ludwigsburg die Mutter, Schwester Wilhelmine und Bruder Justinus. Diesem zeigt er, wie man die Maultrommel spielt.
Georg befreundet sich mit Pestalozzi, dem Ehrenbürger der Französischen Republik, und gibt Justinus Erziehungsratschläge in dessen Geist.

1801 Zwischen Februar und Mai: Georg demissioniert. Nach einem halben Jahr darf er die Schweiz verlassen.
Ende September: letzter Aufenthalt Georgs in Württemberg, anschließend reist er über Straßburg nach Paris, wo er sich bis November ein letztes Mal aufhält. Er reist nach Hamburg, um sich dort eine Existenz als Kaufmann aufzubauen.

1802 *Württemberg wird zum Kurfürstentum erhoben, verliert im Vertrag von Paris Mömpelgard, Reichenweier sowie alle linksrheinischen Gebiete an Frankreich, bekommt aber im Gegenzug mehrheitlich katholische Gebiete hinzu.*
Georg schreibt sich stattdessen an der medizinischen Fakultät in Kopenhagen ein, um seine Kenntnisse als Arzt aufzufrischen.
Georg bekräftigt seine Anti-Napoleon-Haltung in seinen Briefen »Reise über den Sund« (aus Schweden), bei Cotta erschienen.
Justinus soll Konditor werden.

1803 *Bis zum Ende des Hl. Römischen Reiches Deutscher Nation gibt es einen Staat Neuwürttemberg mit der Hauptstadt Ellwangen, zu dem ehemalige Reichsstädte – wie Esslingen – aber auch säkularisierte Klöster, Teile des ehemaligen Vorderösterreichs u.a. gehören. Regiert wird Neuwürttemberg wie Altwürttemberg von Herzog Friedrich.*
Mai: Karl wird Oberleutnant und zur Reitenden Batterie versetzt, die im Juli Esslingen als Standort erhält. Es erscheint seine Schrift über die Einrichtung, Gliederung und Verwendung der Reitenden Artillerie.
August: Georg kehrt nach Hamburg zurück, lässt sich als praktischer Arzt nieder und führt die in Skandinavien gelernte Pockenschutzimpfung ein.
Ende des Jahres verlobt er sich mit der wohlhabenden Hamburgerin Johanna Friederike Duncker.

1804 Januar: Georg wird zum ehrenamtlichen Armenarzt ernannt.
Mai: Georg heiratet Johanna Friederike, Reinhard ist Trauzeuge. Das Paar bekommt drei Kinder, zwei Mädchen, einen Buben. Georg wird auch wieder publizistisch tätig.
Carl Philipp Conz, inzwischen Professor in Tübingen, überredet die Mutter und Karl, dass ein Studium in Tübingen erschwinglich sei. So wandert Justinus zu Fuß dorthin und studiert bis zu seiner Promotion 1808 Medizin und Naturwissenschaften. Er befreundet sich mit Ludwig Uhland und Gustav Schwab.

1805 *Friedrich verbündet sich mit Napoleon. Feldzug gegen Österreich.*
September: Karl wird Stabshauptmann und Chef der 1. Fußkompanie der Artillerie im mobilen Truppenkorps.

1806 *Württemberg wird von Napoleon zum Königreich erhoben; Friedrich nimmt die Königswürde an; Württemberg wird im Juli Mitglied des Rheinbundes.*
Die Franzosen besetzen Bremen und Hamburg.
Georg wird auf Vermittlung von Reinhard Beauftragter der Hansestadt Bremen bei den französischen Behörden in Hamburg, 1807 auch für Lübeck tätig.
Dezember: Georg wird zum amtlich bestallten Armenarzt ernannt. Im Feldzug 1806/07 wird Karl Chef der Reitenden Batterie. Bei der Belagerungen der Festungen Glogau, Breslau, Schweidnitz, Neiße, Glatz zeichnet sich die Reitende Batterie aus.

Karl wird zum Ritter des Militärverdienstordens (Personaladel) ernannt.

1807 *Juli: Eine Königliche Resolution wird verkündet: die mediatisierten Fürsten und Grafen sollen »alle Beisätze und Würden hinweglassen«, die sich auf ihr vormaliges Verhältnis zum deutschen Reich oder als regierende Herren beziehen, auch »von Gottes Gnaden« darf nicht mehr benutzt werden.*
Karl wird im Januar zum Hauptmann befördert, im April zum Major. Im Dezember trifft er wieder in der Heimat ein, während des Rückmarschs wird er zum Oberstleutnant und Chef der 2. Reitenden Batterie ernannt.
Justinus lernt bei einer Geburtstagsfeier von Ludwig Uhland (1787-1862) seine spätere Frau Friederike (Rickele) Ehrmann (1786-1854) aus Ruit kennen, die er 1813 heiratet. Aus dieser Ehe gehen die Töchter Marie, verh. Niethammer (1813-1886) und Emma, verh. Gsell (1822-1895), sowie der Sohn Theobald (1817-1907) hervor.

1808 November: Karl wird Oberst. Im Friedensjahr 1808 bekleidet er das Amt eines Sousintendanten des württembergischen Straßenwesens.

1809 *Zensur und Unterdrückung der Meinungsfreiheit in Württemberg, allerdings werden »Folter und Tortur als Beweis- oder Reinigungsmittel abgeschafft«.*
Frühsommer: Justinus will nach der Promotion in Hamburg bei Georg praktische medizinische Erfahrungen sammeln.
Georg verzweifelt mehr und mehr an den politischen Umständen.
Karl wird während des Feldzuges gegen Österreich Chef des Generalstabs, im Oktober Offizier der französischen Ehrenlegion. Bei der Besichtigung der württ. Truppen durch Kaiser Napoleon in Wien findet die Ausrüstung der Berittenen Batterien und der Bau ihrer Munitionswagen dessen besondere Anerkennung.

1810 *Januar: Das württembergische Feldkorps trifft wieder in der Heimat ein.*
März: Karl vermählt sich mit der Witwe Christiane Volz (1766-1846), die drei Kinder im Alter von 18, 17 und 14 Jahren in die Ehe bringt. Die Trauung erfolgt durch seinen Bruder Ludwig in dessen Pfarrei Niederhofen; sie bekommen eine gemeinsame Tochter Karoline (Lina) Friederike (1810-1897).

1810/11 wird Karl Oberhüttendirektor der Berg- und Hüttenwerke Christophsthal, Ludwigstal, Zizenhausen und Bärental.
Justinus tritt seine erste Stelle als Arzt in Dürmenz an.

1811 *Juni: Der König verbietet das Auswandern, Ausnahmen sind Frauen, die einen Ausländer heiraten.*
66 Paragraphen regeln die Bürgerpflichten, »von der allgemeinen Verbindlichkeit, vor seinem Haus zu kehren, ist niemand ausgenommen«.
September: In Harburg bricht die Ruhr aus, der Georg mit Räucherungen beikommt.
Justinus wird Badearzt in Wildbad.
November: Karl wird zum Generalmajor befördert.

1812 Die 1811 von Karl geplante Waffenfabrik in Oberndorf geht in Betrieb.
März: Karl begleitet als Generalquartiermeister das württembergische Truppenkontingent von 15.800 Mann des befehligenden Kronprinzen Wilhelm in den Feldzug gegen Russland.
Im Frühjahr bricht in Hamburg eine »Nervenfieber«-Epidemie aus. Bei einem seiner zahlreichen Patienten infiziert sich Georg, wahrscheinlich mit Flecktyphus.
April: Georg stirbt zwei Tage vor seinem 42. Geburtstag.
September: Karl wird in der Schlacht von Borodino verwundet.
Im Dezember soll er dem König Bericht erstatten. Es kommt zu dem überlieferten Wortwechsel, in dem Karl auf die Vorhaltungen seines Königs, weshalb er seine Armee verlassen habe, antwortet: »Majestät haben keine Armee mehr.«
Justinus wird praktischer Arzt in Welzheim.

1813 *Oktober: Völkerschlacht bei Leipzig, Württemberg wechselt ins Lager der Alliierten.*
März: Karl erkrankt und quittiert den Militärdienst, er wird Direktor der Sektion Berg-, Hütten- und Eisenwerke im Finanzministerium.
Aus Mitteln einer königlichen Dotation von 1810 erwirbt er ein größeres Landgut bei Essingen, das er zu einem Mustergut ausbaut.

1814 *Januar: König Friedrich wechselt die Seite, die Württemberger kämpfen nun gegen Napoleon; am Hof gibt es keine französische Gesandtschaft mehr, dafür eine russische.*

1815 *Januar: »Manifest, die Einführung einer ständischen Verfassung betreffend«.*
April: Justinus wird Oberamtsarzt in Gaildorf.

1816 *Oktober: Amtsantritt Wilhelms I.*
Wilhelm I. war zunächst mit Charlotte Auguste von Bayern verheiratet, von 1816 bis zu ihrem frühen Tod 1819 mit der russischen Prinzessin Katharina.

1817 *Im »Jahr ohne Sommer« 1816 und 1817 gibt es Missernten und Hungersnöte, eine Agrarreform wird in Gang gesetzt und die Lehensabhängigkeit der Bauern abgeschafft.*
Katharina ruft den württ. Wohlfahrtsverein – Beginn eines staatlich geförderten Fürsorge- und Sozialsystems – ins Leben.
Berufung Karls in den Geheimen Rat;
Februar: Karl wird provisorischer Chef des Departements des Inneren (Innenminister);
November: Karl wird auf eigenen Wunsch von der Funktion als Innenminister entbunden. Seinen Direktorposten behält er bei.
Theobald wird am 14. Juni in Gaildorf geboren.

1818 *Wilhelm I. gründet die landwirtschaftliche Versuchsanstalt Hohenheim.*
Karl erhält das Komturkreuz des Ordens der württembergischen Krone.
Dezember: Justinus wird Oberamtsarzt in Weinsberg.

1819 Ende Januar: Justinus tritt seine Stelle in Weinsberg an und bleibt dort Amtsarzt bis zu seiner Pensionierung wegen Grauen Stars 1851, in den letzten Jahren unterstützt von seinem Sohn Theobald.
Im Jahr der reaktionären Karlsbader Beschlüsse verabschiedet sich Karl aus dem »Geheimen Rat«.
Justinus wendet sich von der Politik ab und dem »thierischen Magnetismus« und anderen paranormalen Phänomenen zu.
Karl setzt sich mit großer Energie für die technischen Verbesserungen im Land ein.

1822 Justinus' Schrift »Das Fettgift oder die Fettsäure und ihre Wirkungen auf den thierischen Organismus. Ein Beytrag zur Untersuchung des in verdorbenen Würsten giftig wirkenden Stoffes« erscheint. Es ist dies die erste klinische Beschreibung der bakteriellen Lebensmittelvergiftung Botulismus.
Justinus baut auf einem von der Gemeinde geschenkten Grund-

stück ein Haus und zieht mit Rickele und den Kindern Rosa Maria und Theobald ein. Kurz danach kommt Emma, das dritte Kind, zur Welt.

1824 Karl wird Präsident des Bergratskollegiums.
Justinus veröffentlicht die »Geschichte zweyer Somnambülen«.

1826 Justinus veröffentlicht die erste Ausgabe seiner Gedichte.

1829 Justinus veröffentlicht »Die Seherin von Prevorst«.

1830 Karl erhält das Ritterkreuz des Friedrichs-Ordens.

1833 Theobald besucht das Heilbronner Gymnasium: Lebensfreundschaft mit dem zwei Jahre jüngeren Karl Mayer und Ludwig Pfau, mit denen er später auch politisch zusammenarbeiten wird.

1834 Karls einzige Tochter Lina heiratet den späteren württ. Kriegsminister Fidel von Baur-Breitenfeld (1805-1882).

1835 Theobald beginnt ein Medizinstudium in Tübingen – und wie schon sein Vater hat er Kontakt mit Hölderlin, der 1843, hoch verehrt von den Studenten, stirbt.

1840 März: Theobald schließt sein Studium in Tübingen ab und unterstützt den Vater in der Praxis in Weinsberg. Im Kernerhaus lernt er Ferdinand Freiligrath kennen. Lebenslange Freundschaft zu Vater und Sohn.
April: Karl stirbt.

1842 Theobald geht nach dem Staatsexamen für einige Wochen nach München zu Justinus' altem Studienfreund Heinrich von Breslau, mittlerweile Professor und Geheimrat und Leibarzt bei den Wittelsbachern. Theobald betreut u.a. den erkrankten Clemens Brentano.

1843 Theobald geht ein halbes Jahr nach Wien, unterstützt durch ein Stipendium der württembergischen Regierung. Seine erste Gedichtsammlung erscheint.
Juni: Theobald heiratet Marie von Hügel (Baronin von Uexküll-Gyllenband, 1811-1862). Aus der Ehe gehen zwei überlebende Kinder hervor: Justina (1846-1941, beides Weinsberg), eine Kunstmalerin, die von 1883 bis 1938 in Agudo, Brasilien, lebt, kinderlos verheiratet mit dem Arzt und Maler Alexis Puhlmann. Und der Sohn Georg (1850 Weinsberg-1930 Rothaus). Der

seit 1877 in Wehr (Baden) praktizierende Arzt war kinderlos verheiratet.

1844 Theobald schließt sich den demokratischen Bestrebungen des Vormärz an.

1848 *Die politische Situation im Südwesten spitzt sich zu, so ruft etwa Struve im September in Lörrach die Republik aus.*
April: Theobald hält vor vielen Zuhörern auf dem Weinsberger Marktplatz eine aufrührerische Rede. In den Monaten Mai bis Juni veröffentlicht er politische Lyrik im »Eulenspiegel«; September: Große Kundgebung unter Beteiligung Theobalds in Heilbronn; Flucht vor der Verhaftung ins französische Straßburg.
Justinus erhält von König Ludwig I von Bayern eine jährliche Rente von 400 Gulden auf Lebenszeit.
Tony Schumacher wird als Antonie Louise Christiane Marie Sophie von Baur-Breitenfeld in Ludwigsburg als siebtes Kind des württembergischen Generals Fidel von Baur-Breitenfeld und der Tochter von Karl von Kerner, Lina, geboren.

1849 *In Baden ist Mitte Mai eine Revolutionsregierung installiert worden und der Großherzog ist geflohen.*
April: Theobald kehrt mit Frau und Kind aus dem Exil zurück.
Juni: Bei der Kundgebung in Heilbronn mit Solidaritätsadresse nach Baden fehlt Hauptmann Theobald. Das Gedicht von Justinus, »Weinsberger Weiberlist im Jahre 1849 – eine wahre Begebenheit«, könnte ein Kommentar dazu sein. Die militärische Aktion am 13. Juni scheitert – wegen mangelnder Beteiligung – kläglich.
Theobalds Kandidatur zur Landtagswahl scheitert;
September: das Justizministerium lehnt den Antrag auf Einstellung des Verfahrens gegen ihn ab.

1850 Justinus wird zum Ritter des Ordens der Württembergischen Krone ernannt, womit der persönliche Adelstitel verbunden ist.
März: Theobald wird vor dem Geschworenengericht in Ludwigsburg wegen aufrührerischer Reden in Heilbronn und Schwäbisch Hall verhört;
September: Das Urteil wird gefällt: Zehn Monate Festungshaft und Zahlung der Prozeßkosten;
November: Theobald tritt seine Haft auf dem Hohenasperg an.

1851 Justinus verfasst in der Osterwoche ein poetisches Gnadengesuch an den König, und Theobald im April ein ziemlich devotes. Er wird vorzeitig aus der Haft entlassen.
Der württembergische König verleiht Justinus den Kronenorden und zusätzlich zu seiner Oberamtsarztpension von 300 Gulden eine Ehrenrente von jährlich 500 Gulden.

1854 Der bayerische König Maximilian II. nimmt Justinus in den Bayerischen Maximiliansorden für Wissenschaft und Kunst auf.

1856 Theobald eröffnet in Cannstatt eine »galvanisch-magnetische Heilanstalt«.

1857 König Wilhelm I. ernennt den von ihm geschätzten Arzt Theobald zum Hofrat.

1862 Februar: Justinus stirbt und wird auf dem Weinsberger Friedhof neben seiner Frau Rickele begraben.
Theobalds Frau Marie stirbt, er zieht nach Weinsberg.

1864 *Regierungsantritt von König Karl, Verfechter eines deutschen Nationalstaates.*

1868 Theobald lernt seine zweite Frau, die 30 Jahre jüngere Mathilde Hochstetter kennen, sie heiraten im Juni. Die Ehe bleibt kinderlos. Er nennt sie »Goldelse« woraus späterhin auch amtlich Else wird.

1871 *Württemberg erhält bei der Reichsgründung Sonderrechte im Eisenbahn- und Postwesen und eine eigene Staatsbürgerschaft, die erst 1934 abgeschafft wird.*
Theobald lehnt die Reichsgründung ab.

1875 Oktober: Tony heiratet den 17 Jahre älteren Geheimen Hofrat Karl Friedrich von Schumacher. Das Ehepaar wohnt in der Stuttgarter Olgastraße 33.

1877 Else erbt das große Vermögen des Vaters. Das Ehepaar Kerner ist nun finanziell unabhängig, reist viel und hält sich im Winter je mehrere Monate in Stuttgart, München oder Baden-Baden auf.

1894 Theobald veröffentlicht »Das Kernerhaus und seine Gäste«.

1895 Tonys erstes Buch »Mütterchens Hilfstruppen« erscheint, es folgen etwa sechzig Bücher, darunter acht autobiografische Werke, Prosa- und Verserzählungen und über 260 Bleistiftzeichnungen.

1897 Theobald wird Ehrenbürger von Weinsberg.

1905 *Der Kernerverein wird gegründet.*
1907 August: Theobald stirbt in Weinsberg. Else zieht nach Baden-Baden, das Kernerhaus mit seinem literarischen und künstlerischem Inhalt verkauft sie an den Kernerverein.
1931 Mai: Else stirbt in Baden-Baden.
Juli: Tony stirbt in Ludwigsburg.

Literatur

Augustin, Heide und Rolf (2006): Gelebt in Traum und Wirklichkeit. Biographie und Bibliographie der einst berühmten Ludwigsburger Kinderbuchautorin Tony Schumacher – eine Recherche, Ludwigsburg.

Fritz, Andreas (2003): Georg Kerner – Fürstenfeind und Menschenfreund. Eine politische Biographie, Liberté-Verlag: Ludwigsburg.

Gaupp-Turgis, Helmut (1934): Der Biedermann, Ullstein: Berlin.

Grüsser, Otto-Joachim (1987): Justinus Kerner – Arzt, Poet, Geisterseher, Springer: Berlin.

Haering, Hermann und Hohenstatt, Otto (1940): Schwäbische Lebensbilder, 1. Band. Kohlhammer: Stuttgart, darin: Karl Frh. von Kerner von Eugen Niethammer, S. 302-333.

Holzhausen, Paul (1924): Die Deutschen in Russland 1812. Leben und Leiden auf der Moskauer Heerfahrt. Morawe & Scheffelt: Berlin.

Kerner, Else (1967): Aus meinem Leben – Erinnerungen nach Tagebuchblättern, Justinus-Kerner-Verein: Weinsberg.

Kerner, Justinus (2002): Das Bilderbuch aus meiner Knabenzeit; Ferneres Leben meines Bruders Georg; Ein Wort über die Maultrommel, in: Sämtliche Werke, 2. Band, Echo: Freiburg (Reprint; Weinsberg 1909).

Kerner, Justinus (2005): Das Leben des Justinus Kerner, erzählt von ihm und seiner Tochter Marie. Justinus-Kerner-Verein und Frauenverein: Weinsberg.

Kerner, Karl von (1803): Betrachtungen über die reitende Artillerie, deren Organisation, Gebrauch und Taktik. Ludwigsburg.

Kerner, Theobald (1978): Das Kernerhaus und seine Gäste, Weinsberg (Reprint der zweiten vermehrten Auflage der DVA: Stuttgart und Leipzig 1897).

Kerner, Theobald (1897): Justinus Kerners Briefwechsel mit seinen Freunden, Stuttgart.

Königlich Württembergisches Staatshandbuch, Stuttgart bei Steinkopf 1806 ff.
Königlich-Württembergisches Staats- und Regierungsblatt, Stuttgart bei Macklot 1806 ff., ab 1817 bei Hasselbrink.
Maier, Ulrich (1992): »Wer Freiheit liebt ...« Theobald Kerner – Dichter, Zeitkritiker und Demokrat, Nachrichtenblatt der Stadt Weinsberg.
Matthisson, Friedrich von (1815): Das Dianenfest bei Bebenhausen. Orell, Füssli und Compagnie: Zürich.
Ott, Ulrich (Hg.) (1986): Justinus Kerner, Dichter und Arzt. Marbacher Magazin; 39.
Rooschütz, Anne (1931): Tony Schumacher. Ein Lebensbild, Stuttgart.
Schumacher, Tony (1923): Aus frühster Jugendzeit – Erzähltes und Erlebtes, Quell-Verlag: Stuttgart.
Steinhilber, Wilhelm (1959): Die Heilbronner Bürgerwehren 1848 und 1849, Stadtarchiv: Heilbronn.
Württembergische Volksbücher (1911): Württemberger im russischen Feldzug 1812. Stuttgart.

Bildnachweise:
Kernerhaus in Weinsberg: Zeichnung von Carl Doerr, 1826.
Karl Kerner: Lithografie, © Landesmedienzentrum
Baden-Württemberg (LMZ).
Justinus Kerner: Gemälde von Julius Hamel, um 1855.
© Deutsches Literaturarchiv Marbach.
Georg Kerner: Wikipedia, Artist Unknown (wikidata:Q4233718).
Bilderrahmen u. Stofftapete: Fotolia.

© 2018 Klöpfer & Meyer Verlag GmbH & Co. KG, Tübingen.
Alle Rechte vorbehalten.
ISBN 978-3-86351-462-4

Umschlaggestaltung: Christiane Hemmerich
Konzeption und Gestaltung, Tübingen.
Lektorat: Sabine Besenfelder, Tübingen.
Herstellung: Horst Schmid, Mössingen.
Satz: Alexander Frank, Ammerbuch.
Druck und Einband: Pustet, Regensburg.

Mehr über das Verlagsprogramm von Klöpfer & Meyer
finden Sie unter: *www.kloepfer-meyer.de*

Stammbaum der Familie Kerner

(männliche Linie)

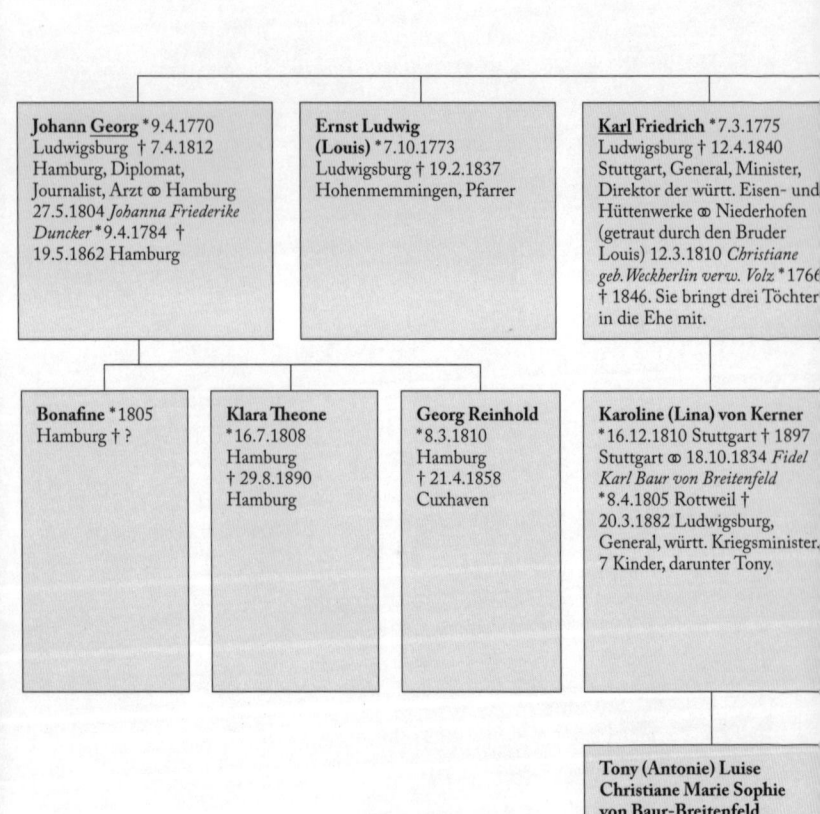

Johann Georg *9.4.1770 Ludwigsburg † 7.4.1812 Hamburg, Diplomat, Journalist, Arzt ∞ Hamburg 27.5.1804 *Johanna Friederike Duncker* *9.4.1784 † 19.5.1862 Hamburg

Ernst Ludwig (Louis) *7.10.1773 Ludwigsburg † 19.2.1837 Hohenmemmingen, Pfarrer

Karl Friedrich *7.3.1775 Ludwigsburg † 12.4.1840 Stuttgart, General, Minister, Direktor der württ. Eisen- und Hüttenwerke ∞ Niederhofen (getraut durch den Bruder Louis) 12.3.1810 *Christiane geb. Weckherlin verw. Volz* *1766 † 1846. Sie bringt drei Töchter in die Ehe mit.

Bonafine *1805 Hamburg † ?

Klara Theone *16.7.1808 Hamburg † 29.8.1890 Hamburg

Georg Reinhold *8.3.1810 Hamburg † 21.4.1858 Cuxhaven

Karoline (Lina) von Kerner *16.12.1810 Stuttgart † 1897 Stuttgart ∞ 18.10.1834 *Fidel Karl Baur von Breitenfeld* *8.4.1805 Rottweil † 20.3.1882 Ludwigsburg, General, württ. Kriegsminister. 7 Kinder, darunter Tony.

Tony (Antonie) Luise Christiane Marie Sophie von Baur-Breitenfeld *17.5.1848 Ludwigsburg † 10.7.1931 Ludwigsburg, Schriftstellerin, Grafikerin ∞ Stuttgart 5.10.1875 *Karl (von) Schumacher*, Geheimer Hofrat *1831 † 1915. Die Ehe bleibt kinderlos.